中华人民共和国行业标准

# 公路工程地质原位测试规程

Code for In-situ Testing of Highway Engineering Geology

JTG 3223—2021

主编单位：中交第一公路勘察设计研究院有限公司
批准部门：中华人民共和国交通运输部
实施日期：2021 年 09 月 01 日

人民交通出版社股份有限公司
北　京

## 律师声明

本书所有文字、数据、图像、版式设计、插图等均受中华人民共和国宪法和著作权法保护。未经人民交通出版社股份有限公司同意，任何单位、组织、个人不得以任何方式对本作品进行全部或局部的复制、转载、出版或变相出版。

本书封面贴有配数字资源的正版图书二维码，扫描二维码后关注"交通社公路中心"公众号，可获得更多数字资源。本书扉页前加印有人民交通出版社股份有限公司专用防伪纸。任何侵犯本书权益的行为，人民交通出版社股份有限公司将依法追究其法律责任。

有奖举报电话：（010）85285150

北京市星河律师事务所
2020 年 6 月 30 日

**图书在版编目（CIP）数据**

公路工程地质原位测试规程：JTG 3223—2021 / 中交第一公路勘察设计研究院有限公司主编. — 北京：人民交通出版社股份有限公司，2021.6
ISBN 978-7-114-17325-7

Ⅰ.①公… Ⅱ.①中… Ⅲ.①道路工程—工程地质—原位试验—技术规范—中国 Ⅳ.①U412.22-65

中国版本图书馆 CIP 数据核字（2021）第 094597 号

标准类型：中华人民共和国行业标准
标准名称：公路工程地质原位测试规程
标准编号：JTG 3223—2021
主编单位：中交第一公路勘察设计研究院有限公司
责任编辑：丁 遥
责任校对：赵媛媛
责任印制：张 凯
出版发行：人民交通出版社股份有限公司
地　　址：（100011）北京市朝阳区安定门外外馆斜街 3 号
网　　址：http://www.ccpcl.com.cn
销售电话：（010）85285857
总 经 销：人民交通出版社股份有限公司发行部
经　　销：各地新华书店
印　　刷：北京市密东印刷有限公司
开　　本：880×1230　1/16
印　　张：12.5
字　　数：275 千
版　　次：2021 年 6 月　第 1 版
印　　次：2025 年 7 月　第 4 次印刷
书　　号：ISBN 978-7-114-17325-7
定　　价：100.00 元

（有印刷、装订质量问题的图书，由本公司负责调换）

# 中华人民共和国交通运输部

# 公 告

第 32 号

## 交通运输部关于发布
## 《公路工程地质原位测试规程》的公告

现发布《公路工程地质原位测试规程》(JTG 3223—2021)，作为公路工程行业标准，自 2021 年 9 月 1 日起施行。

《公路工程地质原位测试规程》(JTG 3223—2021) 的管理权和解释权归交通运输部，日常管理和解释工作由主编单位中交第一公路勘察设计研究院有限公司负责。

请各有关单位注意在实践中总结经验，及时将发现的问题和修改建议函告中交第一公路勘察设计研究院有限公司（地址：陕西省西安市高新技术产业开发区沣惠南路 20 号华晶广场 A 座 9009 室，邮编：710075），以便修订时研用。

特此公告。

中华人民共和国交通运输部
2021 年 5 月 23 日

---

交通运输部办公厅　　　　　　　　　　　　　　2021 年 5 月 24 日印发

# 前　言

根据交通运输部《关于下达 2012 年度公路工程标准制修订项目计划的通知》（厅公路字〔2012〕184 号）的要求，由中交第一公路勘察设计研究院有限公司承担《公路工程地质原位测试规程》（以下简称"本规程"）的编制工作。

工程地质原位测试是公路工程地质勘察使用的一种重要方法，可在原位地层或土体天然含水率保持不变，原生结构不受或少受扰动的条件下，测定岩土体的各种工程特性，为工程设计提供所需的岩土参数。自 20 世纪 70 年代以来，原位测试技术在我国公路建设中得到了广泛的应用，对提高工程建设质量发挥了重要作用。本规程编制的指导思想与原则是：从我国当前和今后一段时间内公路工程建设的实际需要出发，认真总结我国公路工程地质原位测试工作的实践经验，研究和借鉴国内外先进的标准和技术，继承与创新相结合，使规程做到技术先进、方法实用、指标合理，能够体现我国公路工程地质原位测试工作发展的技术水平。

本规程由 14 章和 7 个附录组成，主要技术内容有：总则、术语和符号、平板载荷试验、螺旋板载荷试验、静力触探试验、圆锥动力触探试验、标准贯入试验、预钻式旁压试验、十字板剪切试验、现场直剪试验、扁铲侧胀试验、波速测试、水压致裂法地应力测试、套芯解除法地应力测试，其内容涵盖了目前公路工程地质原位测试采用的主要技术方法。

本规程由余波负责起草第 1 章、第 5 章、第 13 章、附录 B、附录 C，刘晓负责起草第 2 章、第 7 章、第 14 章、附录 G，鲁志强负责起草第 3 章，曾云川负责起草第 4 章、附录 A，刘运平负责起草第 6 章，杨文锋负责起草第 8 章、附录 D，杨文孝负责起草第 9 章、附录 E，黄正发和王云安负责起草第 10 章，王建军负责起草第 11 章、附录 F，张修杰和李水清负责起草第 12 章。

请各有关单位在执行过程中，将发现的问题和意见，函告本规程日常管理组，联系人：余波（地址：西安市高新技术产业开发区沣惠南路 20 号华晶广场 A 座 9009 室，邮编：710075；电话：029-89585231，传真：029-89585231；电子邮箱：yub@ccroad.com.cn），以便修订时参考。

主 编 单 位：中交第一公路勘察设计研究院有限公司
参 编 单 位：中交公路规划设计院有限公司
　　　　　　云南省交通规划设计研究院有限公司
　　　　　　广东省交通规划设计研究院股份有限公司
　　　　　　湖北省交通规划设计院股份有限公司

主　　　　编：余　波
主要参编人员：刘　晓　　杨文锋　　刘运平　　杨文孝　　王建军　　鲁志强
　　　　　　　曾云川　　张修杰　　李水清　　黄正发　　王云安

主　　　　审：陈　林
参与审查人员：朱冬林　　闫海涛　　胡惠华　　郑束宁　　陈侃福　　谢明贤
　　　　　　　熊大生　　储团结　　何文勇　　田志忠　　袁永新　　王骑虎
　　　　　　　周火明　　徐春明　　陈新军　　曹化平　　米德才　　李敦仁
　　　　　　　刘松玉　　林文太　　昌志军　　刘德平　　吴臻林　　邢　军
　　　　　　　董小波

# 目　次

1 总则 ·················································································································· 1
2 术语和符号 ····································································································· 2
　2.1 术语 ············································································································ 2
　2.2 符号 ············································································································ 4
3 平板载荷试验 ·································································································· 5
　3.1 一般规定 ······································································································ 5
　3.2 试验设备 ······································································································ 5
　3.3 试验方法 ······································································································ 6
　3.4 资料整理 ······································································································ 8
4 螺旋板载荷试验 ······························································································ 11
　4.1 一般规定 ···································································································· 11
　4.2 试验设备 ···································································································· 11
　4.3 试验方法 ···································································································· 12
　4.4 资料整理 ···································································································· 13
5 静力触探试验 ································································································ 15
　5.1 一般规定 ···································································································· 15
　5.2 试验设备 ···································································································· 15
　5.3 试验方法 ···································································································· 17
　5.4 资料整理 ···································································································· 20
　5.5 计算与应用 ································································································ 23
6 圆锥动力触探试验 ························································································· 33
　6.1 一般规定 ···································································································· 33
　6.2 试验设备 ···································································································· 33
　6.3 试验方法 ···································································································· 34
　6.4 资料整理 ···································································································· 35
7 标准贯入试验 ································································································ 39
　7.1 一般规定 ···································································································· 39
　7.2 试验设备 ···································································································· 39
　7.3 试验方法 ···································································································· 40
　7.4 资料整理 ···································································································· 41
8 预钻式旁压试验 ···························································································· 44

| | 8.1　一般规定 | 44 |
| 8.2　试验设备 | 44 |
| 8.3　试验方法 | 45 |
| 8.4　资料整理 | 49 |

## 9　十字板剪切试验 ... 53
　9.1　一般规定 ... 53
　9.2　试验设备 ... 53
　9.3　试验方法 ... 54
　9.4　资料整理 ... 55

## 10　现场直剪试验 ... 57
　10.1　一般规定 ... 57
　10.2　试验设备 ... 57
　10.3　试验方法 ... 58
　10.4　资料整理 ... 62

## 11　扁铲侧胀试验 ... 65
　11.1　一般规定 ... 65
　11.2　试验设备 ... 65
　11.3　试验方法 ... 66
　11.4　资料整理 ... 68

## 12　波速测试 ... 70
　12.1　一般规定 ... 70
　12.2　试验设备 ... 70
　12.3　试验方法 ... 71
　12.4　资料整理 ... 72

## 13　水压致裂法地应力测试 ... 75
　13.1　一般规定 ... 75
　13.2　试验设备 ... 75
　13.3　试验方法 ... 76
　13.4　资料整理 ... 77

## 14　套芯解除法地应力测试 ... 79
　14.1　一般规定 ... 79
　14.2　试验设备 ... 79
　14.3　试验方法 ... 79
　14.4　资料整理 ... 81

附录 A　力传感器和测力计的标定与计算 ... 82
附录 B　探头规格及更新标准 ... 87

| 附录 C | 静力触探试验记录表 | 89 |
| 附录 D | 旁压试验记录表 | 90 |
| 附录 E | 十字板剪切试验记录表 | 92 |
| 附录 F | 扁铲侧胀试验记录表 | 93 |
| 附录 G | 套芯解除法地应力计算建议方法 | 94 |

本规程用词用语说明 ………………………………………………………………… 101

附件 《公路工程地质原位测试规程》（JTG 3223—2021）条文说明 ………… 103

- 1 总则 ………………………………………………………………………… 105
- 2 术语和符号 ………………………………………………………………… 107
- 3 平板载荷试验 ……………………………………………………………… 108
- 4 螺旋板载荷试验 …………………………………………………………… 112
- 5 静力触探试验 ……………………………………………………………… 115
- 6 圆锥动力触探试验 ………………………………………………………… 144
- 7 标准贯入试验 ……………………………………………………………… 152
- 8 预钻式旁压试验 …………………………………………………………… 160
- 9 十字板剪切试验 …………………………………………………………… 170
- 10 现场直剪试验 …………………………………………………………… 173
- 11 扁铲侧胀试验 …………………………………………………………… 176
- 12 波速测试 ………………………………………………………………… 181
- 13 水压致裂法地应力测试 ………………………………………………… 183
- 14 套芯解除法地应力测试 ………………………………………………… 187

# 1 总则

**1.0.1** 为统一公路工程地质原位测试技术要求，提高工程勘察质量，制定本规程。

**1.0.2** 本规程适用于各级新建和改扩建公路的工程地质原位测试工作。

**1.0.3** 开展原位测试工作之前，应充分收集和研究工作区既有的工程地质资料，根据勘察目的、场地岩土条件及测试方法的适用性等选定原位测试方法和设备，确定原位测试方案。

**1.0.4** 对重要工程场地或缺乏使用经验的地区，原位测试工作应与其他勘探测试方法相结合。

**1.0.5** 原位测试成果编制所依据的原始资料应经核对检查，确认无误。提交的成果应内容完整，结论有据，论证充分，建议合理。

**1.0.6** 原位测试应贯彻国家有关技术经济政策，积极稳妥地采用新技术、新方法。

**1.0.7** 原位测试设备应定期校验和维护。

**1.0.8** 原位测试工作除应符合本规程的规定外，尚应符合国家和行业现行有关标准的规定。

# 2 术语和符号

## 2.1 术语

**2.1.1** 原位测试 in-situ test (IST)

在岩土体原来所处的位置，基本保持岩土体的结构、含水率和原位应力状态，直接或间接地测定岩土体工程特性的测试方法的总称。

**2.1.2** 平板载荷试验 plate loading test (PLT)

在现场使用一定尺寸的刚性承压板模拟建筑物基础，对地基逐级施加竖向荷载，直至地基出现破坏状态或接近破坏状态，同时测记在各级荷载作用下地基沉降的试验方法。

**2.1.3** 螺旋板载荷试验 screw plate loading test (SPLT)

将螺旋形承压板（简称螺旋板）旋入地表以下预定深度，通过传力杆件向螺旋板逐级施加竖向荷载，同时测记螺旋板沉降的试验方法。

**2.1.4** 静力触探试验 static cone penetration test (CPT)

将一定规格和形状的锥形探头按规定的速率匀速贯入土层中，同时测记贯入过程中探头所受到的比贯入阻力或端阻、侧阻、孔隙水压力的试验方法。

**2.1.5** 圆锥动力触探试验 dynamic penetration test (DPT)

用一定质量的击锤，以一定的自由落距，将一定规格的圆锥形探头贯入土层一定深度，并测记贯入土层一定深度所需的锤击数的试验方法。

**2.1.6** 标准贯入试验 standard penetration test (SPT)

使用质量为 63.5kg 的穿心锤，沿钻杆自由下落 76cm，将标准规格的贯入器放至孔底高程预先击入 15cm，然后测记连续击入 30cm 的锤击数的试验方法。

**2.1.7** 预钻式旁压试验 preboring pressuremeter test (PMT)

在预先钻成的孔中放置旁压器，对测试段孔壁施加径向压力，同时测记其变形，根据孔壁变形与压力的关系，测定土体工程特性的试验方法。

**2.1.8 十字板剪切试验　vane shear test（VST）**

将一定规格的十字形板头垂直插入软土中，按一定的速率旋转，测出土在破坏时的抵抗力矩，计算出软土的不排水抗剪强度（峰值强度、残余强度、重塑土强度）的试验方法。

**2.1.9 现场直剪试验　in-situ direct shear test（ISDST）**

对原位制备的岩土体试件，同时施加法向荷载和剪切向荷载，测定岩土体或其沿某一软弱面的抗剪强度的剪切试验方法。

**2.1.10 扁铲侧胀试验　flat dilatometer test（DMT）**

利用静力或动力将扁铲形探头贯入土中，达到预定深度后，利用气压使探头侧面的圆形钢膜片向外膨胀，从而获得土体受力与变形的关系，进而测定地基土工程特性的试验方法。

**2.1.11 波速测试　wave velocity test**

利用电脉冲、电火花、锤击等方式激发弹性波，测试弹性波在岩土体中传播时间，据此计算弹性波在岩土体中传播速度的测试方法。

**2.1.12 沉降相对稳定法　settlement relative stability method**

以规定的沉降稳定标准进行加荷观测的载荷试验方法。

**2.1.13 沉降非稳定法　settlement no-stability method**

以规定的时间为标准进行加荷观测的载荷试验方法。

**2.1.14 地基承载力特征值　characteristic value of subsoil bearing capacity**

由载荷试验测定的地基土压力-变形曲线线性变形段内规定的变形所对应的压力值。

**2.1.15 水压致裂法地应力测试　hydraulic fracturing technique**

在钻孔内一定深度，利用封隔器封隔一小段钻孔，向封隔段注入高压流体（通常为水），致封隔段孔壁岩体产生破裂，然后关泵、减压，通过获取的水压致裂压力-时间记录曲线来确定地应力的测试方法。

**2.1.16 套芯解除法地应力测试　over-coring stress relief method**

将测量传感器安装在钻孔孔底的测量小钻孔内，并观测读数，然后在测量小钻孔外同心套钻钻取岩芯，使岩芯与围岩脱离，测取套孔岩芯的变形数据，据以计算地应力的测试方法。

## 2.2 符号

$E_D$——侧胀模量（kPa）；
$E_m$——旁压模量（MPa）；
$E_0$——变形模量（MPa）；
$f_{a0}$——地基承载力特征值（kPa）；
$f_s$——侧壁摩阻力（kPa）；
$I_D$——土类指数；
$K_D$——水平应力指数；
$K_{sa}$——平板载荷试验基床系数（kN/m³）；
$N$——标准贯入试验实测锤击数（击/30cm）；
$N_{63.5}$——重型圆锥动力触探实测锤击数（击/10cm）；
$p_a$——比例界限压力（kPa）；
$p_s$——比贯入阻力（kPa）；
$p_u$——极限承载力（kPa）；
$p_0$——初始压力（kPa）；
$q_c$——锥尖阻力（kPa）；
$s_u$——十字板抗剪强度（kPa）；
$\mu$——泊松比。

# 3 平板载荷试验

## 3.1 一般规定

**3.1.1** 平板载荷试验适用于各类土、软质岩及风化岩体，可测定地基的承载力和变形参数。

**3.1.2** 平板载荷试验点应布置在基础底面高程处，测定承压板影响深度范围内（2倍承压板直径或宽度）岩土体的承载力和变形参数。当基础底面设计高程未能确定时，承压板底面宜设置在天然地面以下0.5m处。

**3.1.3** 平板载荷试验点的布置应具有代表性，在承压板影响深度范围内的岩土体，其性质应均一；当承压板影响深度范围内的地层有变化时，应分层试验。同一持力层中测试点的数量不宜少于3个。

## 3.2 试验设备

**3.2.1** 平板载荷试验设备应由承压板、加荷与反力装置和量测系统组成。

**3.2.2** 承压板应具有足够的刚度，宜采用圆形或方形，其面积应符合下列要求：
1  在软弱地基土中试验时，承压板面积不得小于5 000cm$^2$。
2  在坚实地基土中试验时，承压板面积不得小于1 000cm$^2$。
3  在碎石土地基中试验时，承压板直径或边长应大于受压层最大颗粒粒径的10倍。
4  在岩石地基中试验时，承压板面积不宜小于700cm$^2$。

**3.2.3** 加荷与反力装置应符合下列规定：
1  压力源宜采用液压千斤顶，也可采用重物。当使用千斤顶加荷时，千斤顶的额定量程不应小于预计极限荷载的1.4倍；当使用重物加荷时，应事先对每件堆载物的重量进行称量、编号，合理安排堆载顺序及位置，重物应一次备齐且其重量不应小于预计极限荷载的1.2倍；当使用千斤顶和重物联合加荷时，其加载总能力不应小于预计极限荷载的1.4倍。

**2** 使用地锚反力装置时,地锚反力总和应大于预计极限荷载的 1.5 倍,且每个地锚反力应基本相等,反力梁的刚度应与千斤顶量程相匹配。反力装置也可采用斜撑(板)结构,以利用坑壁土提供反力。

**3** 压重平台的平面尺寸和刚度应满足试验和堆载的要求。当使用压重平台堆载时,应于平台下试坑角点部位设置防止荷载偏心导致重物倾倒的支柱。

**4** 无论采用何种加、卸荷方式,应至少设置一个监测荷载量值的测力装置。测力装置可采用力传感器、压力表或测力钢环,其检测精度应达到荷载增量的 2%。

**3.2.4** 量测系统应符合下列要求:

**1** 沉降观测装置其组合应牢固稳定,调节方便。

**2** 量测沉降用的百分表或位移传感器,全量程不宜小于 50mm,检测误差不得大于 0.01mm。

## 3.3 试验方法

**3.3.1** 应根据路段地质条件、基础埋深、勘察阶段等选择代表性地点,平整场地,开挖试坑。试坑开挖应符合下列规定:

**1** 试坑底面宽度不应小于 $3b$($b$ 为承压板边长或直径)。

**2** 试验前应保持坑底土层的原状结构和天然湿度。

**3** 试验点位于地下水位以下时,开挖试坑及安装设备前,应先将坑内地下水位降至试坑底面以下,并防止因地下水位降低而可能产生的土体破坏现象。设备安装完毕,应待水位恢复后再行试验。

**4** 试验过程中,试坑应避免冰冻、曝晒、雨淋,必要时设置工作棚。

**5** 试验前宜在坑边,试验后宜在承压板下 $(0.5 \sim 1.0)b$ 处采取土样,详细描述岩土特征,进行有关试验。

**3.3.2** 试验设备安装应符合下列规定:

**1** 安置承压板前,应整平板下的试坑面,铺厚约 2cm 的中粗砂垫层,轻轻拍实,并用水平尺找平,轻放承压板,避免测试土体受到扰动,并使承压板与试验面平整接触。

**2** 应依次安装传力柱、千斤顶、载荷台架及反力装置,载荷台架及反力装置的中心应与承压板中心一致,并应避免对承压板施加压力。

**3** 安装沉降观测装置,其固定点应设在不受变形影响的位置,且沉降观测点应在承压板中心两侧对称设置。

**3.3.3** 试验荷载应分级施加,并保持静力条件及荷载对承压板中心的竖向传递。各级荷载增量可按下列方法确定:

1 第一级施加的荷载（含设备自重）宜接近坑底以上土的有效自重压力。

2 后续各级荷载增量可取预估极限荷载的 1/10 ~ 1/8；当极限荷载不易估计时，可按表 3.3.3 取值。

表 3.3.3 荷 载 增 量 表

| 试验土层及特征 | 荷载增量（kPa） |
| --- | --- |
| 淤泥、流塑黏性土、松散砂土 | <15 |
| 软塑黏性土、新近沉积黄土、稍密砂土、粉土 | 15 ~ 25 |
| 可塑 ~ 硬塑黏性土、新黄土、中密砂土 | 25 ~ 50 |
| 坚硬黏性土、密实砂土、老黄土 | 50 ~ 100 |
| 碎石土、软质岩、风化岩 | 100 ~ 200 |

3.3.4 平板载荷试验可根据工程需要选择沉降相对稳定法或沉降非稳定法。沉降相对稳定法适用于饱和软黏土及对变形有明确要求的建筑物；沉降非稳定法适用于可塑 ~ 坚硬状粉质黏土、粉土、砂土、碎石土和软质岩。

3.3.5 施加荷载 $p$ 后，应按时观测相应的沉降量 $S'$。每级荷载下的沉降观测时间 $t$ 及其稳定标准和试验终止条件应符合下列规定：

1 沉降相对稳定法：每施加一级荷载，开始应按 1min、2min、2min、5min、5min、10min、10min、15min、15min、15min 间隔，以后按 30min 间隔观测一次沉降，并记录量测沉降值，直至连续 2h 内每小时的沉降量小于 0.1mm 时，再施加下一级荷载。

2 沉降非稳定法：每施加一级荷载后，应每隔 15min 观测一次沉降，累计观测达 2h 时，再施加下一级荷载。

3 试验总加荷量不宜小于设计值的 2 倍。

3.3.6 出现下列情况之一时，可终止试验：

1 承压板周围土层明显地侧向挤出、隆起或产生裂缝；

2 荷载增加不大，沉降急骤增大，$p$-$S'$ 曲线出现陡降段；

3 在某级荷载下，24h 沉降速率不能达到稳定标准（<0.1mm/h）；

4 相对沉降值 $S'/b$ > 0.06；

5 总加荷量已达到设计要求值的 2 倍以上，或超过第一拐点至少三级荷载。

3.3.7 当需观测卸荷回弹值时，每级卸荷量可取每级加荷增量的 2 倍，每级卸荷后宜每隔 10min 观测一次回弹量，历时 1h。荷载全部卸除后，宜继续观测 3h，观测时间间隔宜为 10min、20min、30min、1h、1h。

3.3.8 在现场试验过程中，应及时记录观测数据，绘制 $p$-$S'$、$S'$-$t$ 或 $S'$-$\lg t$ 曲线草图。

## 3.4 资料整理

**3.4.1** 应对原始数据进行检查、校对，剔除异常数据，整理荷载 $p$ 与沉降值 $S'$、时间 $t$ 与沉降值 $S'$ 汇总表，绘制 $p$-$S'$ 曲线，必要时绘制 $S'$-$t$ 或 $S'$-$\lg t$ 等曲线。

**3.4.2** 沉降相对稳定法资料整理应符合下列要求：

1 当 $p$-$S'$ 曲线的前段曲线呈直线且不过原点［图 3.4.2a）中的曲线 2］时，应先求该段直线的斜率 $c$ 和截距 $S_0$，然后对比例界限（即第一拐点 $A$）以前各点的沉降值按 $S = cp$ 进行修正，对比例界限以后各点的沉降值按 $S = S' - S_0$ 进行修正。

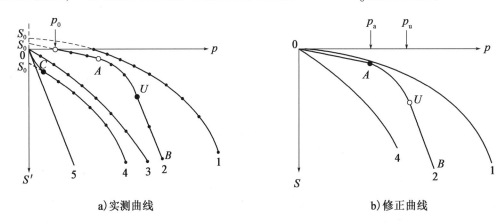

a) 实测曲线　　　　　　　　b) 修正曲线

图 3.4.2　荷载-沉降曲线

2 当 $p$-$S'$ 曲线呈圆弧形，无明显拐点［图 3.4.2a）中的曲线 1 和 3］时，可采用双曲线法拟合：

$$p = S/(a + b'S) \quad (3.4.2\text{-}1)$$

$$S = S' - S_0 \quad (3.4.2\text{-}2)$$

式中：$a$、$b'$——曲线拟合参数，亦即回归直线的截距、斜率，曲线拟合时，应试取 $S_0$ 值达到最佳拟合为止。

3 当 $p$-$S'$ 曲线呈反弯形［图 3.4.2a）中的曲线 4］时，对反弯点 $C$ 以后的实测数据，可按上述双曲线法拟合，取两者中精度较高者进行整理：

$$S_0 = 3S'_1 - 3S'_2 + S'_3 \quad (3.4.2\text{-}3)$$

式中：$S'_1$、$S'_2$、$S'_3$——分别为反弯点 $C$ 以后对应于荷载 $p_1$、$p_2$、$p_3$ 的实测沉降。$p_1$、$p_2$、$p_3$ 应符合下列条件：

$$p_3 - p_2 = p_2 - p_1 \quad (3.4.2\text{-}4)$$

4 根据修正后的数据绘制 $p$-$S$ 曲线［图 3.4.2b）］，必要时尚应绘制 $\lg p$-$\lg S$、$p$-$\Delta S/\Delta p$（$\Delta p$ 为荷载增量，$\Delta S$ 为沉降增量）、$S$-$\sqrt{t}$ 或 $S$-$\lg t$ 曲线。

**3.4.3** 沉降非稳定法资料整理应符合下列要求：

1 按外推法推算出各级荷载下沉降速率达到沉降相对稳定法相对稳定标准时所需要的时间和相应的沉降量。
2 根据推算的沉降量按本规程第3.4.2条的有关规定进行修正。

**3.4.4** 地基承载力特征值$f_{a0}$可按下列方法确定：

1 $p$-$S$曲线存在拐点［图3.4.2b)中的曲线2］时，则第一拐点$A$对应荷载为比例界限压力$p_a$，第二拐点$U$对应压力为极限承载力$p_u$。当$p_u \leqslant 1.5p_a$时，取$f_{a0} = p_u/2$；当$p_u > 1.5p_a$时，取$f_{a0} = p_a$。

2 $p$-$S$曲线呈圆弧形［图3.4.2b)中的曲线1和4］，无明显拐点时，可按下述方法确定：

1) 在绘制的lg$p$-lg$S$或$p$-$\Delta S/\Delta p$曲线上，取第一转折点所对应的荷载为$f_{a0}$。

2) 取相对沉降值$S/b$所对应的荷载为$f_{a0}$，各类土的相对沉降值$S/b$可按表3.4.4取用。

表3.4.4 各类土的相对沉降值 $S/b$

| 土名 | 黏性土 | | | | 粉土 | | | 砂土 | | | |
|---|---|---|---|---|---|---|---|---|---|---|---|
| 状态 | 流塑 | 软塑 | 硬塑 | 坚硬 | 稍密 | 中密 | 密实 | 松散 | 稍密 | 中密 | 密实 |
| $S/b$ | 0.020 | 0.016 | 0.012 | 0.010 | 0.020 | 0.015 | 0.010 | 0.020 | 0.016 | 0.012 | 0.008 |

注：对于软～极软的软质岩、强风化～全风化的风化岩，应根据工程的重要性和地基的复杂程度取$S/b$ = 0.001～0.006所对应的压力为$f_{a0}$。

3) 由双曲线拟合法确定地基极限承载力$p_u$值，取$f_{a0} = p_u/F$（$F$为安全系数），可视地基工程性质取$F$为2～3（高压缩性土取低值，低压缩性土取高值）。

**3.4.5** 用双曲线法拟合的$p$-$S$曲线，应按式（3.4.5-1）、式（3.4.5-2）确定地基极限承载力$p_u$：

$$p_u = R_f p_f \qquad (3.4.5\text{-}1)$$

$$p_f = 1/b' \qquad (3.4.5\text{-}2)$$

式中：$p_f$——破坏荷载（kPa）；

$b'$——由式（3.4.2-1）得到的曲线拟合参数；

$R_f$——破坏比，可按表3.4.5取值。

表3.4.5 破 坏 比 $R_f$

| 土名 | 软土、松散砂土、稍密粉土 | 软～硬塑黏性土、中密粉土、稍密～中密砂土 | 坚硬黏性土、密实粉土、密实砂土 | 碎石土、软岩、风化岩 |
|---|---|---|---|---|
| $R_f$ | 0.90～0.80 | 0.85～0.75 | 0.80～0.70 | 0.75～0.65 |

**3.4.6** 地基承载力特征值和极限承载力的确定应符合下列规定：

1 同一土层参加统计的试验点数不应少于3个。

2 试验点的 $f_{a0}$ 或 $p_u$ 值的极差不大于其平均值30%时，可取平均值作为 $f_{a0}$ 或 $p_u$；当极差大于其平均值30%时，应查找、分析出现异常值的原因，并按粗差剔除准则补充试验和剔除异常值。

**3.4.7** 土的变形模量 $E_0$（MPa）可按下式计算：

$$E_0 = \omega(1 - \mu^2)bp_a/S_a \tag{3.4.7}$$

式中：$\omega$——承压板形状系数，圆形取0.79，方形取0.89；

$\mu$——泊松比，碎石土取0.25，砂土和粉土取0.30，粉质黏土取0.35，黏土取0.42；

$p_a$——比例界限压力（kPa），即 $p$-$S$ 曲线上第一拐点压力（图3.4.2），当 $p$-$S$ 曲线无直线段时，可按 $0.5p_u$ 取值；

$S_a$——与 $p_a$ 相对应的沉降量（mm）。

**3.4.8** 地基竖向基床系数应按下列要求计算：

1 平板载荷试验竖向基床系数 $K_{sa}$ 可由式（3.4.8-1）确定：

$$K_{sa} = p_a/S_a \tag{3.4.8-1}$$

2 在同一场地对同一土层使用不同面积的承压板试验时，应按式（3.4.8-2）统一修正为基准竖向基床系数 $K_1$：

$$K_1 = K_{sa} \cdot \sqrt{F_a}/\sqrt{F_1} \tag{3.4.8-2}$$

式中：$K_1$——基准竖向基床系数（kN/m³），即方形承压板面积 $F_1 = 0.0929\text{m}^2$ 时的基床系数；

$F_a$——实际使用的承压板面积（m²）。

# 4 螺旋板载荷试验

## 4.1 一般规定

**4.1.1** 螺旋板载荷试验适用于软土、一般黏性土、粉土和砂土，可测定地基土不同深度处的承载力和变形模量等参数。

**4.1.2** 螺旋板载荷试验点应在了解地层剖面后布置。同一试验孔在垂直方向上的试验点应结合土层变化和均匀性布置，试验点间距宜为1.00m；特殊情况不应小于0.75m；当土质均匀、厚度较大时，试验点间距可适当增加，但应不大于3.00m。

## 4.2 试验设备

**4.2.1** 螺旋板载荷试验设备应由螺旋承压板、加荷装置、测力传感器、反力系统、沉降量测仪表组成。

**4.2.2** 螺旋承压板应符合下列要求：
1 应采用耐腐蚀、耐磨损的钢质材料制造，其表面粗糙度不宜大于6.3μm。
2 螺旋承压板的规格和几何尺寸应符合表4.2.2的规定。

表4.2.2 螺旋承压板规格和几何尺寸

| 直径（mm） | 113 | 160 | 252 |
|---|---|---|---|
| 截面积（cm$^2$） | 100 | 200 | 500 |
| 螺距（mm） | 25 | 45 | 60 |

3 螺旋承压板应根据土层及其性质选用。对软土应选用截面积为500cm$^2$的螺旋承压板，对软塑黏性土及松散~中密砂土可选用截面积为200cm$^2$的螺旋承压板，对硬塑黏性土及密实砂土应选用截面积为100cm$^2$的螺旋承压板。

**4.2.3** 加荷装置应由液压千斤顶和传力杆组成，其传力误差不得大于全量程的1%。传力杆应采用合金钢厚壁管，直径宜为38mm，每根长度宜为1.0m。液压千斤顶宜采用50kN级，并具有良好的稳压性能。

**4.2.4** 测力传感器应符合下列要求：

1 量程：额定荷载为 1 000kPa 时，应为 20kN；额定荷载为 1 500kPa 时，应为 30kN。

2 精度：测力传感器的非线性误差、重复性误差、滞后误差和归零误差均应小于 0.5%FS。

3 过载能力：应不大于额定压力的 150%。

4 防水性能：静水压力为 200kPa 时，在 150h 内，测力传感器桥路绝缘电阻应大于 300MΩ。

5 工作温度：应适应 −10~45℃ 环境温度，标定与工作环境温度的差值不宜大于 20℃。

**4.2.5** 由地锚、钢架梁等构成的反力系统必须牢固稳定，安全可靠，其承载能力不应小于试验最大荷载的 1.5~2.0 倍。

**4.2.6** 沉降量测仪表应符合下列要求：

1 测试仪器应能在 −10~45℃ 的环境中正常工作，预热后其时漂应小于 0.1%FS/h，温漂应小于 0.01%FS/℃，有效最小分度值应小于 0.06%FS。

2 百分表量程宜为 0~30mm。有特殊要求时，可配量程为 0~50mm 的百分表。

3 位移传感器量程宜为 3 000με，全量程综合误差应小于 3~5με。

**4.2.7** 测力传感器标定应符合本规程附录 A 的有关规定。

## 4.3 试验方法

**4.3.1** 试验前应检查螺旋承压板的规格和几何尺寸是否符合设计要求，板面是否光滑，有无损伤，百分表、液压千斤顶、记录仪等是否完好。

**4.3.2** 试验设备安装应按下列程序进行，并符合下列要求：

1 平整场地，然后采用下锚机或用人力旋入反力地锚和固定沉降支架的小地锚。

2 安装相应组件，对钢架梁、千斤顶座、表座托板均应用水平尺校准。

3 连接传力杆，按传力杆连接顺序依次接好电缆，并与测力传感器和螺旋承压板连成一体，检查信号输出是否正常。

4 将螺旋承压板头旋钻至预定的测试深度，并保持传力杆垂直。

5 固定沉降支板，安装液压千斤顶、顶头、顶座等加压部件，并保持整个传力系统垂直度，避免偏压。

6 在沉降支板上安装百分表，调整好百分表量测头与沉降支板的距离，并使百分表指针对零。

7 使用仪表时，应按规定预热、调零，然后量测。

**4.3.3** 应按下列规定确定试验方法：
1 同时测定地基土模量及承载力时，应采用沉降相对稳定法。
2 仅测定地基承载力时，应采用沉降非稳定法。
3 沉降相对稳定法和沉降非稳定法试验应分别符合本规程第3.3.5条的有关要求。

**4.3.4** 试验工作应符合下列要求：
1 应按每转一圈下入一个螺距进行操作，旋至测试深度，应尽可能减少对土体的扰动。
2 应按选定的试验方法（沉降相对稳定法、沉降非稳定法）进行操作。
3 土体破坏后，应卸除加荷和沉降位移观测装置，再将螺旋承压板旋至下一个预定深度进行试验。
4 在钻孔中进行螺旋板载荷试验时，应在离测试深度20～30cm处停钻，并清除孔底受压或扰动土层。

## 4.4 资料整理

**4.4.1** 应对原始数据进行检查、核对、计算，整理荷载 $p$ 与沉降值 $S'$、时间 $t$ 与沉降值 $S'$ 汇总表，绘制 $p$-$S'$ 曲线，必要时绘制 $S'$-$t$ 或 $S'$-$\lg t$ 等曲线。

**4.4.2** 当 $p$-$S'$ 曲线如本规程图3.4.2a）中的曲线2所示的形态时，曲线上各特征值应按下列方法确定：
1 初始压力 $p_0$：取 $p$-$S'$ 曲线初始直线与 $p$ 轴的交点作为初始压力 $p_0$。$p$-$S'$ 曲线上无明显直线段时，取过曲率最大点所作前段曲线的切线与 $p$ 轴的交点作为初始压力 $p_0$。$p_0$ 可视为原位土层的上覆压力。
2 临塑压力 $p_F$：取 $p$-$S'$ 曲线初始直线段终点（即第一拐点 $A$）对应的压力作为临塑压力 $p_F$。
3 极限压力 $p_L$：取 $p$-$S'$ 曲线末尾直线段起点（即第二拐点 $U$）对应的压力作为极限压力 $p_L$。

**4.4.3** 地基承载力特征值 $f_{a0}$ 可按下列方法确定：
1 拐点法：取临塑压力 $p_F$ 为 $f_{a0}$。此法适用于具有初始直线段的 $p$-$S$ 曲线。
2 相对沉降法：在 $p$-$S$ 曲线上取 $S/b$ 值所对应的压力为 $f_{a0}$。对低压缩性土和砂土，可取 $S/b=0.015$；对中、高压缩性土可取 $S/b=0.02$。此法适用于圆弧形 $p$-$S$ 曲线。
3 极限荷载法：取 $p$-$S$ 曲线上所得的极限承载力 $p_u$ 除以安全系数作为地基承载力

特征值 $f_{a0}$。

**4.4.4** 极限承载力 $p_u$ 可按下列方法确定：
1 第二拐点法：用 $p$-$S$ 曲线或 $\lg p$-$\lg S$、$S$-$\lg p$ 曲线的第二拐点压力 $p_L$ 确定为 $p_u$。
2 相对沉降法：取 $S/b = 0.10$ 所对应的压力为 $p_u$。
3 双曲线法：可按本规程第 3.4.5 条确定 $p_u$。

**4.4.5** 土的变形模量 $E_0$ 应根据沉降相对稳定法试验结果按式（4.4.5-1）～式（4.4.5-3）计算：

$$E_0 = \omega I_1 I_2 (1 - \mu^2) b p_F / S_F \qquad (4.4.5\text{-}1)$$

$$I_1 = 0.5 + 0.23 b/z \qquad (4.4.5\text{-}2)$$

$$I_2 = 1 + 2\mu^2 + 2\mu^4 \qquad (4.4.5\text{-}3)$$

式中：$I_1$——螺旋承压板埋深 $z$ 的修正系数；
$I_2$——与泊松比有关的修正系数；
$b$——螺旋承压板直径（m）；
$z$——螺旋承压板埋深（m）；
$\omega$——螺旋承压板形状系数，可取 0.79；
$\mu$——土的泊松比，可参照本规程第 3.4.7 条取值；
$S_F$——对应于临塑压力 $p_F$ 的沉降（mm）。

# 5 静力触探试验

## 5.1 一般规定

**5.1.1** 静力触探试验适用于软土、黄土、黏性土、粉土、砂土、素填土及含少量碎石的土层，可用于划分土层，判定土类，测定地基承载力，预估单桩极限荷载，判定饱和砂土、粉土地基液化的可能性，测定地基土的物理力学参数。

**5.1.2** 根据探头的类型，静力触探试验可分为单桥静力触探试验、双桥静力触探试验和孔压静力触探试验。

**5.1.3** 静力触探试验测试点的布置应符合下列要求：
1 应避开地下管线、人防工程等地下设施和影响生产安全的潜在因素。
2 距已有勘探孔的距离应不小于 30 倍探头直径。
3 进行对比试验时，对比孔间距不宜大于 2.0m，并应先做静力触探试验，再进行其他勘探、试验。

**5.1.4** 进行水上静力触探试验时，应有保证孔位不发生移动的稳固措施和防止探杆弯曲的约束装置。

## 5.2 试验设备

**5.2.1** 静力触探试验设备应由贯入系统、探测系统和辅机组成，并符合下列要求：
1 贯入系统应包括触探主机、探杆和反力设备。
2 探测系统应包括探头、电缆、量测仪器。
3 辅机应包括探头标定设备、用于孔压静力触探试验的饱和器件等。

**5.2.2** 触探主机应符合下列要求：
1 贯入能力应满足探测深度的要求。
2 应能匀速地将探头垂直压入土中。采用单桥、双桥探头测试时，贯入速率应为 1.2m/min±0.3m/min；采用孔压探头测试时，贯入速率应控制为 1.2m/min。
3 额定起拔力应大于或等于额定贯入力的 120%。

**5.2.3** 探杆应符合下列要求：

1 应采用高强度无缝钢管制造，其抗拉强度应大于600MPa。
2 探杆轴线直线度误差应小于$\phi 1mm/m$。
3 使用的探杆长度应相同，其长度误差应小于0.2%，丝肩紧贴，互换性好。
4 探杆不得有裂纹或损伤。
5 用于前5m的探杆，弯曲度不得大于0.05%；后续探杆的弯曲度不得大于0.1%。
6 探头联结端的探杆直径，在8倍探头直径长度范围内，应小于探头直径。
7 探杆在使用前应进行检查，不符合要求的探杆不得使用。

**5.2.4** 探头的技术性能应符合下列要求：

1 在额定荷载下，检测总误差应小于3.0%FS，其中非线性误差、重复性误差、滞后误差和归零误差均应小于1.0%FS。
2 在工作状态下，传感器间的互扰值应小于自身额定输出值的0.3%FS。
3 密封性能良好，在500kPa水压下，恒压2h，其绝缘电阻应大于50MΩ。
4 应能在-10~45℃的环境中正常工作。
5 探头的允许过载能力不应小于其额定荷载的120%。
6 孔压探头的过滤片应具有足够的刚度、耐磨性和渗透性。过滤器的设置位置应符合下列要求：

　1）过滤器置于探头锥肩的位置时，过滤器的上表面距锥底面的高度应小于10mm。
　2）过滤器置于探头锥面的位置时，过滤器中心或中心线距锥顶的距离应为0.5~0.8倍圆锥母线的长度。
　3）过滤器的渗透系数宜控制在$(1~5)\times 10^{-3}cm/s$范围内。在组装好的孔压探头中，过滤器与相邻部件的接触界面应具有110kPa±5kPa的抗渗压能力。
　4）满负荷水压条件下，对于电阻应变式孔压传感器应变腔，体（容）积变化量不大于$4mm^3$，体变率应小于0.2%；对于硅应变式孔压传感器应变腔，体变率应小于0.1%。

**5.2.5** 单桥探头、双桥探头、孔压探头的规格及更新标准应符合本规程附录B的有关规定。

**5.2.6** 探头应放置在防潮、防震的专用探头箱内储存，并存放于干燥、阴凉处。孔压探头的锥尖应在盛有脱气液体（水、硅油或甘油）的专用密封容器内储存，并使透水元件始终处于饱和状态。

**5.2.7** 电缆应采用屏蔽电缆，并符合下列要求：

1 屏蔽网应合理接地，结构均匀，导电性好。

2 电缆芯线应绝缘性好，包扎紧密。
3 电缆外层包皮，应耐寒抗拉，表皮破损的电缆不得使用。

5.2.8 量测仪器应符合下列要求：
1 仪器显示的有效最小分度值应小于0.06%FS。
2 仪器按要求预热后，时漂应小于0.1%FS/h，温漂应小于0.01%FS/℃。
3 在-10~45℃的环境中，应能正常工作。
4 记录仪和电缆所传输信号应互不干扰。

5.2.9 由标尺和位移指针组成的计深装置应符合下列要求：
1 标尺刻度为10cm，刻度误差小于5mm，累积误差不得大于标尺全长的0.2%。
2 标尺应垂直固定于触探孔旁的地面不动点处；位移指针应置于向下贯入的工作探杆上，随探杆一道下移。
3 探杆处于贯入状态时不得移动标尺。
4 当使用自动记录仪器时，计深误差不得大于1%。

5.2.10 探头标定设备应符合下列要求：
1 标定探头所用的测力计，其检测精度不得低于Ⅲ等标准测力计精度；采用精密力传感器标定，传感器精度应不低于0.5级。
2 标定用测力计或传感器的额定量程应与探头额定荷载匹配，并不得小于探头的额定荷载。标定孔压计的压力罐及压力检测装置应密封性能良好。
3 标定架的压力作用线应与被标定的探头同轴，其同轴度误差应小于±0.5mm。
4 探头标定达满量程时，标定架各部杆件应稳定。
5 标定装置对力的传递误差应小于0.5%。

## 5.3 试验方法

5.3.1 现场作业前应了解下列情况：
1 工程类型、名称、孔位、孔深、测试目的及要求；
2 工点地形条件和交通情况；
3 场地地层概况及既有勘探孔的位置、孔深、孔径；
4 地下电缆、管道、房屋基础、杂填物、人防工程等地下设施及位置；
5 有无高压电线、强磁场源等可能干扰测试的因素；
6 使用外接电源工作时，了解其供电情况。

5.3.2 主机安装应按下列程序进行，并符合下列要求：
1 平整场地，清除有碍触探的杂填物、障碍物，对准孔位安装触探主机。

2 将主机机座与反力装置连接，调平机座，并用水平尺校准，然后紧固锁定。

3 正确连接各种电路、管路，使主机处于工作状态，启动动力源，检查升降操作装置是否灵活、可靠。

**5.3.3** 反力设备应符合下列要求：

1 各部件应有足够的强度和刚度，并能与主机紧固连接。

2 应保证触探达到预定深度，提供的反力应大于贯入总阻力。

3 采用地锚提供反力时，所下地锚应对称、垂直，并使主机与地锚紧固连接；采用重物堆压提供反力时，重物形状应规整，堆压均匀、稳固。

**5.3.4** 使用的探杆应逐根检查、试接，顺序放置，并将测试用的电缆按探杆连接顺序一次穿齐。

**5.3.5** 检查使用的探头是否符合规定。核对探头标定记录，调零试压。孔压探头在贯入前应进行饱和处理，使透水滤器、透水腔、应变腔等绝对脱气，注入脱气液体（水、硅油或甘油），应至应变腔无气泡出现为止。

**5.3.6** 开孔贯入时，应仔细观察探头与地层接触情况，防止锥尖侧移，孔位偏斜；贯入1~2m后，探杆有明显偏斜时，应重新开孔触探。

**5.3.7** 贯入速率应符合本规程第5.2.2条的规定；使用手摇式触探机时，手把转速应保持均匀。

**5.3.8** 加接探杆时，丝扣必须上满；卸探杆时，不得转动下面的探杆，防止探头电缆拧断、拉脱或扭曲。

**5.3.9** 在地下水埋藏较深的地区进行孔压触探试验时，应先使用外径不小于孔压探头的单桥或双桥探头开孔至地下水位以下，然后向孔内注水至与地面平，再换用孔压探头触探。

**5.3.10** 静力触探使用单桥或双桥探头时，应按下列要求对探头进行归零检查：

1 探头贯入地面以下0.5~1.0m后，将探头上提5~10cm，观测零位漂移情况，待仪器显示值稳定后，将仪表调零压回原位后，开始正式贯入。

2 在地面以下6m深度范围内，每贯入2~3m，应提升探头一次，记录零漂值并将仪表调零后，再进行贯入。

3 贯入深度超过6m后，可视零漂值大小，适当放宽提升探杆归零检查间隔，但不宜超过4m。

4 终孔起拔时和探头拔出地面后，应记录零漂值。

**5.3.11** 进行孔压静力触探试验时，在整个贯入过程中不得提升探头。终孔起拔时，应记录锥尖和侧壁的零漂值；探头拔出地面时，应立即卸下锥尖，记录孔压计的零漂值。

**5.3.12** 在贯入过程中，使用数字式仪器时，每贯入0.1m应记录一次读数；使用自动记录仪时，单孔静力触探试验贯入完成后，应及时存储或打印记录数据，绘制触探曲线（$p_s$-$h$、$f_s$-$h$、$R_f$-$h$ 等）及图表。

**5.3.13** 贯入过程中，发现读数异常或零漂值过大时，应停止贯入，及时提升探杆，检查或调整仪器，故障排除后，方可重新贯入。

**5.3.14** 计深标尺设置在触探主机上时，每贯入3~4m应校核一次实际深度。

**5.3.15** 在预定深度进行孔压消散试验时，应从探头停止贯入之时起，用秒表计时，记录不同时刻的孔压值和端阻值。计时间隔应由密而疏，合理控制。试验过程中，不得松动、碰撞探杆，也不得施加使探杆产生上、下位移的力。

**5.3.16** 孔压消散试验孔所在场区的地下水位未知或不明确时，至少应有一孔对试验地层做到孔压消散达稳定值为止（以连续2h内孔压值不变为稳定标准）。其他各孔试验点的孔压消散程度，可视地层情况和设计要求而定，固结度达60%~70%时，即可终止消散试验。

**5.3.17** 遇下列情况之一时，应停止贯入：
1 孔深已达任务书要求；
2 反力失效或主机已超负荷；
3 探杆出现明显弯曲；
4 探头负荷达额定荷载；
5 记录仪器显示异常。

**5.3.18** 静力触探试验终孔后，起拔探杆应符合下列规定：
1 贯入终止时，应立即起拔探杆，不得将探头长时间置于孔内。
2 卸下探杆时，应防止孔中探杆滑落孔底。
3 起拔探杆时，应清理表面黏附的泥沙，依次妥放于探杆箱内备用。
4 丈量触探杆干湿分界线深度，结合附近钻孔水位，判定孔内地下水埋藏深度。

**5.3.19** 探头拔出地面后，应对探头进行清洗、检查。进行下一孔触探时，孔压探头的应变腔和过滤器应重新进行脱气处理。

**5.3.20** 记录人员应按记录表要求用铅笔逐项填记清楚，记录表格式可按本规程附录 C 中的表 C 制作。

## 5.4 资料整理

**5.4.1** 静力触探试验成果资料的整理应包括下列内容：
1  应对原始数据进行检查、校对、修正和计算。
2  应绘制各触探参数随深度的变化曲线（简称触探曲线）。
3  应描述土层的名称、密实度或稠度状态、地下水位。
4  应提供各层土的触探参数值和地基设计参数值。
5  孔压静力触探在做孔压消散试验时，应附孔压随时间变化的过程曲线；必要时，附端阻随时间变化的过程曲线。

**5.4.2** 采用数字式仪器采集记录的原始数据，应按下列要求进行修正：
1  当记录深度与实际贯入深度有出入时，应根据记录表所标注的数值和深度误差出现的深度范围，按等距修正法予以调整。
2  当记录数据中的零漂值在该深度段测试值的 10% 以内时，可将此零漂值依归零检查段的深度间隔，按线性内插法对测试值予以平差；当零漂值大于该深度段测试值的 10% 时，宜在相邻两次归零检查的时间间隔段内，按贯入行程所占时间段落依比例进行线性平差。
3  各深度的测试值应按式（5.4.2）修正：

$$x'_d = x_d - \Delta x_d \tag{5.4.2}$$

式中：$x'_d$——深度 $d$ 处读数的修正值；
　　　$x_d$——深度 $d$ 处实测值（读数）；
　　　$\Delta x_d$——深度 $d$ 处的零漂修正值，分正、负号。

**5.4.3** 取得修正的原始数据后，各深度的触探参数应按式（5.4.3-1）~式（5.4.3-5）计算：

$$X_d = \xi \cdot x'_d \tag{5.4.3-1}$$

$$R_f = 100\left(\frac{f_s}{q_c}\right) \tag{5.4.3-2}$$

$$q_T = q_c + (1-a)u_T = q_c + \beta(1-a)u_d \tag{5.4.3-3}$$

$$B_q = \Delta u/(q_T - \sigma_{v0}) \tag{5.4.3-4}$$

$$\Delta u = u_0 - u_w \tag{5.4.3-5}$$

式中：$X_d$——深度 $d$ 处的触探参数（$p_s$、$q_c$、$f_s$、$u_T$、$u_d$）代号；

$\xi$——触探参数的标定系数；

$R_f$——摩阻比（%）；

$q_T$——总锥尖阻力（kPa）；

$a$——探头有效面积比，见本规程表 B.0.2；

$u_T$——过滤器位于锥肩处测得的孔隙水压力（kPa）；

$u_d$——过滤器位于锥面处测得的孔隙水压力（kPa）；

$\beta$——孔压换算系数，即 $u_T$ 与 $u_0$ 的比值，可按表 5.4.3 取值；

$B_q$——孔压比；

$\sigma_{v0}$——土的总自重压力（kPa），$\sigma_{v0} = \sum_{i=1}^{n}\gamma_i h_i$；

$\gamma_i$——第 $i$ 层土的天然重度（kN/m³）；

$h_i$——第 $i$ 层土的厚度（m）；

$\Delta u$——探头贯入时土的超孔隙水压力（kPa），分 $\Delta u_d = u_d - u_w$ 和 $\Delta u_T = u_T - u_w$；

$u_0$——探头贯入时的孔隙压力（kPa），过滤器置于探头的锥面时，$u_0 = u_d$；过滤器置于探头锥肩时，$u_0 = u_T$；

$u_w$——静止孔隙水压力（kPa）。

表 5.4.3 与土质状态有关的孔压换算系数 $\beta$

| 土质状态 | 中砂、粗砂 | 粉、细砂 | | 粉土 | 粉质黏土 | 黏土 | 重超固结黏土 |
|---|---|---|---|---|---|---|---|
| | | 松散～中密 | 密实 | 正常固结及轻度超固结 | | | |
| $\beta$ | 1 | 0.3～0.7 | <0.3 | 0.3～0.6 | 0.5～0.7 | 0.4～0.8 | -0.1～0.4 |

**5.4.4** 采用自动记录仪取得的原始记录曲线，应按下列要求进行修正：

1 实际贯入深度 $d$ 应按式（5.4.4）计算：

$$d = nl + h - \Delta l \tag{5.4.4}$$

式中：$n$——贯入土中的探杆数量（根）；

$l$——单根探杆长度（m）；

$h$——从锥底全断面处起算的探头长度（m）；

$\Delta l$——未入土的探杆余长（m）。

2 以孔口地面为深度零点，以停止贯入（加接探杆）时锥尖应力松弛所形成的似归零线为依据，用记录纸上所标注的深度误差，按式（5.4.4）校正曲线深度；曲线长度不足处，应根据曲线发展趋势补入。

3 记录曲线应标明深度零点。

**5.4.5** 采用自动记录仪取得的原始记录曲线，曲线幅值应按下列要求进行修正：

1 加接探杆造成记录曲线间断或出现喇叭口形态时，应以停机前的记录值为准，与开机贯入 10cm 深度时的记录值为端点采用平顺曲线连接。

2 以归零检查的标注为依据,直接连接两相邻归零点,根据此连线与记录纸上零线的偏差值,反向调整记录曲线的幅值。

**5.4.6** 孔压消散值可按下列程序修正:

1 以修正的贯入孔压值 $u_d$ 或 $u_T$ 作为消散试验的孔压初始值,以零漂修正量等量修正在该试验深度各个时刻测定的孔压消散值 $u_t$。

2 以孔压消散值 $u_t$ 为纵坐标、时间对数值 $\lg t$ 为横坐标,绘制孔压消散曲线 $u_t$-$\lg t$。

3 孔压消散曲线初始段出现陡降现象时,可用云形板拟合后段曲线,并使其通过陡降段终点与纵坐标轴相交,以此修正孔压消散曲线的初始段。

4 孔压消散曲线初始段出现上升现象时,宜略去其上升段,以曲线峰值点作为消散曲线的计量起点,并在同一张 $u_t$-$\lg t$ 坐标图中重新绘制孔压消散曲线。

**5.4.7** 单孔静力触探试验成果曲线图应按下列要求绘制:

1 以纵坐标表示深度,横坐标表示触探参数 $p_s$、$f_s$、$q_c$、$R_f$、$u_d$ 或 $u_T$、$B_q$ 等。其中 $f_s$、$u_d$ 或 $u_T$ 及 $q_c$ 之间的比例尺宜取 1:10:100;$B_q$、$R_f$ 在横轴上的数值比例宜取1:10。

2 比贯入阻力 $p_s$ 或锥尖阻力 $q_c$ 随深度变化的曲线宜用粗实线表示,孔压 $u_d$ 或 $u_T$ 随深度变化的曲线宜用细实线表示,侧壁摩阻力 $f_s$ 随深度变化的曲线宜用虚线表示,摩阻比 $R_f$ 随深度变化的曲线宜用点划线表示。

3 静力触探试验曲线图的比例尺宜按表5.4.7选用。

表5.4.7 静力触探曲线比例尺

| 项 目 | 比 例 尺 |
| --- | --- |
| 贯入深度 $d$ | 1:100~1:200 |
| $p_s$、$q_c$ | 1cm 代表 500~2 000kPa |
| $f_s$ | 1cm 代表 5~20kPa |
| $u_d$、$u_T$、$u_w$ | 1cm 代表 50~200kPa |
| $R_f$、$B_q$ | 1cm 分别代表 (1~3)%、(1~3)‰ |

4 静力触探试验曲线图中的参数、符号标示应清楚,并按本规程的有关规定进行分层,计算各分层触探参数值和地基设计参数值,填入成果图中。

**5.4.8** 归一化超孔压消散曲线应按下列要求绘制:

1 地基中的静止孔隙水压力应按式(5.4.8-1)计算:

$$u_w = \gamma_w \cdot D_w \qquad (5.4.8\text{-}1)$$

式中:$u_w$——静止孔隙水压力(kPa);

$\gamma_w$——水的重度(kN/m³);

$D_w$——试验点在实测地下水位以下的深度（m）。

2 均衡孔隙水压力 $u'_w$ 取孔压消散达稳定值时的孔压值，取值标准应符合本规程第5.3.16条的规定。

3 地基中试验点处的剩余超孔压 $\Delta u_r$ 应按式（5.4.8-2）计算：

$$\Delta u_r = u'_w - u_w \qquad (5.4.8\text{-}2)$$

4 各时刻的归一化超孔压比 $\overline{U}$ 应按式（5.4.8-3）计算：

$$\overline{U} = (u_t - u_w)/(u_0 - u_w) \qquad (5.4.8\text{-}3)$$

式中：$u_t$——贯入孔隙压力 $u_0$（即 $u_d$ 或 $u_T$）消散至某时刻 $t$ 的孔压值，可在修正的孔压消散曲线上查取。

5 以 $\overline{U}$ 为纵坐标轴、$\lg t$ 为横坐标轴，绘制归一化超孔压消散曲线 $\overline{U}\text{-}\lg t$。

## 5.5 计算与应用

**5.5.1** 静力触探试验成果应根据场地地质条件，结合当地建筑经验，针对构筑物的类型和工程设计对地质资料的要求进行综合分析整理，并做出结论。

**5.5.2** 根据静力触探试验曲线划分土层，主要持力层应详细划分，对工程有影响的软弱夹层和下卧层应单独划出。

**5.5.3** 土层界面的划分应符合下列规定：

1 单桥或双桥静力触探试验时，应根据超前深度和滞后深度确定土层界面，并符合下列要求：

1）一般情况下，可取超前、滞后总深度中点偏向较软层 5～10cm 处定为土层分层界面。

2）当上、下土层的 $q_c$ 值相差 1 倍以上，且其中软层的平均端阻 $\bar{q}_c$（或 $\bar{p}_s$）< 2MPa 时，可取软层的最后一个（或第一个）$q_c$（或 $p_s$）的小值偏向硬层 10cm 处定为土层分层界面。

3）当上、下土层的 $q_c$ 或 $p_s$ 值相差不到 1 倍时，应结合 $R_f$、$f_s$ 值确定土层界面。

2 孔压静力触探试验时，应将 $u_d$ 或 $u_T$、$B_q$ 的突变点位置定为土层界面。

**5.5.4** 各土层静力触探参数值的计算和取值应符合下列要求：

1 当分层厚度大于或等于 1.0m 且土质比较均匀时，应扣除其上部滞后深度和下部超前深度范围内的静力触探参数值，按式（5.5.4-1）～式（5.5.4-8）计算土层的静力触探参数值：

$$\bar{p}_s = \frac{1}{n}\sum_{i=1}^{n} p_{si} \qquad (5.5.4\text{-}1)$$

$$\bar{q}_c = \frac{1}{n}\sum_{i=1}^{n} q_{ci} \qquad (5.5.4\text{-}2)$$

$$\bar{f}_s = \frac{1}{n}\sum_{i=1}^{n} f_{si} \tag{5.5.4-3}$$

$$\bar{u}_d = \frac{1}{n}\sum_{i=1}^{n} u_{di} \tag{5.5.4-4}$$

$$\bar{u}_T = \frac{1}{n}\sum_{i=1}^{n} u_{Ti} \tag{5.5.4-5}$$

$$\bar{B}_q = \frac{1}{n}\sum_{i=1}^{n} B_{qi} \tag{5.5.4-6}$$

$$\bar{q}_T = \bar{q}_c + \beta(1-a)\bar{u}_d = \bar{q}_c + (1-a)\bar{u}_T \tag{5.5.4-7}$$

$$\bar{R}_f = \bar{f}_s / \bar{q}_c \tag{5.5.4-8}$$

式中：$\bar{p}_s$、$\bar{q}_c$、$\bar{f}_s$、$\bar{u}_d$、$\bar{u}_T$、$\bar{B}_q$、$\bar{q}_T$、$\bar{R}_f$——分别代表各土层比贯入阻力、锥尖阻力、侧壁摩阻力、贯入孔压、孔压比、总锥尖阻力和摩阻比的平均值；

$p_{si}$、$q_{ci}$、$f_{si}$、$u_{di}$、$u_{Ti}$、$B_{qi}$——分别代表第 $i$ 点的比贯入阻力、锥尖阻力、侧壁摩阻力、贯入孔压和孔压比；

$n$——静力触探参数统计个数。

2 对于土层厚度小于 1.0m 的均质土层，软层应取最小值，硬层应取较大值。

3 经修正成图的静力触探试验曲线，可根据各分层曲线幅值变化情况，将其分成若干小层，对每一小层按等面积原则绘成直方图，按式（5.5.4-9）计算该分层的静力触探参数加权平均值：

$$\bar{X} = \sum_{i=1}^{n}(\bar{x}_i \cdot h_i) \Big/ \sum_{i=1}^{n} h_i \tag{5.5.4-9}$$

式中：$\bar{x}_i$——各小层的静力触探参数平均值；

$h_i$——第 $i$ 小层的厚度（m）。

4 分层曲线中的异常值，应予剔除，不参与计算。

5 对于单层厚度在 30cm 以内的粉砂、粉土与黏性土互层，应分别计算各触探参数的大值平均值和小值平均值。

**5.5.5** 单桥、双桥及孔压探头的端阻与贯入阻力之间的换算，应根据当地经验确定；无经验公式时，可按式（5.5.5-1）或式（5.5.5-2）换算：

$$p_s = 1.1 q_c \tag{5.5.5-1}$$

$$q_T = p_s \tag{5.5.5-2}$$

**5.5.6** 使用双桥静力触探时，可按图 5.5.6 划分土类。

**5.5.7** 使用过滤器置于锥面处的孔压探头触探试验时，在地下水位以下的土层可按图 5.5.7 划分土类。

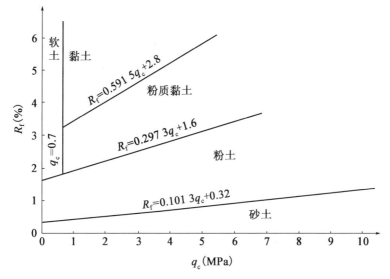

图 5.5.6 双桥触探参数划分土类

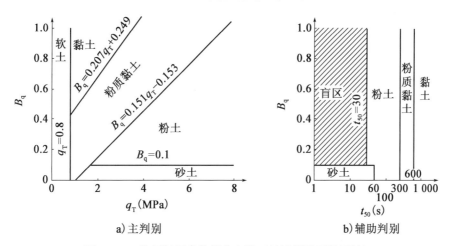

a) 主判别　　　　　　　　　b) 辅助判别

图 5.5.7 孔压触探参数划分土类（过滤器置于锥面处）

**5.5.8** 使用过滤器置于锥肩处的孔压探头触探试验时，在地下水位以下的土层可按图 5.5.8 划分土类。

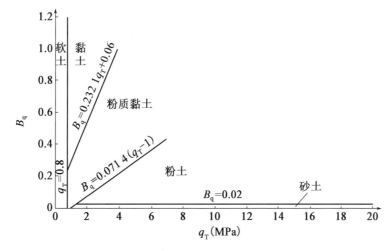

图 5.5.8 孔压触探参数划分土类（过滤器置于锥肩处）

**5.5.9** 缺乏钻探取样试验数据时,饱和黏性土的重度 $\gamma$（kN/m³）可按式（5.5.9-1）～ 式（5.5.9-3）计算:

$p_s$ < 400kPa 时,

$$\gamma = 8.23 p_s^{0.12} \qquad (5.5.9\text{-}1)$$

400kPa ≤ $p_s$ < 4 500kPa 时,

$$\gamma = 9.56 p_s^{0.095} \qquad (5.5.9\text{-}2)$$

$p_s$ ≥ 4 500kPa 时,

$$\gamma = 21.3 \qquad (5.5.9\text{-}3)$$

**5.5.10** 黏性土的状态判别应符合下列要求:

1 使用过滤器置于锥面的孔压探头触探参数时,可按表5.5.10-1判定黏性土的状态。

表 5.5.10-1 孔压触探参数判别黏性土的状态

| 状 态 | 液性指数 | 主 判 别 | 辅助判别 |
|---|---|---|---|
| 坚硬 | $I_L \leq 0$ | $q_T > (5)$ | $B_q < (0.2)$ |
| 硬塑 | $0 < I_L \leq 0.5$ | $q_T \leq 5$<br>$3.12 B_q - 2.77 q_T < -2.21$ | $B_q < 0.3$ |
| 软塑 | $0.5 < I_L \leq 1.0$ | $3.12 B_q - 2.77 q_T \geq -2.21$<br>$11.2 B_q - 21.3 q_T < -2.56$ | $B_q \geq 0.2$ |
| 流塑 | $I_L > 1.0$ | $11.2 B_q - 21.3 q_T \geq -2.56$ | $B_q \geq 0.42$ |

注:1. $q_T$ 的单位为 MPa。
   2. 坚硬状态的土多属非饱和土,括号内数值为参考值。
   3. 过滤器置于锥肩处的孔压触探参数,可通过本规程表5.4.3换算出相应的 $q_T$、$B_q$ 后再用本表判别。

2 使用单桥触探参数时,应结合地区经验按表5.5.10-2判定黏性土的状态。

表 5.5.10-2 单桥触探参数判别黏性土的状态

| 液性指数 $I_L$ | 0.00 | 0.25 | 0.50 | 0.75 | 1.00 |
|---|---|---|---|---|---|
| $p_s$（MPa） | (5~6) | (2.7~3.3) | 1.2~1.5 | 0.7~0.9 | <0.5 |

注:括号内数值为参考值。

**5.5.11** 灵敏度 $S_t = 2 \sim 7$、塑性指数 $I_p = 12 \sim 40$ 的软黏性土,不排水抗剪强度 $c_u$ 可按式（5.5.11-1）、式（5.5.11-2）计算:

$$c_u = 0.9(p_s - \sigma_{v0})/N_k \qquad (5.5.11\text{-}1)$$

$$N_k = 25.81 - 0.75 S_t - 2.25 \ln I_p \qquad (5.5.11\text{-}2)$$

缺乏 $S_t$、$I_p$ 数据时,可按式（5.5.11-3）估算 $c_u$ 值:

$$c_u = 0.04 p_s + 2 \qquad (5.5.11\text{-}3)$$

式中:$p_s$——比贯入阻力（kPa）。

**5.5.12** 砂土的内摩擦角 $\varphi$ 可按表5.5.12取值。

表 5.5.12　砂土内摩擦角 $\varphi$

| $p_s$ (MPa) | 1 | 2 | 3 | 4 | 6 | 11 | 15 | 30 |
|---|---|---|---|---|---|---|---|---|
| $\varphi$ (°) | 29 | 31 | 32 | 33 | 34 | 36 | 37 | 39 |

**5.5.13**　使用静力触探试验确定地基承载力时，应综合考虑地基土的工程性质及工程结构的特点。无地区经验可循时，天然地基可根据土层类别及比贯入阻力 $p_s$ 按表 5.5.13-1 和表 5.5.13-2 所列的经验公式计算地基承载力特征值 $f_{a0}$ 和地基极限承载力 $p_u$，但 $p_s$ 的取值应符合下列规定：

　　1　对于扩大基础，$p_s$ 值应取基础底面以下 $2b$（$b$ 为矩形基础短边长度或圆形基础直径）深度范围内比贯入阻力的平均值。

　　2　层状地基的 $p_s$ 取值应符合本规程第 5.5.4 条的规定。由粉砂（或粉土）与粉质黏土（或黏土）组成的交错层，应根据大值平均值和小值平均值，在表 5.5.13-1 和表 5.5.13-2 中分别按其所属土类计算地基承载力，然后根据构筑物特点和重要程度，酌取小值、大值或中值。

表 5.5.13-1　天然地基承载力特征值 $f_{a0}$

| 土层类别 | | $f_{a0}$ (kPa) | $p_s$ (kPa) | 相关系数 $r$ | 标准差 $s$ | 变异系数 $\delta$ |
|---|---|---|---|---|---|---|
| 老黏性土（$Q_1 \sim Q_3$） | | $f_{a0} = 0.1 p_s$ | 2 700 ~ 6 000 | — | — | — |
| 黏性土（$Q_4$） | | $f_{a0} = 5.8\sqrt{p_s} - 46$ | ≤ 6 000 | 0.920 | 26 | 0.095 |
| 软土 | | $f_{a0} = 0.112 p_s + 5$ | 85 ~ 800 | 0.850 | 16.7 | 0.259 |
| 砂土、粉土 | | $f_{a0} = 0.89 p_s^{0.63} + 14.4$ | ≤ 24 000 | 0.945 | 31.6 | 0.154 |
| 新黄土（$Q_3$、$Q_4$） | 东南带 | $f_{a0} = 0.05 p_s + 65$ | 500 ~ 5 000 | 0.878 | 33 | 0.204 |
| | 西北带 | $f_{a0} = 0.05 p_s + 35$ | 650 ~ 5 500 | 0.930 | 23.4 | 0.148 |
| | 北部边缘带 | $f_{a0} = 0.04 p_s + 40$ | 1 000 ~ 6 500 | 0.823 | 26.2 | 0.151 |

表 5.5.13-2　天然地基极限承载力 $p_u$

| 土层类别 | | $p_u$ (kPa) | $p_s$ (kPa) | 相关系数 $r$ | 标准差 $s$ | 变异系数 $\delta$ |
|---|---|---|---|---|---|---|
| 黏性土（$Q_1 \sim Q_3$） | | $p_u = 0.14 p_s + 265$ | 2 700 ~ 6 000 | 0.810 | 153 | 0.203 |
| 黏性土（$Q_4$） | | $p_u = 0.94 p_s^{0.8} + 8$ | 700 ~ 3 000 | 0.818 | 60.2 | 0.199 |
| 软土 | | $p_u = 0.196 p_s + 15$ | < 800 | 0.827 | 36.5 | 0.310 |
| 粉砂、细砂 | | $p_u = 3.89 p_s^{0.58} - 65$ | 1 500 ~ 24 000 | 0.874 | 137.6 | 0.256 |
| 中砂、粗砂 | | $p_u = 3.6 p_s^{0.6} + 80$ | 800 ~ 12 000 | 0.670 | 236.6 | 0.336 |
| 粉土 | | $p_u = 1.78 p_s^{0.63} + 29$ | ≤ 8 000 | 0.945 | 63.2 | 0.139 |
| 新黄土（$Q_3$、$Q_4$） | 东南带 | $p_u = 0.1 p_s + 130$ | 500 ~ 4 500 | 0.878 | 66.0 | 0.204 |
| | 西北带 | $p_u = 0.1 p_s + 70$ | 650 ~ 5 300 | 0.930 | 46.8 | 0.148 |
| | 北部边缘带 | $p_u = 0.08 p_s + 80$ | 1 000 ~ 6 000 | 0.823 | 52.4 | 0.204 |

**5.5.14** 地基承载力特征值 $f_{a0}$ 用于设计时，应进行基础宽度和埋置深度的修正。基础宽度和埋置深度的修正应符合《公路桥涵地基与基础设计规范》（JTG 3363—2019）的有关规定，修正系数可按表 5.5.14 确定。

表 5.5.14　基础宽度修正系数 $k_1$ 和基础深度修正系数 $k_2$

| 修正系数 | 土层名称 | $p_s$ (kPa) | | | | | | | |
|---|---|---|---|---|---|---|---|---|---|
| | | <800 | 800~2000 | 2000~3000 | 3000~5000 | 5000~10000 | 10000~14000 | 14000~20000 | >20000 |
| $k_1$ | 黏性土 | 0 | 0 | 0 | 1 | 2 | 3 | 4 | |
| | 粉土、砂土 | 0 | 0 | 0 | 1 | 2 | 3 | 4 | |
| | 新黄土（$Q_3$、$Q_4$） | 0 | | | | | | | |
| $k_2$ | 黏性土 | 0 | 1 | 2 | 3 | 4 | — | — | — |
| | 粉土、砂土 | 0 | 1 | 1.5 | 2 | 3 | 4 | 5 | 6 |
| | 新黄土（$Q_3$、$Q_4$） | 0 | 0 | 1 | 1.5 | 2 | — | — | — |

**5.5.15** 地基土层的压缩模量 $E_s$ 和变形模量 $E_0$ 可按表 5.5.15-1 和表 5.5.15-2 取值。

表 5.5.15-1　土的压缩模量 $E_s$（MPa）

| 土层名称 | $p_s$ (MPa) | | | | | | | | |
|---|---|---|---|---|---|---|---|---|---|
| | 0.1 | 0.3 | 0.5 | 0.7 | 1 | 1.3 | 1.8 | 2.5 | 3 |
| 软土、黏性土 | 0.9 | 1.9 | 2.6 | 3.3 | 4.5 | 5.7 | 7.7 | 10.5 | 12.5 |
| 饱和砂土 | — | — | 2.6~5.0 | 3.2~5.4 | 4.1~6.0 | 5.1~7.5 | 6.0~9.0 | 7.5~10.2 | 9.0~11.5 |
| 新黄土（$Q_3$、$Q_4$） | — | — | — | — | 1.7 | 3.5 | 5.3 | 7.2 | 9.0 |

| 土层名称 | $p_s$ (MPa) | | | | | | | | |
|---|---|---|---|---|---|---|---|---|---|
| | 4 | 5 | 6 | 7 | 8 | 9 | 11 | 13 | 15 |
| 软土、黏性土 | 16.5 | 20.5 | 24.4 | — | — | — | — | — | — |
| 饱和砂土 | 11.5~13.0 | 13.0~15.0 | 15.0~16.5 | 16.5~18.5 | 18.5~20.0 | 20.0~22.5 | 24.0~27.0 | 28.0~31.0 | 35.0 |
| 新黄土（$Q_3$、$Q_4$） | 12.6 | 16.3 | 20.0 | 23.6 | — | — | — | — | — |

注：1. $E_s$ 为压缩曲线上 $p_1$(0.1MPa)~$p_2$(0.2MPa) 压力段的压缩模量。
　　2. 粉土可按表列砂土 $E_s$ 的 70% 取值。
　　3. $Q_3$ 及其以前的黏性土和新近堆积土应根据当地经验取值或采用原状土样做压缩试验。
　　4. 表内数值可线性内插，不可外延。

表 5.5.15-2　土的变形模量 $E_0$（MPa）

| 土 层 名 称 | | $E_0$ | $p_s$（MPa） | 相关系数 $r$ | 标准差 $s$ | 变异系数 $\delta$ |
|---|---|---|---|---|---|---|
| 黏性土（$Q_1 \sim Q_3$） | | $E_0 = 11.78 p_s - 4.69$ | $3 \sim 6$ | — | — | — |
| 软土及饱和黏性土（$Q_4$） | | $E_0 = 6.03 p_s^{1.45} + 0.8$ | $0.085 \sim 2.5$ | 0.860 | 0.63 | 0.066 |
| 细砂、粉砂、粉土 | | $E_0 = 3.57 p_s^{0.684}$ | $1 \sim 20$ | 0.840 | 3.9 | 0.219 |
| 新黄土（$Q_3$、$Q_4$） | 东南带 | $E_0 = 13.09 p_s^{0.64}$ | $0.5 \sim 5$ | 0.53 | 11.7 | 0.468 |
| | 西北带 | $E_0 = 5.95 p_s + 1.41$ | $1 \sim 5.5$ | 0.70 | 7.2 | 0.347 |
| | 北部边缘带 | $E_0 = 5 p_s$ | $1 \sim 6.5$ | 取下限值公式 | | |

注：新近堆积土的 $E_0$ 应根据当地经验取值或用载荷试验确定。一般工程，当 $I_P > 10$ 时，按软土及饱和黏性土计算出 $E_0$ 后再乘以 $0.9 \sim 0.4$ 折减系数，折减系数随 $p_s$ 增加而降低。

**5.5.16** 打入钢筋混凝土预制桩的极限荷载 $Q_u$（kN）可按式（5.5.16-1）~式（5.5.16-7）计算：

$$Q_u = U \sum_{i=1}^{n} h_i \beta_i \bar{f}_{si} + \alpha A_c q_{cp} \quad (5.5.16\text{-}1)$$

式中：$U$——桩身周长（m）；

$h_i$——第 $i$ 层土厚度（m）；

$\bar{f}_{si}$——第 $i$ 层土的侧阻平均值（kPa）；

$A_c$——桩底（不包括桩靴）全断面面积（m²）；

$q_{cp}$——桩底端阻计算值（kPa）；

$\beta_i$、$\alpha$——分别为第 $i$ 层土的极限摩阻力和桩尖土的极限承载力综合修正系数。

$q_{cp}$、$\beta_i$、$\alpha$ 应分别按下列要求计算：

1　桩底高程以上 $4d$（$d$ 为桩径）范围内平均端阻 $\bar{q}_{cp1}$ 小于桩底以下 $4d$ 范围内的平均端阻 $\bar{q}_{cp2}$ 时：

$$q_{cp} = (\bar{q}_{cp1} + \bar{q}_{cp2})/2 \quad (5.5.16\text{-}2)$$

反之，

$$q_{cp} = \bar{q}_{cp2} \quad (5.5.16\text{-}3)$$

2　桩侧第 $i$ 层土的平均端阻 $\bar{q}_{ci} > 2000 \text{kPa}$，且相应的摩阻比 $\bar{f}_{si}/\bar{q}_{ci} \leq 0.014$ 时：

$$\beta_i = 5.067 (\bar{f}_{si})^{-0.45} \quad (5.5.16\text{-}4)$$

$\bar{q}_{ci}$ 及 $\bar{f}_{si}/\bar{q}_{ci}$ 不能同时满足上述条件时：

$$\beta_i = 10.045 (\bar{f}_{si})^{-0.55} \quad (5.5.16\text{-}5)$$

由上述两式计算得 $\beta_i \bar{f}_{si} > 100 \text{kPa}$ 时，宜取 $\beta_i \bar{f}_{si} = 100 \text{kPa}$。

3　$\bar{q}_{cp2} > 2000 \text{kPa}$，且相应的摩阻比 $\bar{f}_{s2}/\bar{q}_{cp2} \leq 0.014$ 时：

$$\alpha = 3.975 (q_{cp})^{-0.25} \quad (5.5.16\text{-}6)$$

$\bar{q}_{cp2}$ 及 $\bar{f}_{s2}/\bar{q}_{cp2}$ 不能同时满足上述条件时：

$$\alpha = 12.064 (q_{cp})^{-0.35} \quad (5.5.16\text{-}7)$$

**5.5.17** 混凝土钻孔灌注桩及沉管灌注桩的极限荷载 $Q_u$（kN）可按式（5.5.16-1）估算，但式中的综合修正系数 $\beta_i$ 和 $\alpha$ 应符合下列规定：

1 钻孔灌注桩综合修正系数 $\beta_i$ 和 $\alpha$ 应按式（5.5.17-1）、式（5.5.17-2）计算：

$$\beta_i = 18.24\,(\bar{f}_{si})^{-0.75} \tag{5.5.17-1}$$

$$\alpha = 130.53\,(q_{cp})^{-0.76} \tag{5.5.17-2}$$

2 沉管灌注桩综合修正系数 $\beta_i$ 和 $\alpha$ 应按式（5.5.17-3）~式（5.5.17-5）计算：

$$\beta_i = 4.14\,(\bar{f}_{si})^{-0.4} \tag{5.5.17-3}$$

桩底高程以下 $4d$ 范围内的摩阻比 $R_f > 0.1013\,\bar{q}_{cp2} + 0.32$ 时：

$$\alpha = 1.65\,(q_{cp})^{-0.14} \tag{5.5.17-4}$$

桩底高程以下 $4d$ 范围内的摩阻比 $R_f \leq 0.1013\,\bar{q}_{cp2} + 0.32$ 时：

$$\alpha = 0.45\,(q_{cp})^{-0.09} \tag{5.5.17-5}$$

**5.5.18** 地震动峰值加速度为 $0.1g$（$0.15g$）的地区，地面以下15m深度范围内，地震动峰值加速度为 $0.2g$ 或 $0.4g$ 的地区，地面以下20m深度范围内，存在饱和砂土和饱和粉土时，可使用静力触探方法按下列要求进行液化判别：

1 实测计算贯入阻力 $p_{sca}$ 或 $q_{cca}$ 值小于或等于单桥触探液化临界贯入阻力 $p'_s$ 或双桥触探液化临界贯入阻力 $q'_c$ 时，应判为液化土。

2 实测计算贯入阻力 $p_{sca}$ 或 $q_{cca}$ 应按下列规定取值：

1）当土层厚度大于1m时，应取该层土的贯入阻力平均值 $\bar{p}_s$（或 $\bar{q}_c$）；土层厚度小于1m，且上、下层为贯入阻力较小的土层时，应取该层土贯入阻力较大值。

2）土层厚度较大，根据力学性质和 $p_s$ 或 $q_c$ 值可明显分层时，应分别计算 $p_{sca}$ 或 $q_{cca}$ 值。

3）采用双桥探头触探时，应确定各分层的计算侧阻值 $f_{sca}$，并计算各分层的摩阻比 $R_{fca} = f_{sca}/q_{cca}$。

3 液化临界贯入阻力应按式（5.5.18-1）~式（5.5.18-4）计算：

$$p'_s = p_{s0} \cdot \alpha_1 \cdot \alpha_3 \cdot \alpha_4 \tag{5.5.18-1}$$

$$q'_c = q_{c0} \cdot \alpha_1 \cdot \alpha_3 \cdot \alpha_4 \tag{5.5.18-2}$$

$$\alpha_1 = 1 - 0.065(d_w - 2) \tag{5.5.18-3}$$

$$\alpha_3 = 1 - 0.05(d_u - 2) \tag{5.5.18-4}$$

式中：$p_{s0}$、$q_{c0}$——$d_w = 2$m、$d_u = 2$m、$\alpha_4 = 1$ 时，可液化土层的临界贯入阻力，按表5.5.18-1取值；

$\alpha_1$——地下水埋深 $d_w$（m）修正系数，地面常年有水且与地下水有水力联系时，$\alpha_1 = 1.13$；

$\alpha_3$——上覆非液化土层厚度 $d_u$（m）修正系数，对于深基础，恒取 $\alpha_3 = 1$；

$\alpha_4$——黏粒含量百分比修正系数，可按表5.5.18-2确定。

表 5.5.18-1　可液化土临界贯入阻力基本值

| 地震动峰值加速度 | 0.1g | 0.15g | 0.2g | 0.3g | 0.4g |
|---|---|---|---|---|---|
| $p_{s0}$（MPa） | 5.0 | 8.0 | 11.5 | 14.5 | 18.0 |
| $q_{c0}$（MPa） | 4.5 | 7.0 | 10.0 | 13.0 | 16.0 |

表 5.5.18-2　$\alpha_4$ 取值

| 土类 | 砂土 | 粉土 | |
|---|---|---|---|
| $R_{fca}$（%） | ≤0.4 | 0.4＜$R_{fca}$≤0.9 | ＞0.9 |
| $\alpha_4$ | 1.00 | 0.60 | 0.45 |

**5.5.19** 饱和软黏性土水平向固结系数可按式（5.5.19）计算：

$$C_h = \xi r_0^2 T_{50}/t_{50} \quad (5.5.19)$$

式中：$C_h$——水平向固结系数（cm²/s）；

$\xi$——经验修正系数，$\xi = 0.25 \sim 0.80$；

$r_0$——探头半径（cm）；

$T_{50}$——触探产生的超孔压消散达50%时的时间因素，可按表5.5.19-1取值；当取得使用经验时，也可按表5.5.19-2取值，表中 $\alpha$ 为与土性有关的经验指数；

$t_{50}$——相应于 $T_{50}$ 的孔压消散历时（s），在绘制的归一化超孔压曲线上查取。

表 5.5.19-1　$T_{50}$ 值

| 刚度指数 $I_r$ | 土体破坏时的孔隙压力参数 $A_f$ | | | |
|---|---|---|---|---|
| | 1/3 | 2/3 | 1 | 4/3 |
| 10 | 1.145 | 1.593 | 2.095 | 2.622 |
| 50 | 2.487 | 3.346 | 4.504 | 5.931 |
| 100 | 3.524 | 4.761 | 6.447 | 8.629 |
| 200 | 5.025 | 6.838 | 9.292 | 12.790 |

表 5.5.19-2　与经验指数 $\alpha$ 有关的 $T_{50}$ 值

| $\alpha$ | 0.15 | 0.20 | 0.25 | 0.30 | 0.35 | 0.40 |
|---|---|---|---|---|---|---|
| $T_{50}$ | 10.863 | 6.720 | 4.804 | 3.746 | 3.063 | 2.665 |

注：$\alpha$ 值随土的刚度指数 $I_r$ 和土体破坏时的孔隙压力参数 $A_f$ 的升高而降低，在未建立地区使用经验时，可用曲线拟合法确定。

**5.5.20** 饱和软黏性土地基的刚度指数 $I_r$ 可按式（5.5.20）计算：

$$I_r = E_u/[2(1+\mu)c_u] \quad (5.5.20)$$

式中：$E_u$——不排水杨氏模量，按本规程式（5.5.21）计算；

$\mu$——不排水泊松比，可恒取 $\mu = 0.49$。

**5.5.21** $p_s \leq 1\mathrm{MPa}$ 的饱和黏性土，不排水杨氏模量可按式（5.5.21）计算：

$$E_u = 11.4 p_s \tag{5.5.21}$$

式中：$E_u$——剪应力水平达50%时的割线模量。

**5.5.22** 红黏土的地基承载力特征值可按式（5.5.22）确定：

$$f_{a0} = 9 p_s + 90 \tag{5.5.22}$$

式中：$f_{a0}$——地基承载力特征值（kPa）；
$p_s$——比贯入阻力（kPa）。

**5.5.23** 红黏土的地基压缩模量可按式（5.5.23）确定：

$$E_s = 0.63 p_s + 0.85 \tag{5.5.23}$$

式中：$E_s$——地基压缩模量（MPa）；
$p_s$——比贯入阻力（MPa）。

# 6 圆锥动力触探试验

## 6.1 一般规定

**6.1.1** 圆锥动力触探试验适用于碎石土、砂土、黏性土，可用于评价地基土的密实度，测定地基土的变形模量和承载力。

**6.1.2** 圆锥动力触探试验可分为轻型圆锥动力触探、重型圆锥动力触探和超重型圆锥动力触探三种。

**6.1.3** 同一场地圆锥动力触探试验孔数不宜少于 3 孔，每一土层的试验点数不宜少于 6 个。

## 6.2 试验设备

**6.2.1** 圆锥动力触探试验设备应由落锤、探头、锤垫、导向杆和触探杆组成。

**6.2.2** 落锤、探头、锤垫、导向杆和触探杆均应采用耐腐蚀、耐磨损的钢材制作，其规格应符合表 6.2.2 的规定。

表 6.2.2 圆锥动力触探试验设备主要技术参数

| 类型 | | 轻型 | 重型 | 超重型 |
| --- | --- | --- | --- | --- |
| 落锤 | 质量（kg） | 10±0.1 | 63.5±0.5 | 120±1 |
| | 落距（mm） | 500±20 | 760±20 | 1 000±20 |
| 探头 | 锥端直径（mm） | 40 | 74 | 74 |
| | 截面积（cm$^2$） | 12.6 | 43 | 43 |
| | 锥角（°） | 60 | 60 | 60 |
| 触探杆 | 直径（mm） | 25±0.5 | 42±0.5 | 50~60 |
| 指标 | | 贯入 30cm 读数 $N_{10}$ | 贯入 10cm 读数 $N_{63.5}$ | 贯入 10cm 读数 $N_{120}$ |

**6.2.3** 轻型圆锥动力触探探头的外形尺寸应符合图 6.2.3-1 的规定，重型和超重型

圆锥动力触探探头的外形尺寸应符合图 6.2.3-2 的规定。探头表面淬火后的硬度应大于 HRC40。探头直径的最大磨损尺寸不应大于 2mm，锥尖高度最大磨损尺寸不应大于 5mm。

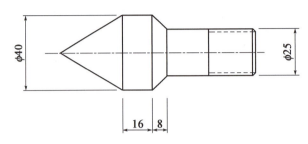

图 6.2.3-1　轻型圆锥动力触探探头外形尺寸（尺寸单位：mm）

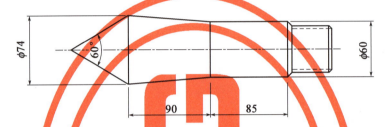

图 6.2.3-2　重型、超重型圆锥动力触探探头外形尺寸（尺寸单位：mm）

**6.2.4**　触探杆抗拉强度应大于 600MPa，触探杆应平直，所有部件连接处丝扣应完好，连接应牢固。

**6.2.5**　锤垫直径应小于落锤直径的 1/2，并大于 100mm；导向杆长度应满足落距的要求，锤垫和导向杆总质量不应超过 30kg；锤垫、导向杆和触探杆的轴中心线应成直线。

**6.2.6**　落锤应采用圆柱形，高径比 1～2，落锤中心的圆孔直径应比导向杆外径大 3～4mm。

**6.2.7**　圆锥动力触探试验设备应有自动脱钩装置，保证落锤自由下落；落锤应定期进行校准；每次试验应检查落锤的落距。

## 6.3　试验方法

**6.3.1**　做圆锥动力触探试验前应对设备进行检查，确认各部件是否符合要求。部件磨损及变形超过规定者，应予以更换或修复。

**6.3.2**　机具设备应安装稳固，作业时支架不得偏移，所有部件连接处丝扣必须紧固。

**6.3.3**　试验时应先用钻具钻至预定试验深度，再将动力触探探头平稳放至孔底，严禁冲击或压入测试土层。

**6.3.4** 圆锥动力触探时，应保持触探杆、导向杆连接后的垂直度，始终保持落锤沿导向杆铅直下落，防止锤击偏心、触探杆倾斜或侧向晃动，锤击频率应控制在 15～30 击/min。

**6.3.5** 轻型圆锥动力触探试验应符合下列规定：
1 轻型圆锥动力触探作业时，应对测试土层连续向下贯入。
2 进行连续贯入采用的穿心锤落距应为 50cm，并使其自由下落，锤垫距孔口的高度不宜超过 1.5m。
3 以每贯入 30cm 的锤击数作为试验指标，以 $N_{10}$ 表示。遇密实土层，当贯入 30cm 的锤击数大于 90 击或贯入 15cm 的锤击数超过 45 击时，可停止试验。

**6.3.6** 重型、超重型圆锥动力触探试验应符合下列规定：
1 重型圆锥动力触探试验的落距应为 76cm，超重型圆锥动力触探试验的落距应为 100cm，落锤应沿导向杆自由下落，锤垫距孔口的高度不宜超过 1.5m。
2 锤击应连续进行，重型圆锥动力触探和超重型圆锥动力触探均应以每贯入 10cm 的锤击数作为试验指标，分别以 $N_{63.5}$ 和 $N_{120}$ 表示。
3 重型和超重型圆锥动力触探可根据地层强度的变化互换使用。重型圆锥动力触探试验实测击数大于 50 击/10cm 时，宜改用超重型圆锥动力触探试验；重型圆锥动力触探试验实测击数小于 5 击/10cm 时，不应采用超重型圆锥动力触探试验。
4 试验可在钻孔中分段进行，每一试验段的试验宜连续进行，中间不应停顿。

## 6.4 资料整理

**6.4.1** 圆锥动力触探试验的原始记录应在现场完成，字迹应清晰工整，应检查异常情况及分析原因，并对记录的锤击数、贯入尺寸进行校核和换算，检查项目是否齐全，有无遗漏，并确认无误。

**6.4.2** 轻型圆锥动力触探应以每层实测锤击数的算术平均值作为该层击数的平均值，击数的平均值 $\bar{N}_{10}$ 可按式（6.4.2）计算：

$$\bar{N}_{10} = \sum_{1}^{n} N_{10}/n \tag{6.4.2}$$

式中：$\bar{N}_{10}$——锤击数平均值（击/30cm）；
$N_{10}$——实测锤击数（击/30cm）；
$n$——参加统计的测点数。

**6.4.3** 重型圆锥动力触探试验的实测锤击数 $N_{63.5}$ 进行杆长修正时,应按式(6.4.3)进行。

$$N'_{63.5} = \alpha N_{63.5} \qquad (6.4.3)$$

式中:$N'_{63.5}$——重型圆锥动力触探经杆长修正后的锤击数(击/10cm);

$N_{63.5}$——重型圆锥动力触探实测锤击数(击/10cm);

$\alpha$——杆长修正系数,按表6.4.3确定。

**表 6.4.3 重型圆锥动力触探杆长修正系数 $\alpha$ 值**

| 杆长 L (m) | $N_{63.5}$(击/10cm) | | | | | | | | |
| --- | --- | --- | --- | --- | --- | --- | --- | --- | --- |
| | 5 | 10 | 15 | 20 | 25 | 30 | 35 | 40 | ≥50 |
| ≤2 | 1.00 | 1.00 | 1.00 | 1.00 | 1.00 | 1.00 | 1.00 | 1.00 | — |
| 4 | 0.96 | 0.95 | 0.93 | 0.92 | 0.90 | 0.89 | 0.87 | 0.86 | 0.84 |
| 6 | 0.93 | 0.90 | 0.88 | 0.85 | 0.83 | 0.81 | 0.79 | 0.78 | 0.75 |
| 8 | 0.90 | 0.86 | 0.83 | 0.80 | 0.77 | 0.75 | 0.73 | 0.71 | 0.67 |
| 10 | 0.88 | 0.83 | 0.79 | 0.75 | 0.72 | 0.69 | 0.67 | 0.64 | 0.61 |
| 12 | 0.85 | 0.79 | 0.75 | 0.70 | 0.67 | 0.64 | 0.61 | 0.59 | 0.55 |
| 14 | 0.82 | 0.76 | 0.71 | 0.66 | 0.62 | 0.58 | 0.56 | 0.53 | 0.50 |
| 16 | 0.79 | 0.73 | 0.67 | 0.62 | 0.57 | 0.54 | 0.51 | 0.48 | 0.45 |
| 18 | 0.77 | 0.70 | 0.63 | 0.57 | 0.53 | 0.49 | 0.46 | 0.43 | 0.40 |
| 20 | 0.75 | 0.67 | 0.59 | 0.53 | 0.48 | 0.44 | 0.41 | 0.39 | 0.36 |

注:本表可线性内插取值。

**6.4.4** 超重型圆锥动力触探的实测锤击数 $N_{120}$ 进行杆长修正时,应先按式(6.4.4)换算成相当于重型圆锥动力触探的实测击数 $N_{63.5}$ 后,再按式(6.4.3)进行修正。

$$N_{63.5} = 3N_{120} - 0.5 \qquad (6.4.4)$$

**6.4.5** 重型圆锥动力触探试验的实测锤击数 $N_{63.5}$ 进行地下水位修正时,应按式(6.4.5)进行。

$$N''_{63.5} = 1.1 N'_{63.5} + 1.0 \qquad (6.4.5)$$

式中:$N''_{63.5}$——重型圆锥动力触探修正后的锤击数(击/10cm);

$N'_{63.5}$——重型圆锥动力触探经杆长修正后的锤击数(击/10cm)。

**6.4.6** 应根据修正后的动力触探锤击数及其试验深度,绘制单孔圆锥动力触探试验锤击数 $N_{63.5}$(或 $N_{120}$、$N_{10}$)与贯入深度 $h$ 的关系曲线 $N_{63.5}$-$h$(或 $N_{120}$-$h$、$N_{10}$-$h$)。

**6.4.7** 地基土分层应结合钻孔资料进行,各土层圆锥动力触探锤击数平均值的确定,应符合下列要求:

1 应在各层土的厚度范围内,划分出地层界面处上、下土层影响锤击数的范围,中间部分称为该层的有效厚度 $H_h$(图6.4.7)。

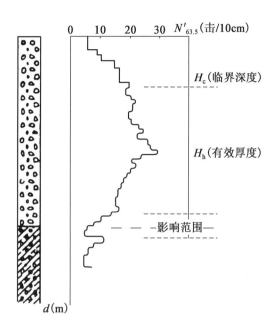

图 6.4.7 圆锥动力触探修正后锤击数与贯入深度关系曲线

**2** 应在有效厚度范围内，剔除少量锤击数特殊大值（剔除点的数量不应超过有效厚度内测点数的 10%），余留部分为该层圆锥动力触探有效锤击数。

**3** 重型圆锥动力触探锤击数的平均值 $\bar{N}_{63.5}$ 应按式（6.4.7）取该层圆锥动力触探有效锤击数的算术平均值：

$$\bar{N}_{63.5} = \frac{\sum_{i=1}^{n} N'_{63.5}}{n} \quad (6.4.7)$$

式中：$N'_{63.5}$——按式（6.4.3）修正后的重型圆锥动力触探锤击数（击/10cm）；

$n$——参加统计的测点数。

**6.4.8** 土层有效厚度小于 0.3m 时，重型圆锥动力触探锤击数的平均值可按下列原则确定：

**1** 当上、下均为击数较小的土层时，$\bar{N}_{63.5}$ 可取该层土触探锤击数的最大值 $(N'_{63.5})_{max}$。

**2** 当上、下均为击数较大的土层时，$\bar{N}_{63.5}$ 应取小于或等于该层土触探锤击数的最小值 $(N'_{63.5})_{min}$。

**6.4.9** 黏性土的地基承载力特征值 $f_{a0}$，当贯入深度小于 4m 时，可根据场地土层的 $\bar{N}_{10}$ 按表 6.4.9 确定。

表 6.4.9 黏性土地基承载力特征值 $f_{a0}$（kPa）

| $\bar{N}_{10}$（击/30cm） | 15 | 20 | 25 | 30 |
|---|---|---|---|---|
| $f_{a0}$ | 100 | 140 | 180 | 220 |

注：表内数值可线性内插。

**6.4.10** 冲、洪积成因的中砂、粗砂、砾砂和碎石土地基承载力特征值 $f_{a0}$，当贯入深度小于 20m 时，可根据场地土层的 $\bar{N}_{63.5}$ 按表 6.4.10-1 和表 6.4.10-2 确定。

表 6.4.10-1 中砂、粗砂、砾砂地基承载力特征值 $f_{a0}$（kPa）

| $\bar{N}_{63.5}$（击/10cm） | 3 | 4 | 5 | 6 | 7 | 8 | 9 | 10 |
|---|---|---|---|---|---|---|---|---|
| $f_{a0}$ | 120 | 150 | 180 | 220 | 260 | 300 | 340 | 380 |

注：本表一般适用于冲积和洪积的砂土，但中、粗砂的不均匀系数不大于 6，砾砂的不均匀系数不大于 20。

表 6.4.10-2 碎石土地基承载力特征值 $f_{a0}$（kPa）

| $\bar{N}_{63.5}$（击/10cm） | 3 | 4 | 5 | 6 | 7 | 8 | 9 | 10 | 12 | 14 |
|---|---|---|---|---|---|---|---|---|---|---|
| $f_{a0}$ | 140 | 170 | 200 | 240 | 280 | 320 | 360 | 400 | 480 | 540 |
| $\bar{N}_{63.5}$（击/10cm） | 16 | 18 | 20 | 22 | 24 | 26 | 28 | 30 | 35 | 40 |
| $f_{a0}$ | 600 | 660 | 720 | 780 | 830 | 870 | 900 | 930 | 970 | 1 000 |

**6.4.11** 冲、洪积成因卵石、圆砾的变形模量 $E_0$，当贯入深度小于 12m 时，可根据场地土层的 $\bar{N}_{63.5}$ 按表 6.4.11 确定。

表 6.4.11 卵石、圆砾的变形模量 $E_0$ 值（MPa）

| $\bar{N}_{63.5}$（击/10cm） | 3 | 4 | 5 | 6 | 8 | 10 | 12 | 14 | 16 |
|---|---|---|---|---|---|---|---|---|---|
| $E_0$ | 9 | 11 | 14 | 17 | 22 | 27 | 31 | 36 | 40 |
| $\bar{N}_{63.5}$（击/10cm） | 18 | 20 | 22 | 24 | 26 | 28 | 30 | 35 | 40 |
| $E_0$ | 44 | 47 | 50 | 53 | 56 | 58 | 60 | 64 | 66 |

**6.4.12** 根据重型、超重型圆锥动力触探锤击数 $N_{63.5}$ 和 $N_{120}$，可按表 6.4.12-1 和表 6.4.12-2 判定碎石土的密实度，表中的 $N_{63.5}$ 和 $N_{120}$ 应按本规程进行修正。

表 6.4.12-1 重型圆锥动力触探划分碎石土密实度

| $N_{63.5}$（击/10cm） | $N_{63.5} \leq 5$ | $5 < N_{63.5} \leq 10$ | $10 < N_{63.5} \leq 20$ | $N_{63.5} > 20$ |
|---|---|---|---|---|
| 密实度 | 松散 | 稍密 | 中密 | 密实 |

注：本表适用于平均粒径等于或小于 50mm 且最大粒径小于 100mm 的碎石类土。

表 6.4.12-2 超重型圆锥动力触探划分碎石土密实度

| $N_{120}$（击/10cm） | $N_{120} \leq 3$ | $3 < N_{120} \leq 6$ | $6 < N_{120} \leq 11$ | $N_{120} > 11$ |
|---|---|---|---|---|
| 密实度 | 松散 | 稍密 | 中密 | 密实 |

注：本表适用于平均粒径大于 50mm 或最大粒径大于 100mm 的碎石类土。

# 7 标准贯入试验

## 7.1 一般规定

**7.1.1** 标准贯入试验适用于砂土、粉土、一般黏性土和花岗岩残积土，可判断黏性土的状态和砂土密实度，评价地基承载力和变形参数，判定饱和砂土、粉土液化的可能性，采取扰动土样，划分土层剖面。

**7.1.2** 场地内做标准贯入试验的钻孔数不宜少于3个，且每一主要土层的试验点数不应少于6个。各孔试验点的间距，在地基主要受力层内宜为1~2m；测试深度超过15m时，可放宽试验点的间距。

## 7.2 试验设备

**7.2.1** 标准贯入试验设备由标准贯入器、钻杆、穿心锤和锤垫组成。

**7.2.2** 标准贯入器由具有刃口的贯入器靴、对开式圆筒贯入器和带有排水阀的贯入器头组成（图7.2.2），其规格应符合表7.2.2的规定。

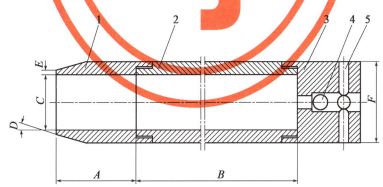

图7.2.2 标准贯入器示意图
1-贯入器靴；2-对开式圆筒贯入器；3-贯入器头；4-钢球阀；5-排水孔

表7.2.2 标准贯入器规格

| $A$ (mm) | $B$ (mm) | $C$ (mm) | $D$ (°) | $E$ (mm) | $F$ (mm) |
|---|---|---|---|---|---|
| 50 | 500~760 | 35 | 18~20 | 2.5 | 51 |

**7.2.3** 标准贯入器头部应设 1 个钢球阀和 4 个排水孔。球阀孔和排水孔孔径应分别不小于 20mm 和 10mm。

**7.2.4** 钻杆直径应为 42mm，其直线度应不大于 1/1 000。

**7.2.5** 穿心锤质量应为 63.5kg，其误差应不超过 ±500g。穿心锤必须采用自动落锤装置起吊，自由落距应为 760mm±20mm。

**7.2.6** 钢质锤垫外径应为 100~140mm，并附有导向杆，两者质量之和应不大于 30kg。

**7.2.7** 贯入器靴刃口应保持完好，不应有明显损坏和变形。

## 7.3 试验方法

**7.3.1** 标准贯入试验孔应采用回转钻进，并保持孔内水位略高于地下水位。孔壁不稳定时，宜采用泥浆护壁；采用套管护壁时，套管底部应高出试验深度 75cm。

**7.3.2** 钻具钻至试验深度以上 15cm 时，应停止钻进，清除孔底残土，并避免孔底以下土层受到扰动。

**7.3.3** 贯入器、钻杆、锤垫、导向杆各部件的连接必须牢固，贯入器应平稳放至孔底，严禁冲击或压入孔底，并注意保持贯入器、钻杆、导向杆连接后的垂直度，孔口宜采取导向措施。

**7.3.4** 试验必须采用自动落锤装置进行锤击，并保持钻杆垂直，避免锤击时的偏心和侧向晃动。

**7.3.5** 试验时，应将贯入器预先打入 15cm（包括贯入器在其自重下的初始贯入量），然后开始试验锤击。

**7.3.6** 将穿心锤提升至规定高度，使其自动脱钩，自由下落，反复击打，锤击速率应小于 30 击/min。记录每打入 10cm 的锤击数，将累计打入 30cm 的锤击数定为标准贯入试验实测锤击数 $N$。

**7.3.7** 当锤击数已达 50 击，而贯入深度未达 30cm 时，可记录 50 击的实际贯入深度，按式（7.3.7）换算成相当于贯入 30cm 的锤击数 $N$，并终止试验。

$$N = 30 \times \frac{50}{\Delta S} \tag{7.3.7}$$

式中：$\Delta S$——50 击时的贯入深度（cm）。

**7.3.8** 提出贯入器后，应打开对开管，对管中土样进行鉴别和描述，并根据需要采取扰动土试样。

**7.3.9** 每一深度的试验锤击过程不应有中间停顿。如因故发生中间停止，应在记录中注明原因和停止间歇时间，并记录停止间歇时贯入器下沉量，在计算实际贯入深度时扣除。

**7.3.10** 试验记录的内容应包括钻杆长度，贯入起止深度，每贯入 10cm 的锤击数和 30cm 的累计锤击数，土的描述和样品编号等。

## 7.4 资料整理

**7.4.1** 应对记录表中的原始数据进行整理、检查、分析，确认无误。

**7.4.2** 应将标准贯入试验锤击数 $N$ 与试验深度 $h$ 的关系曲线 $N$-$h$ 绘制于同一直角坐标图中，或将 $N$-$h$ 曲线标示在工程地质剖面图和柱状图上。

**7.4.3** 应结合场地勘察资料分层，并对标准贯入试验锤击数 $N$ 进行分层统计。当一个地质单元的标贯击数样本不少于 6 个时，应统计其平均值 $\bar{N}$、标准差 $\sigma$ 和变异系数 $\delta$，计算标准值 $N_k$；当样本少于 6 个时，应统计其平均值 $\bar{N}$。统计时，应剔除异常值。

**7.4.4** 采用标准贯入试验锤击数评价试验土层的工程性质时，不宜采用单孔试验值。

**7.4.5** 对标准贯入试验锤击数进行钻杆长度修正时，可采用式（7.4.5）计算：

$$N' = \alpha \cdot N \tag{7.4.5}$$

式中：$N'$——经杆长修正后的标贯击数（击/30cm）；
$N$——标准贯入试验实测锤击数（击/30cm）；
$\alpha$——杆长修正系数，按表 7.4.5 取值。

表 7.4.5　杆长修正系数 $\alpha$

| 钻杆长度（m） | ≤3 | 6 | 9 | 12 | 15 | 18 | 21 |
|---|---|---|---|---|---|---|---|
| $\alpha$ | 1.00 | 0.92 | 0.86 | 0.81 | 0.77 | 0.73 | 0.70 |

**7.4.6** 砂土的密实程度可按表 7.4.6 划分。

表 7.4.6  砂土密实程度划分

| $\bar{N}$（击/30cm） | $\bar{N} \leq 10$ | $10 < \bar{N} \leq 15$ | $15 < \bar{N} \leq 30$ | $\bar{N} > 30$ |
|---|---|---|---|---|
| 密实程度 | 松散 | 稍密 | 中密 | 密实 |

**7.4.7** 黏性土的状态可按表 7.4.7 划分。

表 7.4.7  黏性土状态划分

| $\bar{N}$（击/30cm） | $\bar{N} < 2$ | $2 \leq \bar{N} < 4$ | $4 \leq \bar{N} < 15$ | $15 \leq \bar{N} < 30$ | $\bar{N} \geq 30$ |
|---|---|---|---|---|---|
| 液性指数 $I_L$ | $I_L > 1.0$ | $1.0 \geq I_L > 0.75$ | $0.75 \geq I_L > 0.25$ | $0.25 \geq I_L > 0$ | $I_L \leq 0$ |
| 状态 | 流塑 | 软塑 | 可塑 | 硬塑 | 坚硬 |

**7.4.8** 砂土地基承载力特征值 $f_{a0}$ 可按表 7.4.8 确定。

表 7.4.8  砂土地基承载力特征值 $f_{a0}$（kPa）

| 土名及水位情况 | | $N \leq 10$ | $10 < N \leq 15$ | $15 < N \leq 30$ | $N > 30$ |
|---|---|---|---|---|---|
| 砾砂、粗砂 | 与湿度无关 | 200 | 370 | 430 | 550 |
| 中砂 | 与湿度无关 | 150 | 330 | 370 | 450 |
| 细砂 | 水上 | 100 | 230 | 270 | 350 |
| | 水下 | — | 190 | 210 | 300 |
| 粉砂 | 水上 | — | 190 | 210 | 300 |
| | 水下 | — | 90 | 110 | 200 |

**7.4.9** 粉土地基承载力特征值 $f_{a0}$ 可按表 7.4.9 确定。

表 7.4.9  粉土地基承载力特征值 $f_{a0}$（kPa）

| $N$（击/30cm） | 4 | 6 | 8 | 10 | 12 | 15 | 18 | 20 | 22 | 25 | 28 | 30 |
|---|---|---|---|---|---|---|---|---|---|---|---|---|
| $f_{a0}$ | 100 | 128 | 150 | 170 | 185 | 213 | 240 | 260 | 280 | 310 | 335 | 360 |

**7.4.10** 黏性土地基承载力特征值可按表 7.4.10 确定。

表 7.4.10  黏性土地基承载力特征值 $f_{a0}$（kPa）

| $N$（击/30cm） | 3 | 5 | 7 | 9 | 11 | 13 | 15 | 17 | 19 | 21 | 23 |
|---|---|---|---|---|---|---|---|---|---|---|---|
| $f_{a0}$ | 105 | 145 | 190 | 235 | 280 | 325 | 370 | 430 | 515 | 600 | 680 |

**7.4.11** 花岗岩残积土地基承载力特征值可按表 7.4.11 确定。

表 7.4.11 花岗岩残积土地基承载力特征值 $f_{a0}$（kPa）

| 土 名 | $\bar{N}$（击/30cm） | | | |
| --- | --- | --- | --- | --- |
| | $4 < \bar{N} \leqslant 10$ | $10 < \bar{N} \leqslant 15$ | $15 < \bar{N} \leqslant 20$ | $20 < \bar{N} \leqslant 30$ |
| 砾质黏性土 | （100）~220 | 220~280 | 280~350 | 350~430 |
| 砂质黏性土 | （80）~200 | 200~250 | 250~300 | 300~380 |
| 黏性土 | 130~180 | 180~240 | 240~280 | 280~330 |

**7.4.12** 饱和砂土、粉土地基的液化可能性，可根据标准贯入试验锤击数按现行《公路工程地质勘察规范》（JTG C20）的有关规定进行判别。

# 8 预钻式旁压试验

## 8.1 一般规定

**8.1.1** 预钻式旁压试验适用于黏性土、粉土、砂土、黄土、软质岩及风化岩，可确定地基的承载力和变形参数。

**8.1.2** 旁压试验点应结合钻探、静力触探资料布置，并符合下列要求：
1 旁压器的上辅腔、测量腔和下辅腔三腔应位于同一土层中。
2 试验点垂向间距应不小于1m。
3 试验点最小深度不得小于1m。
4 试验孔与已有勘探、测试孔的水平距离应大于1m。
5 同一场地内同一土层的试验点数量不宜少于6个。

## 8.2 试验设备

**8.2.1** 预钻式旁压仪应由旁压器、加压稳压装置、变形测量装置、导管和水箱等部分组成，并配备试验钻孔工具。

**8.2.2** 旁压器结构形式应为三腔式圆筒形，由一个测量腔和两个辅助腔组成。

**8.2.3** 加压稳压装置应包括压力源、压力表、调压阀等。压力表的最小分度值应不大于满量程的1%。

**8.2.4** 变形测量装置中测管水位刻度的最小分度值应不大于1mm，量测体积变化刻度的最小分度值应不大于2cm³。

**8.2.5** 导管两端接头应密封且便于装卸，水箱应装有安全阀。

**8.2.6** 试验钻孔工具应根据地层采用勺钻、环刀成孔器、取样器、回转钻机及泥浆泵等。

## 8.3 试验方法

**8.3.1** 试验开始前,应对旁压仪进行标定,并符合下列规定:
1 压力表应每年标定一次,标定记录应归档留存。
2 遇有下列情况之一时,应进行弹性膜约束力标定:
1) 新的弹性膜使用前;
2) 弹性膜放置时间超过48h;
3) 弹性膜累计试验次数达到8次;
4) 温度变化较大;
5) 旁压器从孔中取出时,测量腔弹性膜被拉翻。
3 遇有下列情况之一时,应对仪器综合变形进行标定:
1) 第一次使用的旁压仪;
2) 更换调压阀、测管、压力表;
3) 更换或改变注水管和导管长度。
4 弹性膜约束力的标定应符合下列规定:
1) 对旁压器注水、调零。
2) 将旁压器竖直于地面,对弹性膜加压、卸压,使其胀缩4~5次。
3) 低压型旁压仪每级压力增量按10kPa,高压型旁压仪每级压力增量按25kPa,逐级加压;低压型旁压仪按30s、60s、180s,高压型旁压仪按15s、30s、60s,记录各级压力下的测管水位下降值 $s_m$ 或旁压器测量腔体积变形量 $V_m$,填入本规程附录D表D-1。
4) 实测体积变形量 $V_m$ 达到600cm³或测管水位下降值 $s_m$ 达到40cm时终止加压。
5) 根据记录的压力 $p$ 和测管水位下降值 $s_m$ 绘制弹性膜约束力标定曲线 $p$-$s_m$(图8.3.1-1)。
6) 在弹性膜约束力标定曲线上,将 $s$ 轴渐进线所对应的压力作为弹性膜的约束力 $p_i$。
5 仪器综合变形标定应符合下列规定:
1) 对旁压器注水、调零。
2) 将旁压器置于仪器标定专用的试验管内,并竖立于地面。
3) 低压型旁压仪可按每级压力增量100kPa,高压型旁压仪可按每级压力增量500kPa,逐级加压,每级压力的观测时间为60s,记录各级压力下的测管水位下降值 $s_m$ 或旁压器体积变形量 $V_m$,填入本规程附录D表D-2。
4) 当压力级数达到7~10级时,可终止标定试验。
5) 根据记录的压力 $p$ 和测管水位下降值 $s_m$ 或实测体积变形量 $V_m$,绘制仪器综合变形标定曲线 $p$-$s_m$ 或 $p$-$V_m$(图8.3.1-2)。
6) 取仪器综合变形标定曲线上直线段的斜率 $\Delta s/\Delta p$ 或 $\Delta V/\Delta p$ 作为仪器的综合校准系数 $\alpha$。

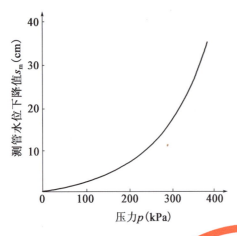
图 8.3.1-1　弹性膜约束力标定曲线

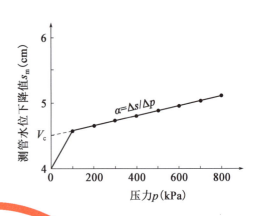
图 8.3.1-2　仪器综合变形标定曲线

**8.3.2**　预钻式旁压试验钻孔应符合下列要求：

1　应根据不同性质的土层，选用不同的成孔工具。可塑～坚硬状态的土层，可选用勺钻和环刀成孔；软塑～流塑状态的土层，可采用提土器成孔；软质岩和风化岩可采用钻机成孔；孔壁稳定性差或有缩孔可能的地层宜采用泥浆护壁成孔。

2　成孔深度应大于试验深度 0.5m。当采用钻机成孔时，应在试验段以上不小于 1m 处开始按旁压试验要求成孔。

3　钻孔应保持孔周岩土体的天然结构和状态，孔壁应竖直、稳定，呈圆筒形，钻孔直径应比旁压器外径大 2～8mm。

4　钻孔过程中，应对土的名称、密实程度、含水状态、颗粒组成及分层情况进行描述；必要时，可取扰动样试验，并做好记录。

**8.3.3**　试验应自上而下逐次进行，试验孔应按试验段自上而下逐段成孔，严禁一次成孔，多次试验。每个试验段成孔后试验应随即进行，时间间隔不宜大于 15min。

**8.3.4**　储气罐内压力应高于预计试验最高压力 0.1～0.2MPa。当压力源采用高压氮气瓶，且预计试验最高压力小于或等于 2.5MPa 时，高压氮气瓶减压阀的压力应比该压力大 0.1～0.2MPa；当预计试验最高压力大于 2.5MPa 时，高压氮气瓶减压阀的压力应比该试验压力大 0.5～1.0MPa。

**8.3.5**　采用高压型旁压仪进行试验时，应根据试验深度和预计试验最高压力，调好旁压器测量腔与辅助腔的仪表压力差。

**8.3.6**　量测测管水位至孔口的高度及地下水位深度，旁压器置于预定深度后应对试验深度进行校核。

**8.3.7** 旁压器测量腔中点的静水压力 $p_w$ 应按式（8.3.7-1）、式（8.3.7-2）确定：

地下水位以上：

$$p_w = (h_0 + Z) \gamma_w \qquad (8.3.7\text{-}1)$$

地下水位以下：

$$p_w = (h_0 + h_w) \gamma_w \qquad (8.3.7\text{-}2)$$

式中：$h_0$——测管水平面至孔口的高度（m）；
　　　$Z$——旁压试验深度（m）；
　　　$\gamma_w$——水的重力密度（kN/m³）；
　　　$h_w$——地下水位埋深（m）。

**8.3.8** 试验压力增量应按预估临塑压力 $p_F$ 的 1/5 或预估极限压力 $p_L$ 的 1/10 确定，确定有困难时，可按表 8.3.8 确定。

表 8.3.8 试 验 压 力 增 量

| 土层的特点 | 压力增量（kPa） | |
|---|---|---|
| | 临塑压力前 | 临塑压力后 |
| 淤泥，淤泥质土，流塑状黏性土，松散的粉细砂 | ≤15 | ≤30 |
| 软塑黏性土，疏松的黄土，稍密饱和的粉土，稍密很湿的粉细砂，稍密的中、粗砂 | 15~25 | 30~50 |
| 可塑~硬塑状黏性土，一般黄土，中密~密实的饱和粉土，中密~密实的粉细砂，稍密~中密的中粗砂 | 25~50 | 50~100 |
| 坚硬的黏性土，密实的粉土，密实的中、粗砂 | 50~100 | 100~200 |
| 软质岩、风化岩 | 100~600 | ≥200 |

**8.3.9** 每级压力应保持相对稳定的观测时间，对黏性土、砂土为 3min，对软质岩石和风化岩石为 1min。测记 $s_m$ 或 $V_m$ 的时间顺序应按本规程第 8.3.1 条第 4 款低压型及高压型旁压仪的试验要求进行。

**8.3.10** 旁压试验误差应符合表 8.3.10 的规定。

表 8.3.10 旁压试验精度要求

| 试验点深度误差 | 体 积 $V$ | | 压 力 $p$ | |
|---|---|---|---|---|
| | 误差小于两者中较大值 | | 误差小于两者中较小值 | |
| ≤10cm | ≤2cm³ | ≤观测值±1.0% | ≤观测值1.0% | ≤量程±1.0% |

**8.3.11** 旁压仪安装和注水应符合下列要求：
1 将旁压器的注水管和导管的接头对号接通。
2 向水箱注入蒸馏水或干净的冷开水，旋紧安全盖。

3 打开水箱至测管、辅管管路上的所有阀门,并松开调压阀。

4 向水箱稍加压力,并摇晃导管和旁压器,排除其中存留的气泡。当测管和辅管水位上升到零刻度时,关闭注水阀和测量腔注水阀,同时打开水箱安全盖。

**8.3.12** 旁压器测量腔中点应与测管零刻度对齐,用调零阀调水位为零作为测管水位的起始读数,同时关闭测管阀和辅管阀。

**8.3.13** 量测测管零水位至孔口的高度及地下水深度时,应将旁压器放到钻孔中预定试验深度。

**8.3.14** 打开测管阀和辅管阀,同时启动秒表,以旁压器测量腔的静水压力 $p_w$ 作为第一级荷载开始试验,达到稳定时间后,应按确定的压力增量用调压阀加压,且应在15s 内调至所需的压力。

**8.3.15** 加压试验过程应符合下列规定:

1 高压氮气加压:打开气源阀,同时观测压力表,按顺时针方向调节减压阀,控制氮气输出不超过减压阀额定标准,使高压降到比预计试验最高压力大 0.1~0.2MPa,然后缓慢调节减压阀至所需要的压力,并从压力表读取压力值,记录一定压力时测管中水位的变化高度。

2 手动加压:先关闭氮气加压阀,打开手动加压阀,用打气筒向储气罐加压,使储气罐内的压力比预计试验最高压力大 0.1~0.2MPa,然后缓慢调节减压阀至所需要的压力,并从压力表读取压力值,记录一定压力时测管中水位的变化高度。

**8.3.16** 符合下列条件之一时应终止试验:

1 测管水位下降值 $s_m$ 达 40cm 或旁压器测量腔体积膨胀量 $V_m$ 达 600cm³;
2 加载压力达到仪器的容许最大压力。

**8.3.17** 旁压器管路消压达 3min 以上,方可从试验孔中取出旁压器。

**8.3.18** 旁压试验记录应包括下列内容:

1 弹性膜约束力标定记录;
2 仪器综合变形标定记录;
3 仪器型号、弹性膜编号;
4 成孔机具及主要工艺;
5 孔口高程及测管水位与孔口的高差;
6 试验点的深度;
7 地下水位及地层岩性描述;

8 各级压力下的实测体积变形量 $V_m$ 或测管水位下降值 $s_m$；

9 旁压试验记录见本规程附录 D 表 D-3。

## 8.4 资料整理

**8.4.1** 试验压力和体积膨胀量的原始数据修正和计算，应符合下列要求：

1 修正后的压力 $p$ 应按式（8.4.1-1）计算：

$$p = p_m - p_i + p_w \tag{8.4.1-1}$$

式中：$p_m$——压力表读数（kPa）；

$p_i$——弹性膜约束力（kPa），从弹性膜校正曲线中取值；

$p_w$——土的静水压力（kPa）。

2 修正后的测管水位下降值 $s$，应按式（8.4.1-2）、式（8.4.1-3）计算：

$$s = s_{180} - \delta_s \tag{8.4.1-2}$$

$$\delta_s = \alpha(p_m - p_w) \tag{8.4.1-3}$$

式中：$s_{180}$——180s 时的测管水位下降值（cm）；

$\delta_s$——仪器综合变形修正值（cm）；

$\alpha$——仪器综合变形修正系数。

3 对应于 $s$ 的体积膨胀量 $V$ 应按式（8.4.1-4）计算：

$$V = sA \tag{8.4.1-4}$$

式中：$A$——测管内截面积（cm²）。

4 当以测管水位下降值表示旁压器体积膨胀量时，修正后的体积膨胀量 $V$ 应按式（8.4.1-5）、式（8.4.1-6）计算：

$$V = V_{180} - \delta_v \tag{8.4.1-5}$$

$$\delta_v = \alpha(p_m + p_w) \tag{8.4.1-6}$$

式中：$V_{180}$——3min 体积变形量（cm³）；

$\delta_v$——仪器综合变形修正值（cm³）。

5 体积蠕变值 $\Delta V_{180\text{-}30}$ 和 $\Delta V_{60\text{-}30}$ 分别按式（8.4.1-7）、式（8.4.1-8）计算：

$$\Delta V_{180\text{-}30} = A(s_{180} - s_{30}) \tag{8.4.1-7}$$

$$\Delta V_{60\text{-}30} = A(s_{60} - s_{30}) \tag{8.4.1-8}$$

式中：$s_{60}$、$s_{30}$——60s、30s 时的测管水位下降值（cm）。

**8.4.2** 根据修正后的压力和体积变形量，应绘制下列旁压试验曲线：

1 $p\text{-}V$ 曲线（图 8.4.2-1）；

2 蠕变曲线 $p\text{-}\Delta V_{180\text{-}30}$（图 8.4.2-2）；

3 根据需要绘制 $p\text{-}1/V$ 曲线（图 8.4.2-1）。

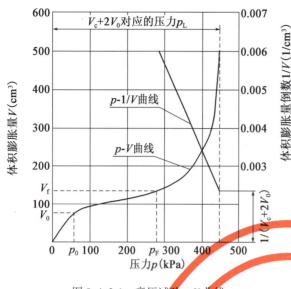
图8.4.2-1 旁压试验 p-V 曲线

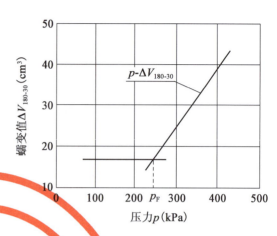
图8.4.2-2 旁压试验蠕变曲线

**8.4.3** 旁压试验特征值的确定应符合下列规定：

1 初始压力（$p_0$）：$p$-$V$ 曲线上直线段起点对应的压力为 $p_0$，相应的体积膨胀量为 $V_0$。

2 临塑压力（$p_F$）：$p$-$V$ 曲线上直线段终点对应的压力，或 $p$-$\Delta V_{120-30}$ 曲线上，曲线斜率开始增大的点对应的压力为 $p_F$ 值，$p_F$ 对应的体积膨胀量为 $V_f$。

3 极限压力（$p_L$）：$p$-$V$ 曲线上 $V_L = V_c + 2V_0$ 所对应的压力为 $p_L$。当需外延 $p$-$V$ 曲线确定 $p_L$ 时，外延部分不得超过试验曲线的 20%；外延有困难时，可另外作 $p$-$1/V$ 曲线确定，该曲线不得少于3个点（图8.4.2-1），并以 $1/(V_c + 2V_0)$ 对应的压力作为 $p_L$。

**8.4.4** 旁压剪切模量 $G_m$ 应按式（8.4.4-1）~式（8.4.4-4）计算：

$$G_m = V_{cm}\Delta p/\Delta V \qquad (8.4.4\text{-}1)$$
$$V_{cm} = V_c + V_0 + \Delta V/2 \qquad (8.4.4\text{-}2)$$
$$\Delta p = p_F - p_0 \qquad (8.4.4\text{-}3)$$
$$\Delta V = V_f - V_0 \qquad (8.4.4\text{-}4)$$

式中：$V_c$——旁压器测量腔固有体积（$cm^3$）。

**8.4.5** 旁压模量 $E_m$ 应按式（8.4.5）计算：

$$E_m = 2(1 + \mu)G_m \qquad (8.4.5)$$

式中：$\mu$——土的泊松比，可根据经验确定：正常固结及轻度固结的砂土、粉土和黄土可取 0.30，硬塑~坚硬状黏性土可取 0.33，软塑~可塑状黏性土可取 0.35，流塑状黏性土可取 0.41。

**8.4.6** 根据需要绘制旁压试验初始压力 $p_0$、临塑压力 $p_F$、极限压力 $p_L$、旁压剪切模

量 $G_m$、旁压模量 $E_m$ 等参数随深度变化的曲线图。

**8.4.7** 地基土的静止水平总压力 $\sigma_{h0}$ 应根据地层情况按下列要求确定：

**1** 黏性土、粉土、砂土和黄土的静止水平总压力 $\sigma_{h0}$ 应按式（8.4.7）计算：

$$\sigma_{h0} = K_0 \sigma'_{v0} + p_w \quad (8.4.7)$$

式中：$K_0$——静止土压力系数，可根据经验确定：正常固结及轻度超固结砂土、粉土和黄土可取 0.40，硬塑~坚硬状黏性土可取 0.50，软塑~可塑状黏性土可取 0.60，流塑状黏性土可取 0.70；

$\sigma'_{v0}$——土的有效自重压力（kPa）；

$p_w$——土的静水压力（kPa）。

**2** 软质岩石及风化岩石的静止水平总压力 $\sigma_{h0}$ 可取 $p$-$V$ 曲线上的 $p_0$ 值。

**8.4.8** 地基土的承载力特征值 $f_{a0}$ 应按式（8.4.8）计算确定：

$$f_{a0} = p_F - \sigma_{h0} \quad (8.4.8)$$

**8.4.9** 地基土的极限承载力 $p_u$ 应按式（8.4.9）计算确定：

$$p_u = 0.89(p_L - \sigma_{h0}) \quad (8.4.9)$$

**8.4.10** 黏性土的变形模量 $E_0$ 和压缩模量 $E_s$ 可按表 8.4.10 取值。

表 8.4.10　黏性土的变形模量 $E_0$ 及压缩模量 $E_s$

| $G_m$（MPa） | 0.5 | 1.0 | 1.5 | 2.0 | 2.5 | 3.0 |
|---|---|---|---|---|---|---|
| $E_0$（MPa） | 2.0~2.4 | 3.3~4.8 | 4.3~7.2 | 5.8~9.6 | 7.2~12.0 | 8.7~14.4 |
| $E_s$（MPa） | 2.0~2.2 | 3.0~3.5 | 3.8~4.5 | 5.0~7.0 | 6.3~8.7 | 7.5~10.5 |
| $G_m$（MPa） | 3.5 | 4.0 | 5.0 | 6.0 | 7.0 | 8.0 |
| $E_0$（MPa） | 10.1~16.8 | 11.6~19.2 | 14.5~24.0 | 17.4~28.8 | 20.3~33.6 | 23.2~38.4 |
| $E_s$（MPa） | 8.8~12.2 | 10.0~14.0 | 12.5~17.5 | 15.0~21.0 | 17.5~24.5 | — |

**8.4.11** 砂土的变形模量可按式（8.4.11）估算：

$$E_0 = K G_m \quad (8.4.11)$$

式中：$K$——变形模量转换系数，可按表 8.4.11 取值。

表 8.4.11　变形模量转换系数

| 砂土分类 | 粉砂 | 细砂 | 中砂 | 粗砂 |
|---|---|---|---|---|
| $K$ 值 | 4.0~5.0 | 5.0~7.0 | 7.0~9.0 | 9.0~11.0 |

注：砾砂的 $K$ 值可取粗砂的上限值。

**8.4.12** 黄土的变形模量 $E_0$ 和压缩模量 $E_s$ 可按表 8.4.12 取值。

表 8.4.12 黄土的变形模量 $E_0$ 及压缩模量 $E_s$

| $G_m$ (MPa) | | 0.5 | 1.0 | 1.5 | 2.0 | 2.5 | 3.0 | 3.5 | 4.0 |
|---|---|---|---|---|---|---|---|---|---|
| $E_0$ (MPa) | | 4.5 | 6.2 | 8.4 | 10.6 | 13.3 | 15.9 | 18.6 | 21.2 |
| $E_s$ (MPa) | $d \leq 3.0$m | 1.7 | 2.1 | 2.7 | 3.6 | 4.5 | 5.4 | 6.3 | 7.2 |
| | $d > 3.0$m | 1.6 | 2.0 | 2.4 | 2.8 | 3.5 | 4.2 | 4.9 | 5.6 |
| $G_m$ (MPa) | | 5.0 | 6.0 | 7.0 | 8.0 | 10.0 | 12.0 | 14.0 | 15.0 |
| $E_0$ (MPa) | | 26.5 | 31.8 | 37.1 | — | — | — | — | — |
| $E_s$ (MPa) | $d \leq 3.0$m | 9.0 | 10.8 | 12.6 | 14.4 | 18.0 | — | — | — |
| | $d > 3.0$m | 7.0 | 8.4 | 9.8 | 11.2 | 14.0 | 16.8 | 19.6 | 21.0 |

注：$d$ 为测试深度。

# 9 十字板剪切试验

## 9.1 一般规定

**9.1.1** 十字板剪切试验适用于测定软土的不排水抗剪强度及灵敏度等参数，测试深度不宜大于30m。

**9.1.2** 十字板剪切试验的试验孔位置及试验深度宜通过钻探、静力触探试验资料了解土层的分层情况后确定。

**9.1.3** 对厚层均质软土，十字板剪切试验沿深度方向每隔1.0m应测定一次；土层厚度较薄时，每层土试验点的数量不应少于1个。测定场地土灵敏度时，同一土层试验点的数量宜为3~6个。

## 9.2 试验设备

**9.2.1** 十字板剪切试验设备应由十字板板头、贯入主机、记录仪、探杆、扭力传感器等组成。

**9.2.2** 十字板板头应采用高强度金属材料制成，其硬度应大于HRC40，表面粗糙度不得大于6.3μm，规格应符合表9.2.2的规定。

表9.2.2 十字板板头和轴杆主要规格尺寸

| 型号 | 板宽 $D$ (mm) | 板高 $H$ (mm) | 板厚 $e$ (mm) | 刃角 $\alpha$ (°) | 轴杆直径 $d$ (mm) | 轴杆长度 $S$ (mm) | 面积比 $A$ (%) |
|---|---|---|---|---|---|---|---|
| Ⅰ | 50 | 100 | 2 | 60 | 13 | 50 | ≤14 |
| Ⅱ | 75 | 150 | 3 | 60 | 14 | 50 | ≤13 |

注：对于淤泥，宜使用Ⅱ型十字板板头试验。

**9.2.3** 贯入主机应采用静力触探机。

**9.2.4** 扭力测量设备的扭矩测量范围应为 0~80N·m，扭矩相对误差应小于 2%；记录仪时漂应小于 0.1% FS/h，温漂应小于 0.01% FS/℃，有效最小分度值应小于 0.06% FS。

**9.2.5** 探杆应符合下列要求：
1　探杆应平直，每根长度宜为 1m。
2　用于前 5m 的探杆，其弯曲度应小于 0.05%，后续探杆的弯曲度应小于 0.1%。
3　探杆在连接之后不得有晃动现象，拧紧后的丝扣根部和肩部应密合。

**9.2.6** 扭力传感器应采用电阻应变式，并符合下列要求：
1　传感器应具有良好的密封和绝缘性能，对地绝缘电阻不应小于 500MΩ；在 300kPa 的水压下恒压 1h 后，绝缘电阻应大于 300MΩ；用于现场试验的传感器，其对地绝缘电阻不应小于 20MΩ。
2　传感器的非线性误差、重复性误差、滞后误差、归零误差均应小于 1% FS。

## 9.3 试验方法

**9.3.1** 十字板剪切试验的设备安装应符合下列要求：
1　将地锚对称设置于试验孔位两侧，地锚数量应满足最大试验深度的反力需要。
2　将贯入主机就位，调平机座并经水平尺校准后，锁定机座与地锚。
3　安装扭力装置，把带电缆的探杆穿过扭力装置，下端与十字板板头传感器电缆相连，并做好防水处理；电缆上端连接记录仪。

**9.3.2** 将十字板板头压至预定深度，静置 2~5min，至记录仪输出值不变后调零，然后按顺时针方向徐徐转动扭力装置上的手柄，转速应力求均匀，且应符合剪切速率 1°/10s 的要求。当在一个试验孔中连续进行试验时，从第 2 个试验点开始，仪表可不再调零，但应记录初读数。

**9.3.3** 十字板板头每转 1° 应测记读数一次，直至峰值读数后再继续测记读数 1min；必要时可测记至稳定值出现，稳定值的确定以最小值读数连续出现 6 次为准。

**9.3.4** 测定重塑土的抗剪强度时，可用管钳按顺时针方向迅速转动探杆 6 圈，使土充分扰动，记下初读数，然后重复上述试验步骤，记录重塑土的相应读数。

**9.3.5** 试验时应按要求逐项记录，并进行读数修正后提交记录表，记录表可按本规程附录 E 填写。

9.3.6 试验终孔后，应逐节提取导杆、探杆和十字板板头，并清洗、检查、装箱。

## 9.4 资料整理

**9.4.1** 十字板剪切试验数据的计算修正应包括下列内容：
1 对实测原始数据进行检查、校核，并判别有无异常。
2 计算各试验点原状土、重塑土的不排水抗剪强度和灵敏度，并提供分层统计值。
3 绘制单孔十字板剪切试验不排水抗剪峰值强度、残余强度和灵敏度随深度变化的曲线。
4 十字板剪切试验数据计算修正应符合下列规定：
1）原状土试验数据应按式（9.4.1-1）、式（9.4.1-2）计算修正：

$$(\varepsilon_j) = \varepsilon_j - \varepsilon_0 \tag{9.4.1-1}$$

$$(\varepsilon_f) = \varepsilon_f - \varepsilon_0 \tag{9.4.1-2}$$

2）重塑土试验数据应按式（9.4.1-3）、式（9.4.1-4）计算修正：

$$(\varepsilon'_j) = \varepsilon'_j - \varepsilon'_0 \tag{9.4.1-3}$$

$$(\varepsilon'_f) = \varepsilon'_f - \varepsilon'_0 \tag{9.4.1-4}$$

3）残余值读数应按式（9.4.1-5）计算修正：

$$(\varepsilon_r) = \varepsilon_r - \varepsilon_0 \tag{9.4.1-5}$$

式中：$\varepsilon_j$，$(\varepsilon_j)$——十字板剪切试验点的第 $j$ 号实测值和修正值；
$\varepsilon_f$，$(\varepsilon_f)$——十字板剪切试验点的最大读数（峰值）实测值和修正值；
$\varepsilon_0$——经分析后确认的原状土试验点的初读数；
$\varepsilon'_j$，$(\varepsilon'_j)$——十字板剪切试验点土经重塑后第 $j$ 号实测值和修正值；
$\varepsilon'_f$，$(\varepsilon'_f)$——十字板剪切试验点土经重塑后的最大稳定读数实测值和修正值；
$\varepsilon'_0$——重塑土的初读数；
$\varepsilon_r$，$(\varepsilon_r)$——十字板剪切试验点的最小稳定读数实测值和修正值。

**9.4.2** 土的十字板抗剪强度 $s_u$、残余强度 $s_{ur}$、重塑土强度 $s'_u$ 应按式（9.4.2-1）~式（9.4.2-3）计算：

$$s_u = K\xi \cdot (\varepsilon_f) \tag{9.4.2-1}$$

$$s_{ur} = K\xi \cdot (\varepsilon_r) \tag{9.4.2-2}$$

$$s'_u = K\xi \cdot (\varepsilon'_f) \tag{9.4.2-3}$$

式中：$K$——十字板板头常数（$cm^{-3}$），$K = 6/(7\pi D^3)$；
$\xi$——传感器或钢环的标定系数；
$D$——十字板宽（mm）。

**9.4.3** 土层的灵敏度 $S_t$ 可按式（9.4.3）计算：

$$S_t = \frac{\bar{s}_u}{\bar{s}'_u} \tag{9.4.3}$$

式中：$\bar{s}_u$——土层的十字板抗剪强度平均值（kPa）；

$\bar{s}'_u$——土层的重塑土抗剪强度平均值（kPa）。

**9.4.4** 当采用十字板抗剪强度 $s_u$ 替代地基土不排水抗剪强度 $c_u$ 用于工程设计计算时，应根据土层条件或地区性经验进行修正。当缺乏地区使用经验时，可按式（9.4.4）修正：

$$c_u = \mu s_u \tag{9.4.4}$$

式中：$\mu$——修正系数：当 $I_P \leq 20$ 时，$\mu = 1$；当 $20 < I_P \leq 40$ 时，$\mu = 0.9$。

## 10 现场直剪试验

**10.1 一般规定**

**10.1.1** 现场直剪试验适用于测定岩体、岩体结构面、混凝土与岩体接触面和碎石类土的抗剪强度参数。

**10.1.2** 根据剪力作用方向与剪切面的关系，现场直剪试验可分为平推法和斜推法，试验时宜优先使用平推法。

**10.1.3** 同一组试体的工程地质条件应基本相同，受力状态应与岩土体在工程中的实际受力状态一致。

**10.1.4** 岩体、岩体结构面和混凝土与岩体接触面的现场直剪试验，每组试验的试体不宜少于 5 个，试验剪切面面积不宜小于 2 500 $cm^2$，试体最小边长不得小于 50 cm，剪切面以上的试体高度不应小于试体在推力方向边长的 1/2，各试体的间距应大于最小边长的 1.5 倍。

**10.1.5** 碎石类土的现场直剪试验，每组试验的试体不宜少于 4 个，试验剪切面面积不宜小于 900 $cm^2$，试体最小边长不得小于 30 cm，剪切面以上的试体高度不应小于推力方向试体边长的 1/2，剪切面开缝不宜小于最大颗粒粒径的 1/4。

**10.2 试验设备**

**10.2.1** 现场直剪试验设备应包括试体制备、加载、传力、量测及配套设备；现场直剪试验应采用自动化控制及数据采集设备。

**10.2.2** 加载设备可采用包含液压泵及管路的液压千斤顶或液压枕，其荷载容量及行程范围应满足预估的最大试验荷载及变形要求。施加荷载的精度范围应为试验最大荷载的 ±2%。

**10.2.3** 传力设备应由剪力盒、承压板、滑座（滚动滑板）、传力柱、传力块、斜垫板及反力装置等组成；反力装置可由坑壁支撑杆件、平板、地锚、钢梁等构成，或选用压重物的载荷平台。

**10.2.4** 量测设备应包括压力表或测力器、位移量测仪表、仪表支架、磁性表座等，位移量测仪表量测精度不应低于0.01mm。

## 10.3 试验方法

**10.3.1** 试验可在试洞、试坑、探槽内进行。试洞、试坑、探槽开挖时，应采取技术措施，避免试体受到扰动。

**10.3.2** 岩体试体制备应符合下列要求：
1 应在探明岩性及岩体完整性的基础上，在预定的试验部位加工试体，加工过程应减少对试体的扰动，同一组试体的岩体性质应相同，试体及剪切面下不得有贯通性裂隙通过。
2 制备试体时，应先清除试体部位表层的松动岩石，形成平整岩面，定出剪切面积，然后将试体与周边岩石切开，并开挖至预定剪切部位。
3 底部岩面宜修凿平整，并与预定剪切面处在同一平面。
4 对Ⅰ、Ⅱ级或完整性好的Ⅲ级岩体，可不浇筑保护罩，但试体各面应修凿平整，顶面宜平行于预定剪切面；对加压或剪切过程中可能出现破裂或松动的试体，宜采用钢套保护罩，试体与钢套间的间隙以高强度水泥砂浆充填，顶面应平行于预定剪切面，底部应在预定剪切面上缘。

**10.3.3** 岩体结构面试体制备应符合下列要求：
1 应在探明岩体中结构面部位和产状后，在预定的试验部位加工试体，同一组试体的岩体结构面性质应相同。
2 制备试体时，应先清除试体部位表层的松动岩石，形成平整岩面，定出结构面剪切面积，然后将试体与周边岩石切开，并开挖至预定剪切部位。
3 应清除试体周边的围岩及浮渣。
4 在试体上浇筑钢筋混凝土保护罩，保护罩应具有足够的强度和刚度，其底部应在预定剪切面上。
5 对剪切面倾斜的试体，或有夹泥层的山体，在加工试体前应采取保护措施，防止试体下滑。

**10.3.4** 混凝土与岩体接触面试体制备应符合下列要求：
1 试验段的岩性应均一，同一组基岩面的性质应相同，基岩面下部不得有贯通裂隙通过。

2 加工的基岩面尺寸应大于混凝土与岩体接触面构成的剪切面10~15cm，各试体的间距不宜小于剪切面最小边长的1倍。

3 试验剪切面宜为矩形，最小边长不应小于50cm，混凝土试体高度宜大于推力方向边长的2/3。

4 基岩面表面起伏差不宜大于试体推力方向边长的1%；同一组试验基岩面起伏差宜一致。

5 浇筑混凝土前应将基岩表面冲洗干净，按工程设计采用的混凝土配合比浇筑试体，试体骨料的最大粒径不应大于试体最小边长的1/6。混凝土可直接浇筑在基岩面上，并应保证接触面以上5cm范围内混凝土振捣密实。

6 在浇筑混凝土时，应制备一定数量的混凝土试件，混凝土试件应进行养护，养护时间不宜少于28d，并在试验前定期测定其抗压强度，试件达到预定强度时，应及时进行试验。

10.3.5 碎石类土试体制备应符合下列要求：
1 试体截面宜采用正方形。制备试体时，应先将试体粗削成略大于剪力盒的土柱，然后将下端带有刃口的剪力盒套在土柱上端，边削边压，直至剪力盒刃口部达到预定位置，清除剪力盒顶面余土，再将试体周边土体清除，形成与预剪面一致的试坑基底。
2 剪力盒与试体间的缝隙应用原碎石土或粉细砂填实，并使其密度与试体基本一致。
3 当剪切面的倾角较大时，应对试体进行支护，直到试验设备安装完毕，开始施加剪切应力时方可拆除。

10.3.6 现场直剪试验在洞内进行时，试体的洞顶和施加推力的液压千斤顶后座部位，应先开凿成大致平整的岩面后浇筑混凝土（或砂浆）反力垫层。

10.3.7 应按垂直、剪切向和侧向位移测量要求，在试体上埋设测量标点。

10.3.8 现场直剪试验的推力方向宜与工程的受力方向一致，可根据工程需要选择平推法和斜推法。采用平推法时，推力中心线应与剪切面平行；采用斜推法时，推力中心线与剪切面的夹角宜为15°±2°。

10.3.9 现场直剪试验可在天然含水状态下进行，也可在人工泡水的条件下剪切。试验现场地下水较丰富时，在试体加工前应先切断地下水来源，防止自试验段开挖至试验进行时，试体反复泡水。

10.3.10 试验前后应对试体及所在的试验地段进行描述和记录，记录应包含下列内容：

1 在试洞内进行试验时，应记录试洞编号、位置、洞线走向、洞底高程及地形、地质情况；

2 在试坑或探槽内进行试验时，应记录试坑或探槽的编号、位置、高程及其周围的地形、地质情况；

3 记录试验地段开挖情况、试体制备方法及出现的情况；

4 试体编号、位置、尺寸、剪切方向；

5 地下水的类型、化学成分、活动规律和流量；

6 地层岩性、岩石的坚硬程度、风化程度、含水状态、完整性；

7 结构面的产状、成因、类型、规模、连续性及起伏差；

8 充填物的厚度、矿物成分、颗粒组成、泥化软化程度、含水状态；

9 结构面两侧岩石的名称、结构构造及主要矿物成分；

10 土体的类型、颗粒组成、密实程度、含水状态；

11 剪切面的倾斜方向和倾角；

12 试验后剪切面的尺寸、剪切破坏形式、剪切面起伏差、擦痕的方向和长度、碎块分布状况、剪切面上充填物性质，并对剪切面拍照记录；

13 试验段工程地质图、试体地质素描图和结构面剖面示意图。

**10.3.11** 岩体、岩体结构面和混凝土与岩体接触面的现场直剪试验设备的安装应符合下列要求：

1 法向加荷设备应依次安装滚动滑板、加荷装置、测力器、反力支座，滚动滑板平面；测力器中心、加荷装置中心、滚动滑板中心和试体中心应保持在同一轴线上，且法向合力应通过剪切面中心。法向加荷系统各部件应结合紧密，具有足够的刚度和强度。当剪切面为倾斜时，法向加荷系统应加支撑。

2 剪切向加荷设备应依次安装顶叉、压力表或测力器、加荷装置和反力支座。加荷装置的推力方向应与测力器的受力方向、试体预受剪切方向一致，并通过预剪面；难以满足要求时，其着力点距预剪切面的距离应控制在试体边长（沿推力方向）的5%以内，并应在每次试验时，对这一距离进行记录。

**10.3.12** 碎石类土现场直剪试验设备的安装应符合下列要求：

1 法向加荷设备应依次安装滑座、加荷装置、压力表、反力装置，滑座平面应与剪力盒顶面平行，反力合力作用点、加荷装置中心、滑座中心和试体中心应保持在同一轴线上。如需测定土体的固结快剪强度，应在试体与滑座之间放置承压透水板。

2 剪切向加荷设备应依次安装顶叉、压力表或测力器、加荷装置和反力装置，加荷装置的推力方向应与压力表的受力方向、试体预估受剪切方向一致。当剪切面为倾斜时，法向加荷系统应加支撑。

**10.3.13** 量测仪表的布置与安装应符合下列规定：

1 应在试体两侧靠近剪切面并距离相应角点 1/4 边长处，分别在水平方向和垂直方向上布置位移量测仪表各 4 只，位移量测仪表的支架应牢固地安放在变形影响范围之外的支点上，支点与试体中心的距离不宜小于 1.5m。

2 应在试体及其周围岩土体表面上，安装测量位移的量测仪表。

3 量测仪表应注意防水、防潮，所有量测仪表及标点应严格定向，初始读数应调整适当。

**10.3.14** 法向荷载施加应符合下列规定：

1 最大荷载宜采用设计荷载的 1.2 倍，对于岩体软弱结构面和软质岩体，施加的最大法向荷载应以不挤出软弱结构面上的充填物或破坏试体为度。

2 法向荷载应位于剪切面中心，或法向荷载和剪切荷载的合力作用线通过剪切面中心，并保持在试验过程中法向荷载大小不变。

3 采用快剪法进行试验时，法向荷载应一次施加完成，并立即施加剪切向荷载。

4 采用固结快剪法进行试验时，法向荷载应分 5 级按等差或等比数列施加。每级荷载施加时，应测读、记录法向位移，测读的时间间隔为 10min 或 15min，以连续两次测读差小于或等于 0.05mm 为稳定标准，变形稳定后即可施加剪切向荷载。

**10.3.15** 剪切向荷载的施加应符合下列规定：

1 施加剪切向荷载前，应按式（10.3.15-1）、式（10.3.15-2）预估最大推力 $Q_{\max}$ 值，并使推力作用线通过剪切面中心。

平推法：

$$Q_{\max} = (\sigma_n f + c) F \quad (10.3.15\text{-}1)$$

斜推法：

$$Q_{\max} = \frac{(\sigma_n f + c) F}{\cos\alpha} \quad (10.3.15\text{-}2)$$

式中：$Q_{\max}$——预估的最大推力（kN）；

$\sigma_n$——法向应力（kPa）；

$f$——预估的摩擦系数，$f = \tan\varphi$；

$c$——预估的黏聚力（kPa）；

$F$——剪切面的面积（m²）；

$\alpha$——横向推力与水平面的夹角（°）。

2 推力宜按预估的最大推力 $Q_{\max}$ 分为 8~10 级，等量施加，施加荷载应采用时间控制，并符合下列要求：

1）岩体应每隔 10min 或 5min 施加一级；

2）土体应每隔 5min 施加一级；

3）无充填或充填硅质、铁质、钙质的结构面，应每隔 5min 施加一级；

4）充填软弱物质结构面，应每隔 10min 或 15min 施加一级。

**3** 当施加推力后引起的剪切位移为前一级推力的 1.5 倍以上时，下一级推力应减半施加。

**4** 剪切过程中法向荷载应始终保持定值。采用斜推法时，应同步减扣施加推力时在剪切面上增加的垂直荷载。垂直荷载应按式（10.3.15-3）～式（10.3.15-5）计算：

$$p = \sigma_n - q\sin\alpha \quad (10.3.15\text{-}3)$$

$$Q = qF \quad (10.3.15\text{-}4)$$

$$P = pF \quad (10.3.15\text{-}5)$$

式中：$\sigma_n$——作用在剪切面上的法向应力（kPa）；

$q$、$p$——作用在剪切面上的斜向单位推力和压力（kPa）；

$Q$、$P$——作用于试体上的斜向推力和垂直荷载（kN）；

$F$——剪切面的面积（m²）；

$\alpha$——剪切荷载与预定剪切面夹角（°）。

**5** 剪切位移达剪力峰值并出现剪力残余值，或剪切位移达剪切面边长的 1/10 时，即认为已剪切破坏，可终止试验。

**10.3.16** 采用斜推法时，试验前应按式（10.3.16）预估作用剪切面上的最小法向应力 $\sigma_{min}$：

$$\sigma_{min} = \frac{c}{\cot\alpha - f} \quad (10.3.16)$$

**10.3.17** 残余抗剪强度试验应符合下列要求：

**1** 将已剪切破坏的试体在原垂直荷载作用下，采用相应的反推装置以 1mm/min 的速率反推至原位。

**2** 检查、调整试验设备，使之符合本规程第 10.3.11 条、第 10.3.12 条的规定。

**3** 按本规程第 10.3.15 条的规定进行剪切试验。

**4** 按上述三款的规定反复进行数次，直至在同一级垂直荷载作用下相邻两次剪切应力的差值不大于 10% 为止。

**10.3.18** 试验结束后，应依次将剪切荷载（推力）和法向荷载退为零，拆除量测仪表、支架、剪切和垂直荷载设备，按本规程第 10.3.10 条第 12 款的有关要求对剪切面进行描述。

## 10.4 资料整理

**10.4.1** 在进行资料整理前，应对各项原始数据进行检查，确认原始资料可靠后，方可进行后续资料整理工作。

**10.4.2** 剪切面上的法向应力和剪应力应按下列公式计算：

1 采用平推法时，剪切面上的法向应力和剪应力应分别按式（10.4.2-1）、式（10.4.2-2）确定：

法向应力：

$$\sigma = \frac{P}{F} \qquad (10.4.2\text{-}1)$$

剪应力：

$$\tau = \frac{Q}{F} \qquad (10.4.2\text{-}2)$$

式中：$\sigma$——作用于剪切面上的法向应力（MPa）；
$\tau$——作用于剪切面上的剪应力（MPa）；
$P$——作用于剪切面上的法向总荷载（N）；
$Q$——作用于剪切面上的剪切向总荷载（N）；
$F$——剪切面的面积（mm²）。

2 采用斜推法时，剪切面上的法向应力和剪应力应分别按式（10.4.2-3）、式（10.4.2-4）确定：

法向应力：

$$\sigma = \frac{P + Q\sin\alpha}{F} \qquad (10.4.2\text{-}3)$$

剪应力：

$$\tau = \frac{Q\cos\alpha}{F} \qquad (10.4.2\text{-}4)$$

式中：$Q$——作用于剪切面上的总斜向荷载（N）；
$\alpha$——斜向荷载施力方向与剪切面之间的夹角（°）。

**10.4.3** 应绘制各法应力下的剪应力与剪切位移及法向位移关系曲线，并根据关系曲线确定各法向应力下的抗剪断峰值和抗剪值。

**10.4.4** 应绘制各法向应力与其对应的抗剪断峰值和抗剪值关系曲线，采用图解法或最小二乘法绘制剪应力与法向应力关系曲线，并确定相应的抗剪强度参数。

**10.4.5** 根据需要，在剪应力与剪切位移曲线上确定剪切阶段特征点，并根据各特征点确定相应的抗剪强度参数。

**10.4.6** 试验结束后，应编制试验成果报告，并符合下列要求：

1　文字部分应包括下列内容：
1）项目名称、工程概况、试验目的和任务；
2）试验场地工程地质条件；
3）试体和剪切面的坐标位置、高程及编号；
4）试体和剪切面的地质特征；
5）试验方法；
6）测表布置，测力器和量测变形仪表的精度；
7）$c$、$\varphi$值的确定标准；
8）试验过程中有关情况说明。
2　图表部分应包括下列内容：
1）试验地段的工程地质平面图、剖面图；
2）剪应力与剪切位移成果表及关系曲线；
3）剪应力与法向应力成果表及关系曲线；
4）试验设备安装示意图；
5）试验成果及整理分析、试验人员、试验日期。

# 11 扁铲侧胀试验

## 11.1 一般规定

**11.1.1** 扁铲侧胀试验适用于软土、一般黏性土、粉土、黄土、松散~中密砂土。

**11.1.2** 扁铲侧胀试验可用于划分土类，判别黏性土的稠度状态，确定饱和黏性土的不排水杨氏模量，测定静止土压力系数和地基水平基床系数等。

**11.1.3** 扁铲侧胀试验孔应与水平面垂直，垂直度偏差不应大于2%。

## 11.2 试验设备

**11.2.1** 扁铲侧胀试验设备应包括测量系统、贯入系统和压力源。测量系统应由侧胀板头、气电管路和控制装置组成；贯入系统应包括主机、探杆、反力装置和附属器件；压力源应包括压力调节器和内装高压气体的高压钢瓶。

**11.2.2** 侧胀板头的技术性能应符合下列要求：
1 侧胀板头应采用高强度不锈钢锻制，长度为230~240mm，厚度为15mm，宽度为95mm。
2 侧胀板头在平行于轴线长度内，弯曲度不得大于0.3%，板头贯入前缘偏离轴线不应超过1mm。
3 探头侧面圆形不锈钢膜片直径应为60mm，平装于板头一侧板面上。
4 膜片内侧设置的电开关应能准确显示膜片膨胀中的三个特征压力点。

**11.2.3** 气电管路的技术性能应符合下列要求：
1 气电管路应由厚壁、小直径、耐高压、内部贯穿铜质导线的柔性绝缘管构成。
2 气电管路两端接头应绝缘性能良好。
3 应能输送气压并准确地传递特定信号。

**11.2.4** 控制装置应符合下列技术条件：
1 压力表显示的有效最小分度值不宜大于1kPa。

2 传递膜片达特定位移量时的信号应采用蜂鸣器和检流计显示。

3 蜂鸣器和检流计应在膜片膨胀量小于 0.05mm 或大于或等于 1.10mm 时接通，在大于或等于 0.05mm 或小于 1.10mm 时断开。

4 与气电管路、气压计、校正器等附件组成的标定装置应能精确测定膜片膨胀各阶段压力值，可对膜片进行标定和老化处理。

**11.2.5** 贯入主机和探杆应符合本规程第 5.2.2 条和第 5.2.3 条的有关规定。

**11.2.6** 压力源应安装压力调节器，高压气体应为干燥的氮气。

**11.2.7** 侧胀板头的标定应符合下列要求：
1 每孔试验前均应对侧胀板头进行标定，并符合本规程第 11.3.2 条的有关规定。
2 贯入试验完成后，侧胀板头内未进水和泥浆、膜片表面完好、标定值在允许范围内时，清除侧胀板头上黏附的泥土，可继续使用。否则，应拆卸、保养和清洁，重新标定后使用。

## 11.3 试验方法

**11.3.1** 试验设备安装与准备工作应符合下列要求：
1 安装的机座应水平，并用水平尺校验。
2 拉直气电管路，使气电管路滑行穿过探杆，防止绞扭和弯伤。
3 将气电管路一端与侧胀板头连接，并通过探杆接头和所用探杆一次穿齐。
4 检查控制装置、压力源，并将气电管路的另一端与控制装置对应的插座接上。
5 将地线接到地线插座上，另一端夹到探杆或主机的机座上。
6 用手轻按膜片中心检查电路，蜂鸣器发出响声则电路正常。
7 标定膜片，记录标定值 $\Delta A$ 及 $\Delta B$。
8 标定值不在适用范围内的新膜片应事先进行老化处理，直到 $\Delta B$ 值达适用范围且相对误差小于 2% 为止。
9 水上试验时，应有保证孔位不致发生移动的稳定措施；水底以上部位，宜加设防止探杆挠曲的装置。

**11.3.2** 膜片标定应符合下列要求：
1 用率定气压计对侧胀板头抽真空，使膜片从自然位置移向基座，蜂鸣器响后缓慢解除真空，蜂鸣器响声停止瞬间读取 $\Delta A$ 值。
2 用率定气压计对侧胀板头施加正气压，待蜂鸣器鸣响瞬间读取 $\Delta B$ 值。
3 重复 3~4 次上述操作，记录 $\Delta A$ 及 $\Delta B$ 的平均值。
4 $\Delta A$ 值范围宜为 5~25kPa，$\Delta B$ 值范围宜为 10~110kPa。

**11.3.3** 膜片老化处理应符合下列要求：

1 加压至300kPa，蜂鸣器尚未鸣响时应先检查电路；电路正常时，用300kPa压力循环老化；每次应从零开始，若$\Delta B$达适用范围则停止老化，若用300kPa压力老化后$\Delta B$仍很高，可将压力增至350kPa循环老化；倘若无效，再加大压力，每次升幅宜取50kPa。

2 在空气中老化膜片，最大压力不应超过600kPa。

**11.3.4** 试验深度应以膜片中心为基准点，探头达到预定深度后，应以匀速加压或减压测定膜片膨胀至0.05mm、1.10mm和回到0.05mm的压力$A$、$B$、$C$值。

**11.3.5** 测读压力值应符合下列要求：

1 侧胀板头贯入至预定深度，蜂鸣器鸣响（电流计动作），关闭排气阀，慢慢打开微调阀，缓慢增加压力，在蜂鸣器和电流计停止响动瞬间，读取压力为$A$值。

2 压力从零到$A$，加压时间应控制在15s内；若试验土层均匀，$A$值可从已测的上一点值预估，低于预估值阶段快速加压，然后缓慢加压到$A$。

3 记录$A$值后，继续不停顿地缓慢加压，待蜂鸣器鸣响（电流计动作）瞬间，读取$B$值。

4 记录$B$值后，应快速减压至蜂鸣器停响为止，再缓慢卸掉剩余压力，蜂鸣器再响时，读取压力$C$值，$C$压力值可每隔1~2m测读一次。

**11.3.6** 贯入试验操作应符合下列要求：

1 贯入设备的能力应满足试验深度的需要。试验过程中，在确认上道工序操作无误后方可进行下道工序的作业。

2 采用静力触探贯入设备时，应备足探杆，以超过最大试验深度2~3m为宜。

3 试验时，应以静力匀速将侧胀板头贯入土中，贯入速率宜为2cm/s；试验点间距可取20~50cm。

4 试验深度应以膜片中心为参照点。计深标尺设置在贯入主机上时，贯入深度应以板头、探杆入土的实际深度为准，每贯入3~4m校核一次。记录深度与实际贯入深度不符时，应在记录表上标注清楚。

5 测试过程中，不得松动、碰撞探杆，也不得施加使探杆产生上、下位移的力。

6 遇下列情况之一者，应停止贯入，并在记录表上注明：

1）贯入主机的荷载达到其额定荷载的120%；

2）贯入时探杆出现明显弯曲；

3）反力装置失效；

4）无信号或测不到压力$B$值或$B$值时有时无；

5）气电管路破裂或被堵塞；

6）试验中校核$B-A$值时，出现$B-A < \Delta A + \Delta B$。

7 每孔试验结束时，应立即提升探杆，取出侧胀板头，并对膜片进行再标定，将标定的 $\Delta A$、$\Delta B$ 记录归档。

8 记录表格式可参照本规程附录 F 中的表 F 制定。

**11.3.7** 膜片使用应符合下列规定：

1 试验暂停时，应打开排气阀，避免损坏膜片。

2 每孔试验结束时应立即提升探杆，取出侧胀板头，并对膜片进行标定，将 $\Delta A$、$\Delta B$ 数值记录于表中。

**11.3.8** 膜片出现下列情况之一时应更换：

1 表面严重划伤、皱折及破裂；

2 标定值反常，达不到规定要求；

3 过度膨胀，曲面加力和放松时会发出"劈啪"响声。

## 11.4 资料整理

**11.4.1** 扁铲侧胀试验数据应按式（11.4.1-1）～式（11.4.1-3）修正：

$$p_0 = 1.05(A - Z_m + \Delta A) - 0.05(B - Z_m - \Delta B) \quad (11.4.1\text{-}1)$$

$$p_1 = B - Z_m - \Delta B \quad (11.4.1\text{-}2)$$

$$p_2 = C - Z_m + \Delta A \quad (11.4.1\text{-}3)$$

式中：$p_0$——膜片向土中膨胀之前作用在膜片上的接触压力（kPa）；

$A$——膜片膨胀 0.05mm 时气压的实测值（kPa）；

$Z_m$——未调零时的压力表初读数（kPa）；

$\Delta A$、$\Delta B$——空气中标定膜片分别膨胀 0.05mm、1.10mm 时气压的实测值（kPa）；

$p_1$——膜片膨胀 1.10mm 时的膨胀压力（kPa）；

$B$——膜片膨胀 1.10mm 时气压的实测值（kPa）；

$p_2$——膜片回到 0.05mm 时受到的终止压力（kPa）；

$C$——膜片回到 0.05mm 时气压的实测值（kPa）。

**11.4.2** 侧胀模量 $E_D$、水平应力指数 $K_D$、土类指数 $I_D$、孔压指数 $U_D$ 应按式（11.4.2-1）～式（11.4.2-4）计算：

$$E_D = 34.7(p_1 - p_0) \quad (11.4.2\text{-}1)$$

$$K_D = (p_0 - u_w)/\sigma'_{v0} \quad (11.4.2\text{-}2)$$

$$I_D = (p_1 - p_0)/(p_0 - u_w) \quad (11.4.2\text{-}3)$$

$$U_D = (p_2 - u_w)/(p_0 - u_w) \quad (11.4.2\text{-}4)$$

式中：$\sigma'_{v0}$——土的有效自重压力（kPa）；

$u_w$——静水压力（kPa）。

**11.4.3** 扁铲侧胀试验成果图件应包括下列内容：

1 $p_0$、$p_1$、$p_2$、$\Delta p$ 随深度的分布曲线，其中 $\Delta p = p_1 - p_0$；

2 $E_D$、$K_D$、$I_D$、$U_D$ 随深度的分布曲线。

**11.4.4** 根据 $I_D$ 值，可按表 11.4.4 确定土的类别。

表 11.4.4 判别土类的 $I_D$ 值

| $I_D$ | $I_D<0.1$ | $0.1 \leqslant I_D<0.3$ | $0.3 \leqslant I_D<0.6$ | $0.6 \leqslant I_D<1.8$ | $I_D \geqslant 1.8$ |
|---|---|---|---|---|---|
| 土类 | 泥炭或灵敏黏土 | 黏土 | 粉质黏土 | 粉土 | 砂土 |

**11.4.5** 黏性土的稠度状态可按表 11.4.5 判别。表中参数 $m$ 按式（11.4.5）计算：

$$m = (\lg E_D + 0.748)/(\lg I_D + 7.667) \quad (11.4.5)$$

式中：$E_D$——侧胀模量（kPa）；

$I_D$——土类指数。

表 11.4.5 黏性土稠度状态的 $m$ 值

| 判别式 | $m \leqslant 0.53$ | $0.53<m \leqslant 0.62$ | $0.62<m \leqslant 0.71$ | $m>0.71$ |
|---|---|---|---|---|
| 塑性状态 | 流塑 | 软塑 | 硬塑 | 坚硬 |

**11.4.6** 水平应力指数 $K_D$ 为 1.5~4.0 的一般饱和黏性土，静止土压力系数 $K_0$ 可按式（11.4.6）计算：

$$K_0 = 0.30 K_D^{0.54} \quad (11.4.6)$$

**11.4.7** 膨胀压力 $\Delta p = p_1 - p_2 \leqslant 100\text{kPa}$ 的饱和黏性土，不排水杨氏模量 $E_u$ 可按式（11.4.7）计算：

$$E_u = 3.5 E_D \quad (11.4.7)$$

**11.4.8** 饱和黏性土、饱和砂土及粉土地基的基准水平基床系数 $K_{h1}$ 可按式（11.4.8-1）、式（11.4.8-2）计算：

$$K_{h1} = \xi(0.2 \cdot k_h) \quad (11.4.8\text{-}1)$$

$$k_h = 1\,364 \Delta p = 1\,364(p_1 - p_0) \quad (11.4.8\text{-}2)$$

式中：$K_{h1}$——基准水平基床系数（kN/m³）；

$k_h$——侧胀仪抗力系数（kN/m³）；

1 364——量纲为 m$^{-1}$ 的系数；

$\xi$——经验修正系数：黏性土液性指数 $I_p>0.75$ 时取 1.0，$0.25<I_p \leqslant 0.75$ 时取 0.7~0.8，$0<I_p \leqslant 0.25$ 时取 0.7~0.8；砂类土取 0.2~0.3；其他土类根据经验取值。

## 12 波速测试

### 12.1 一般规定

**12.1.1** 波速测试适用于测定各类岩土体的弹性波波速，可用于划分工程场地类别及岩体的完整程度。

**12.1.2** 波速测试可分为地震波法和声波法，地震波法可分为单孔法和跨孔法，声波法为单孔声波测井法。

### 12.2 试验设备

**12.2.1** 用于地震波法测试的仪器设备应由震源、检波器、地震仪及触发器等组成，用于声波法测试的仪器设备应由换能器、声波仪组成。

**12.2.2** 震源应符合下列要求：
1 采用单孔法测试时，剪切波震源宜采用锤击木板激震，使用的木板尺寸不得小于 2 000mm×250mm×50mm，其上应均匀堆载重物，重物质量应不小于400kg；压缩波宜采用竖向锤击金属板激震，金属板尺寸不宜小于 300mm×250mm×50mm，激震锤质量应不小于8kg。
2 采用跨孔法测试时，剪切波震源宜采用剪切波锤，压缩波震源宜采用电火花或爆炸震源。
3 采用声波法测试时，震源宜采用压电换能器，激发频率及激震能量应能清晰判读声波初至。

**12.2.3** 检波器应符合下列要求：
1 单孔法和跨孔法宜采用速度型检波器，其固有频率宜小于地震波主频率的1/2。
2 单孔法和跨孔法采用的剪切波检波器，任意两检波器之间的固有频率差、灵敏度差、阻尼系数差均应小于10%。
3 跨孔法采用的压缩波检波器，任意两检波器之间的固有频率差、灵敏度差、阻尼系数差均应小于10%。
4 单孔法和跨孔法采用的检波器应密封防水，且有贴壁装置。

5 声波法测试时，宜采用压电式水下换能器。

**12.2.4** 单孔法和跨孔法采用的地震仪应符合下列要求：
1 通频带应为 2～2 000Hz。
2 动态范围不应低于 80dB，模/数转换器的位数不宜小于 12 位。
3 最小采样时间间隔不应大于 100μs。
4 采样长度不应小于 1 024 样点/道。
5 采集的地震波在最小周期内应有不少于 4 个采样点。

**12.2.5** 触发器性能应稳定，延迟时间不应大于 0.05ms。

**12.2.6** 单孔声波测井法采用的声波仪应符合下列要求：
1 通频带应为 5～500kHz。
2 最小采样间隔不应大于 0.1μs。
3 单道采样长度不宜小于 1 024 样点。
4 触发方式宜有内、外、信号、稳态等四种方式。
5 频响范围宜为 10～50kHz。
6 声波走时测量精度应为 ±0.1μs。
7 发射电压的范围宜为 100～1 000V，且可调。
8 发射脉宽的范围宜为 1～500μs，且可调。

## 12.3 试验方法

**12.3.1** 单孔法应符合下列要求：
1 测试孔应与地面垂直。
2 震源点宜布置在地表坚实处，其高程宜与孔口高程一致。
3 采用木板作为剪切波震源时，木板与地面应紧密耦合，木板的长轴中垂线应对准测试孔中心，孔口与木板的垂直距离宜为 1～3m。
4 采用金属板激发压缩波时，其距孔口的距离宜为 2～4m。
5 根据工程特点及地质分层情况布置测试点，其竖向间距宜为 1～2m。
6 测试应自下而上按预定深度进行，仪器的滤波参数、采样间隔和记录长度等应通过方法试验确定。
7 剪切波测试时，三分量检波器应贴壁固定在测试孔内预定深度处。
8 现场测试应按下列步骤进行：
1) 平整场地，安放激震板，将计时触发器固定在靠近激震锤锤头一侧的手柄上。
2) 将三分量检波器放入孔中预定深度，使三分量检波器贴壁固定。
3) 将检波器电缆、供电电源等和地震仪连接，检查无误后接通电源。

4）用激震锤水平敲击激震板一端，然后反向敲击激震板另一端，两次获得的剪切波相位相反、大小相等且初至清晰时，再用激震锤竖向敲击放在地表的激震板，至获得的压缩波初至清晰。

**12.3.2** 跨孔法应符合下列要求：

1 测试孔宜设置一个震源孔和两个接收孔，并布置在一条直线上。测试孔间距在土层中宜为2~5m，在岩层中宜为8~15m。

2 钻孔宜用泥浆或硬聚氯乙烯塑料套管护壁，且套管壁与孔壁应紧密接触。

3 震源与接收孔内的三分量检波器应设置在同一水平面上。

4 根据工程特点及地质分层情况布置测试点，其竖向间距宜为1~2m。

5 应通过方法试验确定仪器的滤波参数、采样间隔和记录长度。

6 测试深度大于15m时，应量测震源孔和接收孔的倾斜度及倾斜方位，量测点间距不应大于1m，并做孔斜校正。

7 现场测试应按下列步骤进行：

1）平整场地，将震源及检波器按照本条第3款的规定置于孔内预定深度，并使三分量检波器贴壁固定；

2）将检波器电缆、触发电缆、供电电源和地震仪连接，检查无误后接通电源；

3）激发震源，记录地震波，当获得的波形初至清晰后，移动震源和检波器到下一测试点，直至完成测试工作。

**12.3.3** 单孔声波测井法应符合下列要求：

1 测试孔应有井液，测试段不应有金属套管。

2 测试时宜使用一发双收模式，两接收换能器中点的距离宜为200mm。

3 应根据孔内地层分布情况，采集不同岩性的岩石样品进行压缩波波速测试。岩石样品两个相对的测试面应打磨平整且相互平行。测试前，岩石样品宜在清水中浸泡24h后沥干。

4 现场测试应按下列步骤进行：

1）将换能器探头置于孔内预定深度；

2）将换能器探头电缆、供电电源与声波仪连接，检查无误后通电；

3）打开发射换能器，待接收换能器接收的波形初至清晰后，移动换能器探头至下一测试点，直至完成全部测试工作。

## 12.4 资料整理

**12.4.1** 单孔法资料整理应符合下列要求：

1 应采用竖向检波器记录的压缩波初至时间，确定压缩波到达检测点的时间。

2 应采用水平检波器记录的两组极性相反剪切波交汇点的初至时间，确定剪切波到达检测点的时间。

3 确定压缩波、剪切波的初至时间有困难时，可利用初至波同向轴来确定有效波到达检测点的时间。

4 应结合地质情况，按时距曲线上具有不同斜率的折线段确定波速层的划分。

5 波速层的压缩波波速或剪切波波速，应按式（12.4.1）计算：

$$V = \frac{\sqrt{h_2^2 + d^2} - \sqrt{h_1^2 + d^2}}{t_2 - t_1} \tag{12.4.1}$$

式中：$V$——波速层的压缩波波速或剪切波波速（m/s）；
$h_2$——波速层层底深度（m）；
$h_1$——波速层层顶深度（m）；
$d$——震源中心到测试孔的水平距离（m）；
$t_2$——压缩波或剪切波从震源到达波速层层底的实测时间（s）；
$t_1$——压缩波或剪切波从震源到达波速层层顶的实测时间（s）。

6 应绘制波速测试成果图。波速测试成果图应包括钻孔柱状图、波速-深度曲线、分层波速、等效剪切波速、场地类别等。

**12.4.2** 跨孔法资料整理应符合下列要求：

1 应采用竖向检波器记录的压缩波初至时间，确定压缩波到达检测点的时间。

2 应采用水平检波器记录的两组极性相反剪切波交汇点的初至时间，确定剪切波到达检测点的时间。

3 确定压缩波、剪切波的初至时间有困难时，可利用初至波同向轴来确定有效波到达检测点的时间。

4 由震源到达每个测点的距离，应按测斜数据进行校正。

5 压缩波波速及剪切波波速应按式（12.4.2）计算：

$$V_{p(s)} = \Delta S / \Delta t_{2-1} \tag{12.4.2}$$

式中：$V_{p(s)}$——压缩波波速或剪切波波速（m/s）；
$\Delta t_{2-1}$——发射孔到接收孔的时长或两个接收孔之间时间差（s）；
$\Delta S$——发射孔到接收孔之间距离或两个接收孔之间距离（m）。

6 应绘制波速测试成果图。波速测试成果图应包括钻孔柱状图、波速-深度曲线、分层波速、等效剪切波速、场地类别等。

**12.4.3** 单孔声波测井法资料整理应符合下列要求：

1 各测点的波速应按式（12.4.3-1）计算：

$$V = L/(t_2 - t_1) \tag{12.4.3-1}$$

式中：$V$——波速（m/s）；
$L$——两接收换能器中点的距离（m）；
$t_1$、$t_2$——单孔一发双收测试时，两个接收点接收到的初至时间（s）。

2 应分段计算各段平均波速，绘制波速-深度曲线。
3 各段岩体完整性系数 $K_v$ 应按式（12.4.3-2）计算：

$$K_v = \left(\frac{V_p}{V_{pr}}\right)^2 \qquad (12.4.3-2)$$

式中：$V_p$——岩体压缩波波速（m/s）；
$V_{pr}$——岩块压缩波波速（m/s）。

4 应绘制声波测试成果图。声波测试成果图应包括钻孔柱状图、波速-深度曲线，各层岩体压缩波波速、岩块压缩波波速、完整性系数、完整程度等。

# 13 水压致裂法地应力测试

## 13.1 一般规定

**13.1.1** 水压致裂法地应力测试适用于公路隧道工程岩体的原位地应力测量。

**13.1.2** 地应力测试点位置应根据工程的目的和要求，并结合现场地形地质条件进行选择，避开断裂破碎带和应力扰动区。

**13.1.3** 进行地应力测试的测段应选在岩石完整且无孔壁崩落的孔段，避开原生裂隙密布的位置，并兼顾研究需要和工程设计要求布置。地面钻孔第一测段深度应在基岩风化带以下。

## 13.2 试验设备

**13.2.1** 测试设备配置及要求应符合下列规定：
1 封隔器的直径应与钻孔直径一致，其长度宜为1m。两个跨接式封隔器相连构成的封隔段长度应不小于测量钻孔孔径的5倍。
2 压力泵的额定工作压力不宜小于25MPa；对于测试深度大于500m或在高应力地区，额定工作压力应大于35MPa。压力泵的稳定流量宜为10~15L/min。
3 压力传感器的精度应优于0.5%，量程范围宜为0~60MPa。
4 流量传感器的量程应不小于20L/min，记录精度应优于±0.5L/min。
5 印模器的胶筒长度应不小于1m。定向器的记录精度应优于±3°。
6 数据记录应优先采用数据采集器，可配备X-Y记录仪。

**13.2.2** 测试设备标定应符合下列要求：
1 压力传感器使用前应采用计量检定合格的标准压力表校准，在预定达到的压力范围内完成升压及降压两个循环的标定。
2 流量传感器使用前应采用计量检定合格的标准流量计校准，在预定流量范围进行两个回次的标定。
3 数据采集及记录系统使用前应连接压力及流量传感器，进行两次数据采集及记录系统的检查。

**13.2.3** 在压裂试验之前，应对压力泵、压力和流量传感器、钻杆及连接件进行渗漏试验。试验压力应大于 15MPa。合格的钻杆应进行编号并记下长度。

## 13.3 试验方法

**13.3.1** 进行地应力测试的钻孔应符合下列要求：
1 钻孔表土段和易塌孔的基岩风化段应下套管。
2 钻孔倾斜度每 100m 应不超过 1°，孔径应不超过设计孔径 3mm。
3 钻孔应全孔采取岩芯，并进行准确编录，编录内容应包括钻进回次、深度、岩芯采取率、岩性描述等。
4 应详细记录钻进过程中遇到的缩径、塌孔、涌水量突变及钻孔事故。
5 测量前应进行钻孔检查，检出缩径、超径和孔壁崩落孔段，测定终孔深度。

**13.3.2** 压裂系统选择及测段选定应符合下列要求：
1 钻孔孔径和测量深度适宜时，应优先选用双回路压裂系统。
2 应结合钻孔资料和岩芯观察（或井下电视测量）确定各测段深度。每个钻孔不宜少于 5 个测段，或每 100m 不少于 2 个测段，在重要的深度范围宜适当加密测段。

**13.3.3** 测试步骤及技术要求应符合下列规定：
1 在进行测试操作之前，应检查测试设备、电路的连接是否正确，核对下入测量钻孔的钻杆编号。
2 用一对封隔器（孔底可采用单封隔器）座封形成封隔段。座封压力视岩体条件和地应力大小而定，初始座封压力不宜小于 6MPa。压裂过程中应跟踪监测座封压力，测量精度宜优于 0.2MPa。
3 压裂操作应符合下列要求：
1）注压应在整个测量系统安装及检查完毕后开始进行，在注压过程中宜保持不小于 4L/min 的恒定流量。
2）水压致裂过程中，依据现场记录的压力-时间曲线判断孔壁产生破裂或破裂重张后，即可关泵，观测关闭压力。
3）在每个压裂回次完成后应完全卸压，使压力管路与大气连通。
4 破裂重张循环操作应符合下列要求：
1）在压力-时间曲线上，当压力上升速率减慢，压力开始降低，判定裂缝重张时即可关泵。
2）每个重张循环含注压、关泵和卸压三个步骤，每个循环时间宜不少于 2min。
3）每个测段重张循环应不少于 3 次，两个循环之间的时间间隔宜不少于 1min。
4）钻孔深度超过 500m 时，每个循环时间、循环间隔时间、卸压时间应延长 1min。
5 采用印模器测量破裂裂缝方位和倾角时，印模器应准确安放到先前压裂位置，并使印模器膨胀压力接近破裂压力，且印模器应紧贴井壁 30min 以上。取出印模器后，应立即描下其印出的破裂印模，并在印模展开图上标注基线位置。使用钻孔电视时，在压裂测量前、后皆应进行观测，拍摄测段孔壁照片。

**13.3.4** 现场记录应包括下列内容：
1 测试地点、钻孔坐标或经纬度、编号、方位、倾角及终孔深度；
2 测段深度、注压压力-时间曲线、流量-时间曲线；
3 印模形态素描、破裂倾角及方位定向记录；
4 测试中遇到的异常情况和事故。

## 13.4 资料整理

**13.4.1** 压裂参数的确定应符合下列要求：
1 关闭压力 $P_s$ 可根据测量曲线形态选用拐点法、单切线法、双切线法、流量压力法以及压力-时间平方根法（$P\text{-}t^{1/2}$）、低流量泵进法等确定。同一钻孔的关闭压力 $P_s$ 宜采用同一种方法确定。
2 压力-时间曲线上明显偏离线性关系处的压力值可定为重张压力 $P_r$，重张压力 $P_r$ 的确定宜以第三次重张循环的重张压力值为准。
3 第一回次的峰值压力可确定为初始破裂压力 $P_b$。
4 宜以测段处的钻孔静水位压力代表其孔隙水压力 $P_0$。

**13.4.2** 垂直主应力平行于钻孔轴时，主应力可按式（13.4.2-1）～式（13.4.2-4）计算：

$$\sigma_h = P_s \tag{13.4.2-1}$$

$$\sigma_H = 3P_s - P_b - P_0 + \sigma_t \tag{13.4.2-2}$$

$$\sigma_H = 3P_s - P_r - P_0 \tag{13.4.2-3}$$

$$\sigma_v = \gamma H \tag{13.4.2-4}$$

式中：$\sigma_h$——最小水平主应力（MPa）；
$\sigma_H$——最大水平主应力（MPa）；
$\sigma_t$——岩体抗压强度（MPa）；
$\sigma_v$——垂直主应力（MPa）；
$\gamma$——岩体重度（kN/m³）；
$H$——测试深度（m）。

**13.4.3** 水压致裂法地应力测试报告应包括下列内容：
1 任务来源，工作内容和技术要求，测量结果的用途及测量完成情况。
2 测试方法。

3 测试地点描述。应详细描述测试地点的地理位置，测点附近的地形及主要地质构造，测点周围坑道、硐室布置及断面尺寸，测点钻孔布置及附近工程施工背景。应附图件说明。

4 钻孔孔径测量和钻孔检查结果。应提供全部已取得的相关资料，包括记录下来的不连续面的特性和钻孔孔壁条件。

5 测段岩石的地质描述。应包括岩性、胶结情况、岩芯采取率。应附钻孔柱状图。

6 各测段深度和封隔段长度。

7 测试步骤及所用设备描述，宜配以图表和照片说明。

8 测试数据与结果描述应符合下列要求：

1）应采用文字准确描述选定 $P_b$、$P_s$ 和 $P_r$ 的方法，绘制各测段流量、压力随时间变化曲线。

2）应采用表格列出各测段 $H$、$P_0$、$P_b$、$P_s$、$P_r$ 的数值，最大和最小水平主应力 $\sigma_H$、$\sigma_h$ 的大小和方向，以及由本规程式（13.4.2-4）计算得到的垂直主应力。

3）应绘制孔壁压裂印模展开图，并标注印模段深度、基线和破裂方位、破裂倾角等参数。用钻孔电视进行破裂定向时，应给出破裂段照片及孔壁崩落段照片，照片中应标注深度、破裂方位和破裂倾角。

4）应分别描述各测段测试完成情况、测试中遇到的问题，简述各测段测试结果并对测试结果进行简要评价和判别。

9 应对全部测试结果进行归纳总结。一个垂直钻孔内完成 3 个以上测段的测试时，应给出 3 个主应力大小随深度变化图示。测量区域有 2 个以上测点时，应给出主应力大小量级和方向范围及规律性分析。

10 应将本次测试结果与测区内其他途径获取的地应力资料进行比较，分析存在的差异和原因。

# 14 套芯解除法地应力测试

## 14.1 一般规定

**14.1.1** 套芯解除法地应力测试适用于测试各类工程岩体的三维主应力大小和方向。

**14.1.2** 地应力测试点应根据工程目的及要求进行选择，并避开岩体破碎的地块和应力扰动区。

**14.1.3** 测段应选在岩石完整、无孔壁崩落的孔段，避开原生裂隙密布的位置，硐内钻孔第一测段深度应超过岩硐断面直径（或最大宽度或高度）的3倍。

## 14.2 试验设备

**14.2.1** 测试设备配置及要求应符合下列规定：
1 应变计应设有温度补偿应变片。
2 应力（或应变）仪应采用数字式应力（或应变）仪。
3 围压标定机额定工作压力不宜小于60MPa。
4 手动油压泵额定工作压力不宜小于80MPa。
5 压力表量程宜为0~60MPa，灵敏度0.2MPa。
6 定向设备的定向误差应在±3°以内。
7 测试小钻孔造孔钻头直径宜用26mm和36mm两种规格，视套芯钻孔的直径大小确定（套芯钻孔直径应为小钻孔直径的2.5倍以上），钻头直径误差应不超过1.5mm。

**14.2.2** 测试设备检查与标定应符合下列要求：
1 应读取传感器各元件的电阻和仪器初始读数，并检查绝缘状况。
2 压力表在使用前应采用计量检定合格的标准压力表校准。
3 定向器在使用前应采用计量检定合格的罗盘标定测量误差。

## 14.3 试验方法

**14.3.1** 进行地应力测试的钻孔应符合下列要求：

1 钻孔应采集岩芯，并进行准确编录，编录内容应包括钻进深度、岩芯采取率、岩性描述等。

2 钻孔过程中遇到的缩径、塌孔、涌水量突变及钻孔事故等应做详细记录。

3 测试前应进行钻孔检查，检出缩径、超径和孔壁崩落孔段，选定测段及终孔深度。

**14.3.2** 测试孔成孔步骤及技术要求应符合下列规定：

1 在测点的预定方向上钻孔，钻孔直径宜为130～150mm，钻至预定测段的深度后应磨平孔底，孔底应无残留岩芯。

2 用锥形尖钻头钻一漏斗状、起导正作用、深50mm的喇叭口。

3 取小钻头钻出测量小钻孔，深度为350～500mm，钻孔应为正圆形，孔壁光滑，孔位不偏斜。

4 大、小钻孔应同心，其倾角宜为1°～3°。

**14.3.3** 地应力测试传感器应准确进入测量小钻孔至预定深度并位于小钻孔的中心。装有触头的传感器，触头应与孔壁紧密接触。采用黏结剂安装的传感器应与孔壁胶结紧密。

**14.3.4** 套芯解除操作及要求应符合下列规定：

1 钻进准备：宜使用金刚石钻头，岩芯管长度应大于1m，孔口应安装钻杆导向装置。

2 测量电缆连接：套芯钻进前将测量电缆穿过钻具引出钻机，与跟踪监测的仪器相连；不进行跟踪监测的，在提出信号电缆前应有5～10min的稳定读数。

3 仪器准备：在套芯钻进前仪器应预热15min以上至仪器读数稳定。

4 冲水：套芯钻进前应向钻孔内冲水至仪器读数稳定后开始钻进。

5 钻进：以匀速钻进400～500mm后，采出包含传感器的完整岩芯。

6 数据记录：每钻进10～20mm记录一次传感器各元件的仪器读数，宜采用自动记录。

**14.3.5** 应在现场将含有传感器的完整岩芯放入围压标定机中进行标定。标定最大压力宜不低于6MPa，可视岩性及岩芯情况增大标定压力。标定宜采用升压和降压两个循环，除记录压力为0时传感器各元件的读数外，压力每变化1MPa记录一次各元件的仪器读数。

**14.3.6** 现场数据记录应包括下列内容：

1 测试地点、钻孔坐标或经纬度、编号、方向、倾角及每次套芯解除深度；

2 传感器上各元件方位、倾角测定记录；

3 测试中遇到的异常情况和事故。

**14.3.7** 用于地应力计算的有效实测数据个数应满足下列要求：
1 用于计算二维地应力的有效实测数据应不少于 5 个。
2 用于计算三维地应力的有效实测数据应不少于 9 个。

## 14.4 资料整理

**14.4.1** 应根据现场记录数据绘制仪器读数-钻进进尺曲线，剔除异常数据，确定参与地应力计算的有效数据。

**14.4.2** 应根据现场实测数据按本规程附录 G 建议的方法计算地应力。

**14.4.3** 套芯解除法地应力测试报告应包括下列内容：
1 任务来源、测点地理位置、测点附近地形和地质构造、工程施工背景、测点所在巷道或硐室的尺寸；
2 测试方法；
3 测试中遇到的问题、完成套芯解除次数和测试成功次数。

# 附录 A 力传感器和测力计的标定与计算

**A.0.1** 用于标定力传感器和测力计的计量设备，必须按国家计量管理规定定期送检。

**A.0.2** 未经标定的力传感器，不得在生产中使用。

**A.0.3** 力传感器的标定应符合下列规定：
1 力传感器标定时的最大加载量应根据其额定荷载确定。新组装的传感器在正式标定前应进行 3~4 次满负荷加载和卸载。
2 力传感器的标定宜在室温 20℃±5℃ 的环境中进行，并应连同配套使用的仪器、电缆一道参与标定。同型号仪器、电缆经检定确认不致引起标定系数或供桥电压的改变量大于 1% 时，方可调换使用。
3 力传感器的标定系数或供桥电压值的有效期为 3 个月，逾期应重新标定。在重要工程勘察过程中或传感器在使用过程中出现测试数据异常时，应随时进行校验标定。
4 对批量性加工、组装并经标定检验合格的力传感器，宜抽取其总数的 10%~20% 进行时漂和温漂的检验标定。
5 力传感器经标定合格后，应建立档案，记录其编号、标定系数或供桥电压、标定日期及标定者。

**A.0.4** 用固定桥压法标定力传感器时，应符合下列规定：
1 在固定供桥电压下，对传感器加、卸荷应逐级进行。每级荷载增量可取传感器最大加载量的 1/10~1/7。
2 每级加荷或卸荷均应记录仪表输出值。
3 每个拉、压传感器的标定，其加、卸荷不得少于 3 个循环过程，并应符合下列要求：
   1) 对于顶柱式传感器或传感器与传力垫可以相对转动的探头，每加、卸荷一个循环后，应将顶柱或传力垫转动 90°或 120°，再进入下一个加、卸荷循环过程。
   2) 传感器与传力垫不能相对转动的探头，可将整个探头在标定架上转动 90°或 120°，再进入下一个加、卸荷循环过程。

**A.0.5** 扭力传感器应按下列步骤进行标定：

1 将传感器的一端固定在专用标定架的力矩盘中,另一端嵌入活动支座中。

2 接通记录仪,并将仪表预调零。

3 观察传感器和记录仪在一道预热条件下仪表的零位漂移情况。然后锁定活动支座,注意观察锁定时仪表是否产生附加漂移;出现附加漂移时,应查找原因,设法消除。

4 零漂稳定和附加漂移消除后,复将仪表调零,即可进行正式标定。

5 用专用砝码通过力矩盘对传感器逐级施加扭矩,同时记录各级扭矩时的仪表输出值(读数)。至额定荷载加上后,逐级卸荷并记录读数,完成一个加、卸荷循环过程。

6 松开活动支座,将力矩盘连同传感器转动60°或120°,重复上述步骤,反复加、卸荷6个或3个循环过程。

**A.0.6** 传感器标定时,在分级加荷(或卸荷)过程中,当出现加荷(或卸荷)过量时,宜将荷载回复到原级荷载,再加(或卸)至下一级荷载。

**A.0.7** 传感器扭矩标定系数应按式(A.0.7)计算:

$$\xi = \sum_{i=1}^{n}(\overline{\varepsilon_i}M_i) \Big/ \sum_{i=1}^{n}(\overline{\varepsilon_i})^2 \quad (A.0.7)$$

式中:$\xi$——传感器扭矩标定系数(kN·m/με);

$M_i$——传感器亦即十字板头第 $i$ 级扭矩(kN·m);

$\overline{\varepsilon_i}$——第 $i$ 级扭矩时各次仪表读数平均值。

**A.0.8** 传感器压力标定系数应按下列公式计算:

$$\xi = \sum_{i=1}^{n}(\overline{x_i}P_i) \Big/ \Big[A\sum_{i=1}^{n}(\overline{x_i})^2\Big] \quad (A.0.8\text{-}1)$$

$$\overline{x_i} = (x_i^+ + x_i^-)/2 \quad (A.0.8\text{-}2)$$

式中:$\xi$——传感器压力标定系数(kPa/με);

$P_i$——第 $i$ 级荷载值(kN);

$A$——探头的工作面积(cm$^2$);

$x_i^+$——加至第 $i$ 级荷载时,仪表各次读数的平均值;

$x_i^-$——卸至第 $i$ 级荷载时,仪表各次读数的平均值。

**A.0.9** 由式(A.0.7)和式(A.0.8-1)、式(A.0.8-2)确定的直线可定为"最佳标定线"。

**A.0.10** 传感器标定后的各项检测误差可对照图 A.0.10 按极差原理由下列各式计算:

非线性误差：

$$\delta_1 = |x_i^\pm - x_i|_{\max}/\text{FS} \quad (\text{A.0.10-1})$$

重复性误差：

$$\delta_r = (\Delta x_i^\pm)_{\max}/\text{FS} \quad (\text{A.0.10-2})$$

滞后误差：

$$\delta_s = |x_i^+ - x_i^-|_{\max}/\text{FS} \quad (\text{A.0.10-3})$$

归零误差：

$$\delta_0 = |x_0|/\text{FS} \quad (\text{A.0.10-4})$$

式中：$x_i^\pm$——对应于第 $i$ 级荷载 $P_i$ 的重复加荷或卸荷时仪表的平均输出值；

$x_i$——最佳标定线上对应于 $P_i$ 的仪表输出值；

$(\Delta x_i^\pm)_{\max}$——重复加荷或卸荷至 $P_i$ 时仪表输出值的极差；

$x_i^+$——重复加荷至 $P_i$ 时仪表的平均输出值；

$x_i^-$——重复卸荷至 $P_i$ 时仪表的平均输出值；

$x_0$——卸荷归零时仪表的最大不归零读数。

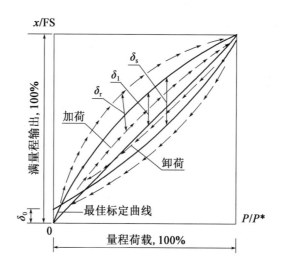

图 A.0.10 标定曲线及其误差

$\delta_1$-非线性误差；$\delta_r$-重复性误差；$\delta_s$-滞后误差；$\delta_0$-归零误差；→加荷或卸荷平均线；⇢各次加荷或卸荷线

图中的 $P^*$ 为额定荷载，即满量程输出值，FS 为与 $P^*$ 对应的仪表满量程输出值。扭矩 $M = PL$（$L$ 为力臂）。上列各式亦适用于评定扭力传感器的检测误差。

**A.0.11** 力传感器起始感量 $Y_0$ 可按式（A.0.11）计算：

$$Y_0 = \xi \Delta x \quad (\text{A.0.11})$$

式中：$\xi$——探头的标定系数，按式（A.0.7）计算；

$\Delta x$——仪表的有效最小分度值。

**A.0.12** 力传感器的灵敏性可根据起始感量 $Y_0$ 按表 A.0.12 分级。

表 A.0.12　力传感器的灵敏性根据起始感量 $Y_0$ 分级

| 触探指标 | 灵敏性分级 | | |
| --- | --- | --- | --- |
| （kPa） | Ⅰ | Ⅱ | Ⅲ |
| $p_s$；$q_c$ | $Y_0 < 30$ | $30 \leq Y_0 < 75$ | $75 \leq Y_0 < 190$ |
| $f_s$ | $Y_0 < 2$ | $2 \leq Y_0 < 4$ | $4 \leq Y_0 < 6$ |
| $u_d$；$u_T$ | $Y_0 < 2$ | $2 \leq Y_0 < 4$ | $4 \leq Y_0 < 8$ |

**A.0.13** 按式（A.0.11）算出的 $Y_0$ 值不符合表 A.0.12 的规定时，应提高供桥电压或换用薄壁传感器，重新标定、计算。

**A.0.14** 上列标定及计算结果，应逐项填入记录表，存档备查。记录表格式可参照表 A.0.14 的格式制作。

## 表 A.0.14 探头标定记录表

| 探头编号 | | 工作面积 A (cm²) | 电缆规格 | 电缆长度 (m) | 应变计灵敏度 | 仪器编号 | 仪器型号 | 标定系数 | 桥压 (V) | 仪表示值 | | | 标定系数 $\xi$ | 质量评定 | | | | |
|---|---|---|---|---|---|---|---|---|---|---|---|---|---|---|---|---|---|---|
| 标定内容 | | | | | | | | | | 仪表读数 $x$ ($\mu\varepsilon$；mV) | | | | 最佳值 $\bar{x}_i$ | 偏差值 | | | 滞后 $\lvert x_i^+ - x_i^- \rvert$ |
| | | | | | | | | | | 读数平均 | | | | | 重复性 | | 非线性 | |
| | | | | | | | | | | 加荷 $x_i^+$ | 卸荷 $x_i^-$ | | 运算 | | $\Delta x_i^+$ | $\Delta x_i^-$ | $\lvert x_i^\pm - \bar{x}_i \rvert$ | |
| N | 荷载 $P_i$ (kPa) | | | | | | | | | | | 卸荷 $x_i^-$ | $(\bar{x}_i)^2$ | $\bar{x}_i P_i$ | | | | |
| 0 | | | | | | | | | | | | | | | | | | |
| 1 | | | | | | | | | | | | | | | | | | |
| 2 | | | | | | | | | | | | | | | | | | |
| 3 | | | | | | | | | | | | | | | | | | |
| 4 | | | | | | | | | | | | | | | | | | |
| 5 | | | | | | | | | | | | | | | | | | |
| 6 | | | | | | | | | | | | | | | | | | |
| 7 | | | | | | | | | | | | | | | | | | |
| 8 | | | | | | | | | | | | | | | | | | |
| 9 | | | | | | | | | | | | | | | | | | |
| 10 | | | | | | | | | | | | | | | | | | |
| | | | | | | | | | | | | | | $\Sigma$ | | | | |

$\xi = \sum_{i=1}^{n}(\bar{x}_i P_i) \Big/ \Big[ A \sum_{i=1}^{n}(\bar{x}_i)^2 \Big]$

$\delta_r = (\Delta x_i^\pm)_{max} / FS = \quad \%$

$\delta_1 = \lvert x_i^+ - x_i^- \rvert_{max} / FS = \quad \%$

$\delta_s = \lvert x_i^+ - x_i^- \rvert_{max} / FS = \quad \%$

$\delta_0 = \lvert x_0 \rvert / FS = \quad \%$

$s = \sqrt{\dfrac{1}{n-1} \sum_{i=1}^{n}(x_{i,max} - \bar{x}_i)^2}$

$Y_0 = \xi \Delta x$

评定意见：

其他说明：

注：表中 $\xi$-探头标定系数；$\delta_r$-重复性误差；$\delta_1$-非线性误差；$\delta_s$-滞后误差；$\delta_0$-归零误差；$s$-均方差；$Y_0$-起始感量。

标定：　　　　　　　　　计算：　　　　　　　　　复核：　　　　　　　　　日期：

# 附录 B  探头规格及更新标准

**B.0.1** 单桥探头的规格及更新标准应符合表 B.0.1 的规定。

表 B.0.1  单桥探头规格及更新标准

| 探头投影面积 $A$ (cm²) | 直径 $D$ | | 锥角 $\theta$ (°) | 侧壁长度 $L$ | | 更新标准 | | | |
|---|---|---|---|---|---|---|---|---|---|
| | 基本尺寸 (mm) | 公差 (mm) | | 基本尺寸 (mm) | 公差 (mm) | 探头管直径 $d$ (mm) | 锥头直径 $D$ (mm) | 锥高 $H$ (mm) | 外形 |
| 10 | 35.7 | +0.18 / 0 | | 57 | ±0.28 | $D>d$ ≥30 | <34.8 | <25 | (1) 锥面及套筒变形明显，出现刻痕；(2) 锥尖压损；(3) 套筒活动不便 |
| 15 | 43.7 | +0.22 / 0 | 60±1 | 70 | ±0.35 | $D>d$ ≥36 | <42.6 | <31 | |
| 20 | 50.4 | +0.25 / 0 | | 81 | ±0.40 | $D>d$ ≥42 | <49.2 | <37 | |

**B.0.2** 双桥探头和孔压探头的规格及更新标准应符合表 B.0.2 的规定。

表 B.0.2  双桥探头和孔压探头规格及更新标准

| | | 探头投影面积 $A$ (cm²) | 10 | 15 | 20 |
|---|---|---|---|---|---|
| | | 锥角 $\theta$ (°) | | 60±1 | |
| 锥头 | 直径 $D_1$ | 基本尺寸 (mm) | 35.7 | 43.7 | 50.4 |
| | | 公差 (mm) | +0.18 / 0 | +0.22 / 0 | +0.25 / 0 |
| | 圆柱高度 $h$ (mm) | | ≤10 | | |
| | 有效面积比 $a$ | | 0.4±0.05 | | |
| | 过滤片与土接触面积 $s_1$ (cm²) | | ≥1.7 | | |
| 摩擦筒 | 直径 $D_2$ | 基本尺寸 (mm) | 35.7 | 43.7 | 50.4 |
| | | 公差 (mm) | +0.35 / +0.20 | +0.43 / +0.24 | +0.50 / +0.27 |
| | 侧壁长度 $L$ | 基本尺寸 (mm) | 134 | 219 | 189 |
| | | 公差 (mm) | +0.60 / −0.90 | +0.90 / −1.10 | +0.80 / −0.95 |
| | 有效面积 $s$ (cm²) | | 150 | 300 | 300 |

续表 B.0.2

| | | | | | |
|---|---|---|---|---|---|
| | 锥头与摩擦筒间距 $e_1$（mm） | | ≤8 | | |
| | 摩擦筒与探头管间距 $e_2$（mm） | | ≤3 | | |
| | 探头管直径 $D_3$（mm） | | $(D_1 - 1.1) \leq D_3 \leq (D_1 - 0.3)$ | | |
| | 锥头直径 $D_1$（mm） | | <34.8 | <42.6 | <49.2 |
| | 摩擦筒直径 $D_2$（mm） | | ≤34.8 | ≤42.6 | ≤49.2 |
| | 锥高 $H$（mm） | | <25 | <31 | <37 |
| 更新标准 | 外形 | （1）锥面、套筒出现明显变形或多处刻痕；<br>（2）摩擦筒活动不便；<br>（3）$D_1 < D_2$；<br>（4）锥尖压损；<br>（5）过滤片与土接触面凹于锥头表面或透水失效 | | | |

注：1. $a = F_A/A$，$F_A = \pi d^2/4$，对孔压探头 $a$ 值不受限制。

2. $e_1$、$e_2$ 为工作状态的间距。

3. 对同一探头，$D_2$ 必须大于 $D_1$。

# 附录 C 静力触探试验记录表

**表 C 静力触探试验记录表**

| 工程名称 | | | | | 探孔位置草图 | | | | |
|---|---|---|---|---|---|---|---|---|---|
| 勘探点编号 | | | | | | | | | |
| 里程 | | | | | | | | | |
| 孔口高程 | | | | | | | | | |
| 仪器类型及编号 | | | | | | | | | |
| 探头类型及编号 | | | | | | | | | |
| 率定系数 | | | | | | | | | |
| 日期 | | | | | | | | | |
| 深度（m） | 读数 | 校正后读数 | 阻力（kPa） | 初读数及备注 | 深度（m） | 读数 | 校正后读数 | 阻力（kPa） | 初读数及备注 |
| | | | | | | | | | |

试验：　　　　记录：　　　　复核：　　　　时间：　　年　月　日

# 附录 D 旁压试验记录表

**表 D-1 弹性膜约束力标定记录表**

| 工程名称 | | | | | |
|---|---|---|---|---|---|
| 旁压仪型号 | | 标定温度 | | 标定编号 | |
| | | | | 静水压力 $p_w$ | |
| 加压级数 | 压力表读数 $p_m$（kPa） | 总压力 $p$ $p=p_m+p_w$（kPa） | 实测旁压器体积变形量 $V_m$（cm³）或测管水位下降值 $s_m$（cm） | | |
| | | | 15s | 30s | 60s | 120s |
| 1 | | | | | | |
| 2 | | | | | | |
| 3 | | | | | | |
| 4 | | | | | | |
| 5 | | | | | | |
| 6 | | | | | | |
| 7 | | | | | | |
| 8 | | | | | | |

试验：　　　　　记录：　　　　　复核：　　　　　标定时间：

**表 D-2 仪器综合变形标定记录表**

| 工程名称 | | | |
|---|---|---|---|
| 旁压仪型号 | | 标定温度 | | 标定编号 | |
| 加压级数 | 压力表读数 $p_m$（kPa） | 实测旁压器体积变形量 $V_m$（cm³）或测管水位下降值 $s_m$（cm） | |
| | | 60s | |
| 1 | | | |
| 2 | | | |
| 3 | | | |
| 4 | | | |
| 5 | | | |
| 6 | | | |
| 7 | | | |
| 8 | | | |

试验：　　　　　记录：　　　　　复核：　　　　　标定时间：

## 表 D-3　旁压试验记录表

| 工程名称 | | | | 试验编号 | |
|---|---|---|---|---|---|
| 钻孔位置 | | 孔口高程 | | 试验深度 | |
| 地下水位 | | 膜标定编号 | | 静水压力 $p_w$ | |
| 测管水位距离孔口的高差 | | | | 旁压仪编号 | |
| 地层描述 | | | | 钻探方法 | |

| 压力（kPa） | | | 体积变形量 $V$（cm³） | | | | | | |
|---|---|---|---|---|---|---|---|---|---|
| 压力表读数 $p_m$（kPa） | 弹性膜约束力 $p_i$（kPa） | 校正后 $p$（kPa） | 实测体积变形量 $V_m$（cm³）或水位下降值 $s_m$（cm） | | | | 综合变形校正系数 $\alpha$ | 校正值 | 校正后 $V$ 或 $s$ | 蠕变量 $\Delta V_{60\text{-}30}$ $\Delta V_{120\text{-}60}$ |
| | | | 15s | 30s | 60s | 120s | | | | |
| | | | | | | | | | | |
| | | | | | | | | | | |
| | | | | | | | | | | |
| | | | | | | | | | | |
| | | | | | | | | | | |
| | | | | | | | | | | |
| | | | | | | | | | | |
| | | | | | | | | | | |
| | | | | | | | | | | |
| | | | | | | | | | | |
| | | | | | | | | | | |
| | | | | | | | | | | |

试验：　　　　记录：　　　　复核：　　　　时间：　　年　月　日

# 附录 E 十字板剪切试验记录表

## 表 E 十字板剪切试验记录表

| 工程名称 | | | | | | 仪器型号 | | | | | |
|---|---|---|---|---|---|---|---|---|---|---|---|
| 试验地点 | | | | | | 传感器（钢环）号 | | | | | |
| 试验深度 $d$（m） | | | | | | 率定系数 $\xi$ | | | | | |
| 孔口高程（m） | | | | | | 板头规格、类型 | | | | | |
| 试验日期 | | | | | | 地下水位（m） | | | | | |
| | 原状土剪切 | | | | | | | 重塑土剪切 | | | |
| 序号 $j$ | 转角修正量 $\Delta\theta$ | 修正后转角 $\theta$ | 仪表读数 $\varepsilon$ | 修正后读数 ($\varepsilon$) | 剪应力 $\tau$ (kPa) | 序号 $j$ | 转角修正量 $\Delta\theta$ | 修正后转角 $\theta$ | 仪表读数 $\varepsilon$ | 修正后读数 ($\varepsilon$) | 剪应力 $\tau$ (kPa) |
| | | | | | | | | | | | |
| 仪表初读数 | $\varepsilon_0 =$ ； $\varepsilon_0' =$ | | | | | 原状土强度 $s_u$ | | | | | |
| | | | | | | 重塑土强度 $s_u'$ | | | | | |
| | | | | | | 灵敏度 $s_t = s_u / s_u'$ | | | | | |
| | | | | | | 残余强度 $s_{ur}$ | | | | | |
| | | | | | | 土名、状态 | | | | | |
| 读数单位 | 原状 | $\varepsilon_0 =$ | | | | | | | | | |
| | 重塑 | | | | | | | | | | |
| 轴杆摩擦读数 | | | | | | | | | | | |
| 算式 | 剪应力：$\tau_j = K\xi(\varepsilon_j - \varepsilon_0) =$　　 $\tau_j' = K\xi(\varepsilon_j' - \varepsilon_0') =$<br>强度：$s_u = (\tau_j)_{max} =$　　$s_u' = (\tau_j')_{max} =$　　$s_{ur} = (\tau_j)_{min} =$<br>转角修正量：$\Delta\theta_j = \dfrac{7.2 \times 10^{-5} l}{\pi (d_1^4 - d_2^4)} (M_l) j$；修正后转角：$\theta = j^0 - \Delta\theta_j$ | | | | | | | | | | |

试验_____　　记录_____　　计算_____　　复核_____

# 附录 F 扁铲侧胀试验记录表

**表 F  扁铲侧胀试验记录表**

| 工程名称 | | | 孔号 | | | 复核人 | | |
|---|---|---|---|---|---|---|---|---|
| 工程地点 | | | 贯入设备 | | | 审核人 | | |
| 孔口高程（m） | | | 扁铲编号 | | | 试验日期 | | |
| 水位深度（m） | | | 记录人 | | | | | |

| 土层编号 | 土层名称 | 试验深度（m） | $A$（kPa） | $B$（kPa） | $C$（kPa） | 初始压力 $P_0$（kPa） | 侧胀压力 $P_1$（kPa） | 终止压力 $P_2$（kPa） | $\Delta P = P_1 - P_0$（kPa） | 静水压力 $u_0$（kPa） | 土类指数 $I_D$ | 侧胀模量 $E_D$ | 水平应力指数 $K_D$ | 孔压指数 $U_D$ | 基床系数 $K_{hL}$（kN/m³） |
|---|---|---|---|---|---|---|---|---|---|---|---|---|---|---|---|
| | | | | | | | | | | | | | | | |
| | | | | | | | | | | | | | | | |
| | | | | | | | | | | | | | | | |
| | | | | | | | | | | | | | | | |
| | | | | | | | | | | | | | | | |
| | | | | | | | | | | | | | | | |
| | | | | | | | | | | | | | | | |
| | | | | | | | | | | | | | | | |

| $\Delta$ | 试验前 | 试验后 | 采用值 |
|---|---|---|---|
| $\Delta A$ | | | |
| $\Delta B$ | | | |

# 附录 G  套芯解除法地应力计算建议方法

## G.1 钻孔孔径变形计法（径向变形元件相互交角为 45°）

**G.1.1** 孔径变形可按式（G.1.1）计算：

$$\delta = \frac{\varepsilon_u - \varepsilon_0}{K_b} \qquad (G.1.1)$$

式中：$\delta$——钻孔变形值（mm）；
　　　$\varepsilon_u$——最终稳定应变值（mm）；
　　　$\varepsilon_0$——初始应变值（mm）；
　　　$K_b$——孔径变形计标定系数。

**G.1.2** 与钻孔轴垂直的平面内的大主应力 $\sigma_{s1}$、小主应力 $\sigma_{s2}$ 和方向 $\alpha$ 可按式（G.1.2-1）~式（G.1.2-3）计算：

$$\sigma_{s1} = \frac{E}{4d}\left[(\delta_{0°} + \delta_{90°}) + \frac{1}{\sqrt{2}}\sqrt{(\delta_{0°} + \delta_{45°})^2 + (\delta_{45°} - \delta_{90°})^2}\right] \qquad (G.1.2\text{-}1)$$

$$\sigma_{s2} = \frac{E}{4d}\left[(\delta_{0°} + \delta_{90°}) - \frac{1}{\sqrt{2}}\sqrt{(\delta_{0°} + \delta_{45°})^2 + (\delta_{45°} - \delta_{90°})^2}\right] \qquad (G.1.2\text{-}2)$$

$$\tan 2\alpha = \frac{2\delta_{45°} - \delta_{0°} - \delta_{90°}}{\delta_{0°} - \delta_{90°}} \qquad \frac{\cos 2\alpha}{\delta_{0°} - \delta_{90°}} > 0 \text{（判别式）} \qquad (G.1.2\text{-}3)$$

式中：$E$——岩石弹性模量（MPa）；
　　　$\delta_{0°}$、$\delta_{45°}$、$\delta_{90°}$——钻孔变形计 0°、45°、90° 三个方向的变形值（mm）；
　　　$d$——钻孔直径（mm）；
　　　$\alpha$——主应力倾角（°）。

如果进行多组测量，可进行组合计算，求出 $\sigma_{s1}$、$\sigma_{s2}$ 的平均值。

**G.1.3** 用三孔交汇法测量三维地应力的观测方程组应为：

$$E(\delta_k/d) = A_{k1}\sigma_x + A_{k2}\sigma_y + A_{k3}\sigma_z + A_{k4}\tau_{xy} + A_{k5}\tau_{yz} + A_{k6}\tau_{zx} \qquad (G.1.3)$$

$$K = \nu(i-1) + j, \quad i = 1 \sim w, \quad j = 1 \sim \nu$$

式中：$k$——观测值方程序号；
　　　$\delta_k$——第 $k$ 对触头孔径变形观测值（mm）；

$i$——交汇测量钻孔序号；

$j$——变形计内触头序号；

$v$——变形计触头对数，一般 $v=4$；

$w$——交汇测量钻孔个数，一般 $w=3$；

$\sigma_x$、$\sigma_y$、$\sigma_z$、$\tau_{xy}$、$\tau_{yz}$、$\tau_{zx}$——应力张量的6个独立分量（MPa）。

$A_{k1} \sim A_{k6}$ 为应力系数，具体表达如下：

$A_{k1} = 1 - (1+\mu)\cos^2 a_i \cos^2(\beta_0 - b_i) + 2(1-\mu^2)\cos2\theta_j[1 - (1+\sin^2 a_i)\cos^2(\beta_0 - b_i)] + 2(1-\mu^2)\sin2\theta_j \sin a_i \sin2(\beta_0 - b_i)$

$A_{k2} = 1 - (1+\mu)\cos^2 a_i \sin^2(\beta_0 - b_i) + 2(1-\mu^2)\cos2\theta_j[1 - (1+\sin^2 a_i)\sin^2(\beta_0 - b_i)] - 2(1-\mu^2)\sin2\theta_j \sin a_i \sin2(\beta_0 - b_i)$

$A_{k3} = (1+\mu)[1 - 2(1-\mu)\cos2\theta_j]\cos^2 a_i - \mu$

$A_{k4} = -(1+\mu)[\cos^2 a_i + 2(1-\mu)(1+\sin^2 a_i)\cos2\theta_j]\sin2(\beta_0 - b_i) - 4(1-\mu^2)\sin2\theta_j \sin a_i \cos2(\beta_0 - b_i)$

$A_{k5} = -(1+\mu)[1 - 2(1-\mu)\cos2\theta_j]\sin2a_i \sin(\beta_0 - b_i) + 4(1-\mu^2)\sin2\theta_j \cos a_i \cos2(\beta_0 - b_i)$

$A_{k6} = -(1+\mu)[1 - 2(1-\mu)\cos2\theta_j]\sin2a_i \cos(\beta_0 - b_i) - 4(1-\mu^2)\sin2\theta_j \cos a_i \sin2(\beta_0 - b_i)$

式中：$a_i$——交汇测量钻孔的倾角（°）；

$b_i$——交汇测量钻孔的方位角（°）；

$\theta_j$——变形计内触头的布置角（°）；

$\beta_0$——大地坐标系轴 $X$ 的方位角（°）。

## G.2 三分量压磁应力计法（三组压磁元件相互交角为60°）

**G.2.1** 传感器每一元件的记录应力值可按式（G.2.1）确定：

$$s_i = \eta_i \xi_i \Delta V_i \quad (i = 1 \sim 3) \quad (G.2.1)$$

式中：$s_i$——压磁应力计内不同方向元件记录的应力值（MPa）；

$\eta_i$——压磁应力计测量方向元件的标定曲线斜率；

$\xi_i$——压磁元件记录应力值计算系数；

$\Delta V_i$——解除前后压磁应力计读数的变化值（MPa）。

**G.2.2** 与钻孔轴垂直平面内的最大主应力、最小主应力及方向可按式（G.2.2-1）～式（G.2.2-3）计算：

$$\sigma_{s1} = \frac{1}{2}\left\{s_1 + s_2 + s_3 + \sqrt{\frac{1}{2}[(s_1 - s_2)^2 + (s_2 - s_3)^2 + (s_3 - s_1)^2]}\right\} \quad (G.2.2\text{-}1)$$

$$\sigma_{s2} = \frac{1}{2}\left\{s_1 + s_2 + s_3 - \sqrt{\frac{1}{2}[(s_1 - s_2)^2 + (s_2 - s_3)^2 + (s_3 - s_1)^2]}\right\} \quad (G.2.2\text{-}2)$$

$$\tan 2\alpha = -\sqrt{3}\frac{s_2 - s_3}{2s_1 - s_2 - s_3} \qquad \frac{s_2 - s_3}{\sin 2\alpha} < 0 (判别式) \qquad (G.2.2\text{-}3)$$

式中：$\sigma_{s1}$——最大主应力（MPa）；

$\sigma_{s2}$——最小主应力（MPa）；

$\alpha$——$s_1$ 与 $\sigma_1$ 的夹角（°），当判别式大于 0 时，$\alpha$ 则为 $s_1$ 与 $\sigma_2$ 的夹角（°）。

**G.2.3** 用三孔交汇法进行测量时，压磁应力计内不同方向的记录应力值 $s_i$ 可按式（G.2.3）计算：

$$\begin{aligned}s_i = \frac{1}{3}\{&(f_1 l_1^2 + f_2 l_2^2 + f_3 l_3^2 + f_4 l_1 l_3)\sigma_x + (f_1 m_1^2 + f_2 m_2^2 + f_3 m_3^2 + f_4 m_1 m_3)\sigma_y + \\ &(f_1 n_1^2 + f_2 n_2^2 + f_3 n_3^2 + f_4 n_1 n_3)\sigma_z + \\ &[2f_1 l_1 m_1 + 2f_2 l_2 m_2 + 2f_3 l_3 m_3 + f_4(l_1 m_3 + l_3 m_1)]\tau_{xy} + \\ &[2f_1 m_1 n_1 + 2f_2 m_2 n_2 + 2f_3 m_3 n_3 + f_4(m_1 n_3 + m_3 n_1)]\tau_{yz} + \\ &[2f_1 n_1 l_1 + 2f_2 n_2 l_2 + 2f_3 n_3 l_3 + f_4(n_1 l_3 + n_3 l_1)]\tau_{zx}\}\end{aligned} \qquad (G.2.3)$$

其中：

$$f_1 = 1 + 2\cos 2\theta$$
$$f_2 = -\mu$$
$$f_3 = 1 - 2\cos 2\theta$$
$$f_4 = 4\sin 2\theta$$

式中：$(l_1, m_1, n_1)$、$(l_2, m_2, n_2)$、$(l_3, m_3, n_3)$——三个测量钻孔坐标分别对应的大地坐标 $X$、$Y$、$Z$ 的方向余弦；

$\theta$——测量直径与位于 $X\text{-}Y$ 平面内的钻孔坐标轴的夹角（°）。

## G.3　八分量压磁应力计法（元件相互交角为 45°，斜向元件与应力计轴线夹角为 45°）

**G.3.1** 每一测量方向元件的记录应力值可按式（G.3.1）计算：

$$s_i = \eta_i \xi_i \Delta V_i \qquad (i = 1 \sim 8) \qquad (G.3.1)$$

**G.3.2** 压磁应力计的记录应力值和变形值可按式（G.3.2-1）～式（G.3.2-3）计算：

$$s_1 = \frac{Eu_1}{3r} = f_1 \sigma_x + f_2 \sigma_y + f_3 \sigma_z + f_4 \tau_{xy} + f_5 \tau_{yz} + f_6 \tau_{zx} \qquad (G.3.2\text{-}1)$$

$$s_{45} = \frac{Eu_{45}}{3r} = h_1 \sigma_x + h_2 \sigma_y + h_3 \sigma_z + h_4 \tau_{xy} + h_5 \tau_{yz} + h_6 \tau_{zx} \qquad (G.3.2\text{-}2)$$

式中：$s_1$、$s_{45}$——压磁应力计径向、45°斜向元件的记录应力值（MPa）；

$u_1$、$u_{45}$——压磁应力计径向、45°斜向元件的变形值（mm）；

$r$——钻孔半径(mm)。

其中:

$$f_1 = \frac{1}{3}(1 + 2\cos2\theta)$$

$$f_2 = \frac{1}{3}(1 - 2\cos2\theta)$$

$$f_3 = -\frac{\mu}{3}$$

$$f_4 = \frac{4}{3}\sin2\theta$$

$$f_5 = f_6 = 0$$

$$h_1 = \frac{\sqrt{2}}{6}(1 - 2\mu + 2\cos2\theta)$$

$$h_2 = \frac{\sqrt{2}}{6}(1 - 2\mu - 2\cos2\theta)$$

$$h_3 = \frac{\sqrt{2}}{6}(2 - \mu)$$

$$h_4 = \frac{2\sqrt{2}}{3}\sin2\theta$$

$$h_5 = \frac{2\sqrt{2}}{3}(1 + \mu)\sin\theta$$

$$h_6 = \frac{2\sqrt{2}}{3}(1 + \mu)\cos\theta$$

如果得到一组径向和斜向的测量数据(记录应力值),可利用最小二乘法建立求解应力分量的正态方程组:

$$\boldsymbol{A}\{\sigma\} = \boldsymbol{G} \qquad (G.3.2-3)$$

式中:$\boldsymbol{A} = [a_{ij}]$——方程组的系数矩阵;

$\boldsymbol{G} = [g_i]$——观测向量。

求解该正态方程组可确定6各应力分量的大小,由此计算测段三维主应力的大小、方向及倾角。

## G.4 钻孔孔壁应变法

**G.4.1** 三叉式应变计和空腔包体式应变计的应变丛以及应变丛内应变片的位置应按图 G.4.1-1 和图 G.4.1-2 布置。

**G.4.2** 各应变片的解除应变测定值可按式(G.4.2)计算:

$$\varepsilon_k = \varepsilon_{nk} - \varepsilon_{0k} \qquad (G.4.2)$$

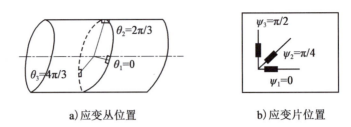

a) 应变丛位置　　　　　　b) 应变片位置

图 G.4.1-1　三叉式应变计应变丛布置示意图

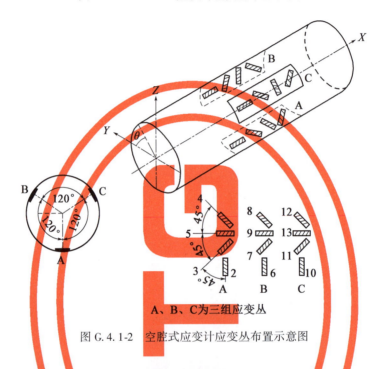

A、B、C 为三组应变丛

图 G.4.1-2　空腔式应变计应变丛布置示意图

**G.4.3** 地应力分量的最佳值可按下列方程组计算：

$$\begin{Bmatrix} \sum_{k=1}^{n} A_{k_1}^2 & \sum_{k=1}^{n} A_{k_2} A_{k_1} & \cdots & \sum_{k=1}^{n} A_{k_6} A_{k_1} \\ \sum_{k=1}^{n} A_{k_1} A_{k_2} & \sum_{k=1}^{n} A_{k_2}^2 & \cdots & \sum_{k=1}^{n} A_{k_6} A_{k_2} \\ \vdots & \vdots & \vdots & \vdots \\ \sum_{k=1}^{n} A_{k_1} A_{k_6} & \sum_{k=1}^{n} A_{k_2} A_{k_6} & \cdots & \sum_{k=1}^{n} A_{k_6}^2 \end{Bmatrix} \begin{Bmatrix} \sigma_x \\ \sigma_y \\ \vdots \\ \tau_{zx} \end{Bmatrix} = E \begin{Bmatrix} \sum_{k=1}^{n} A_{k_1} \varepsilon_k \\ \sum_{k=1}^{n} A_{k_2} \varepsilon_k \\ \vdots \\ \sum_{k=1}^{n} A_{k_6} \varepsilon_k \end{Bmatrix} \quad (G.4.3-1)$$

钻孔壁应变测量法三维地应力测量的观测方程组为：

$$E\varepsilon_k = A_{k_1}\sigma_x + A_{k_2}\sigma_y + A_{k_3}\sigma_z + A_{k_4}\tau_{xy} + A_{k_5}\tau_{yz} + A_{k_6}\tau_{zx} \quad (G.4.3-2)$$

$$k = \nu(i-1) + j, i = 1 \sim q, j = 1 \sim \nu$$

式中：$k$——观测值方程序号；

$i$——应变丛序号；

$j$——每一应变丛中应变片序号；

$q$——应变丛个数，一般 $q = 3$；

$\nu$——每一应变丛中应变片个数，一般 $\nu = 3$ 或 $4$；

$\varepsilon_k$——第 $k$ 应变片观测值（解除应变值）。

$A_{k_1} \sim A_{k_6}$ 为应力系数，具体表达如下：

$$A_{k_1} = [k_1 + \mu - 2(1-\mu^2)k_2\cos2\theta_i]\sin^2\psi_{ij} - \mu$$

$$A_{k_2} = [k_1 + \mu + 2(1-\mu^2)k_2\cos2\theta_i]\sin^2\psi_{ij} - \mu$$

$$A_{k_3} = 1 - (1+\mu k_4)\sin^2\psi_{ij}$$

$$A_{k_4} = -4(1-\mu^2)k_2\sin2\theta_i\sin^2\psi_{ij}$$

$$A_{k_5} = 2(1+\mu)k_3\cos\theta_i\sin2\psi_{ij}$$

$$A_{k_6} = -2(1+\mu)k_3\sin\theta_i\sin2\psi_{ij}$$

式中：$\theta_i$——应变丛位置与钻孔坐标轴 $x$ 的夹角（°）；

$\psi_{ij}$——应变丛上应变片与应变计轴线的夹角（°）；

$k_1$、$k_2$、$k_3$、$k_4$——应变片是否直接粘贴在钻孔壁上的修正系数：对于三叉式应变计，$k_1 = k_2 = k_3 = k_4 = 1$；对空腔包体式应变计，修正系数 $k_i$（$i = 1 \sim 4$）由钻孔半径、应变计内半径、应变丛嵌固部位半径和围岩以及环氧树脂层的弹性模量和泊松比计算确定或查表插值得到。

**G.4.4** 主应力可按式（G.4.4）计算：

$$\begin{aligned}
\sigma_1 &= 2\sqrt{-\frac{P}{3}}\cos\frac{W}{3} + \frac{1}{3}J_1 \\
\sigma_2 &= 2\sqrt{-\frac{P}{3}}\cos\frac{W+2\pi}{3} + \frac{1}{3}J_1 \\
\sigma_3 &= 2\sqrt{-\frac{P}{3}}\cos\frac{W+4\pi}{3} + \frac{1}{3}J_1
\end{aligned} \qquad (G.4.4)$$

其中：

$$W = \arccos\left[-\frac{Q}{2\sqrt{-\left[\frac{P}{3}\right]^3}}\right]$$

$$P = -\frac{1}{3}J_1^2 + J_2$$

$$Q = \frac{2}{27}J_1^3 + \frac{1}{3}J_1 J_2 - J_3$$

$$J_1 = \sigma_x + \sigma_y + \sigma_z$$

$$J_2 = \sigma_x\sigma_y + \sigma_y\sigma_z + \sigma_z\sigma_x - \tau_{xy}^2 - \tau_{yz}^2 - \tau_{zx}^2$$

$$J_3 = \sigma_x\sigma_y\sigma_z - \sigma_x\tau_{yz}^2 - \sigma_y\tau_{zx}^2 - \sigma_z\tau_{xy}^2 + 2\tau_{xy}\tau_{yz}\tau_{zx}$$

**G.4.5** 主应力 $\sigma_i$ 的倾角 $\alpha_i$ 和方位角 $\beta_i$ 可按式（G.4.5-1）和式（G.4.5-2）计算：

$$\alpha_i = \arcsin n_i \qquad (G.4.5-1)$$

$$\beta_i = \beta_0 \arcsin \frac{m_i}{\sqrt{1-n_i^2}} \tag{G.4.5-2}$$

式中：$\beta_0$——大地坐标系轴 $X$ 的方位角（°）；

$m_i$、$n_i$——主应力矢量相对大地坐标轴系轴 $Y$、轴 $Z$ 的方向余弦，其表达式为：

$$m_i = B / \sqrt{A^2 + B^2 + C^2} \tag{G.4.5-3}$$

$$n_i = C / \sqrt{A^2 + B^2 + C^2} \tag{G.4.5-4}$$

其中：

$$A = \tau_{xy}\tau_{yz} - (\sigma_y - \sigma_i)\tau_{zx}$$
$$B = \tau_{xy}\tau_{zx} - (\sigma_x - \sigma_i)\tau_{yz}$$
$$C = (\sigma_x - \sigma_i)(\sigma_y - \sigma_i) - \tau_{xy}^2$$

# 本规程用词用语说明

1 本规程执行严格程度的用词，采用下列写法：

1）表示很严格，非这样做不可的用词，正面词采用"必须"，反面词采用"严禁"；

2）表示严格，在正常情况下均应这样做的用词，正面词采用"应"，反面词采用"不应"或"不得"；

3）表示允许稍有选择，在条件许可时首先应这样做的用词，正面词采用"宜"，反面词采用"不宜"；

4）表示有选择，在一定条件下可以这样做的用词，采用"可"。

2 引用标准的用语采用下列写法：

1）在标准总则中表述与相关标准的关系时，采用"除应符合本规程的规定外，尚应符合国家和行业现行有关标准的规定"。

2）在标准条文及其他规定中，当引用的标准为国家标准和行业标准时，表述为"应符合《××××××》（×××）的有关规定"。

3）当引用本标准中的其他规定时，表述为"应符合本规程第×章的有关规定"、"应符合本规程第×.×节的有关规定"、"应符合本规程第×.×.×条的有关规定"或"应按本规程第×.×.×条的有关规定执行"。

附件

# 《公路工程地质原位测试规程》

（JTG 3223—2021）

条 文 说 明

条 文 说 明

# 1 总则

**1.0.1** 原位测试是在岩土体原来所处位置，基本保持岩土体天然含水率和原位应力状态，原生结构不受或少受扰动的条件下，直接或间接地测定岩土体各种工程特性和参数的测试方法。原位测试不需要取样，避免或减轻了对土样的扰动，得到的数据能够比较真实地反映地基土层的工程性质，有的还能连续测试获取土层的完整剖面，在公路工程地质勘察中已成为一种重要的勘察方法和手段。早在20世纪70年代，我国交通系统就在京津塘高速公路勘测期间应用静力触探试验、标准贯入试验、旁压试验、十字板剪切试验等手段测试地基土的工程性质，对保证工程建设质量起到了重要的作用。随着我国公路建设事业的发展，原位测试技术在工程上的应用日益增多，跨江、跨海通道工程的建设也对原位测试提出了更高的要求。为统一原位测试技术要求，促进公路工程地质原位测试技术的发展，提高工程勘察质量，制定本规程。

**1.0.3** 原位测试有多种方法，各种方法的应用受一定条件的限制，不同的方法能够获取的岩土参数也不完全相同。勘察中采用何种原位测试方法需充分考虑工程勘察的目的和场地土层的性质、分布以及地下水位等条件进行选择。在开展原位测试之前，充分收集和研究工作区既有的工程地质资料，有利于了解和把握工作的重点、难点，有针对性地选择原位测试方法和设备，制订符合工程实际的原位测试方案。布置原位测试孔（点），避开地下管线、隐蔽工程、朽木、块石等有碍测试的地下障碍物，对生产安全和保证工程的顺利进行都是必要的。

**1.0.4** 我国幅员辽阔，各地自然环境差异很大，在不同自然环境中形成的土（地）层，由于其成因类型、沉积环境、物质组成、地质历史（或应力历史）等存在差异，其工程性质必然存在差别。大多数原位测试手段均属于间接性的，其不仅受尺寸效应影响，而且与土的强度及变形特性有关，这些特性又因土质状态、土的物质组成而异，往往具有明显的地区性特点，建立全国统一的经验关系是不符合实际的。故原位测试成果的应用，多以地区经验的积累为依据。我国自20世纪60—70年代以来，在原位测试领域做了大量研究工作，并在此基础上建立了诸多地区经验公式，制定了相关经验表格，这些研究成果和资料十分珍贵，在工程建设中发挥了重要作用。但是，也应该看到，原位测试的方法较多，不同的方法提供的岩土参数不尽相同，方法本身也存在局限性。考虑到经验公式和经验表格的建立，往往是根据载荷试验与岩土测试指标的对比资料以及国内工程实践经验综合确定的，具有一定的普遍性。一般认为，这些经验适用于地质条件简单的小型构筑物。同时也需注意，这些经验公式和经验表格随地区土层特点不同可出现较大差异，故需根据具体条件选用。但在具体工点如做了专门研究，或当地已有经验，岩土参数取值可不受经验限制。对重要工程或缺乏经验的地区，原位测试与其他勘探测试方法结合，通过综合勘探测试手段获取符合实际的岩土参数则是必要的。

**1.0.7** 各种原位测试方法获取的试验数据，造成误差的因素较为复杂，一般可由测试仪器、试验条件、试验方法、操作技能、土层的不均匀性等引起。其中测试仪器的使用性能是否符合要求是一个重要的方面。因此，对原位测试设备进行定期的校验和维护，确保其正常使用，对保证测试质量十分必要。

## 2 术语和符号

**2.1.14** 本条地基承载力特征值是《公路桥涵地基与基础设计规范》(JTG 3363—2019)中采用的一项指标,符号为 $f_{a0}$,其含义和确定方法与铁路行业技术标准中采用的地基基本承载力 $\sigma_0$ 基本一致。说明几点:

(1)《铁路桥涵地基和基础设计规范》(TB 10093—2017)规定:地基容许承载力 $[\sigma]$ 系指在保证地基稳定和建筑物沉降不超过容许值的条件下,地基单位面积上所能承受的最大压力。地基的基本承载力 $\sigma_0$ 是指基础短边宽度 $b \leqslant 2m$,埋置深度 $h \leqslant 3m$ 时的地基容许承载力。当 $b>2m$, $h>3m$ 时,地基容许承载力须进行深宽修正。《公路桥涵地基与基础设计规范》(JTG 3363—2019)中的地基承载力特征值 $f_{a0}$ 的含义和对基础深宽修正的要求与铁路行业技术标准中采用的地基基本承载力 $\sigma_0$ 一致。

(2)《铁路桥涵地基和基础设计规范》(TB 10093—2017)确定地基基本承载力 $\sigma_0$ 的原则是以载荷试验为依据。其中,岩石基本承载力表的编制,以比例界限作为基本承载力;碎石类土基本承载力表的编制,是按比例界限或破坏荷载的1/3取值;砂类土基本承载力表的编制,主要以比例界限作为基本承载力;黏性土基本承载力表的编制,取载荷试验(承压板面积 $1000 \sim 5000 cm^2$)P-S 曲线上下沉量为 $0.02b$($b$ 为荷载板宽度)对应的压力作为基本承载力,当 P-S 曲线出现明显拐点时,下沉量虽未达到 $0.02b$,则以拐点压力作为基本承载力;新黄土地基基本承载力表的编制,以比例界限或以下沉量为 $0.06b$ 对应的压力作为极限荷载,再除以安全系数2确定;老黄土地基基本承载力表的编制,多以比例界限或小于比例界限值确定。《公路桥涵地基与基础设计规范》(JTG 3363—2019)第4章的承载力经验表格(表4.3.3-1~表4.3.3-7)其取值与《铁路桥涵地基和基础设计规范》(TB 10093—2017)基本相同。

《岩土工程基本术语标准》(GB/T 50279—2014)和《建筑地基基础设计规范》(GB 50007—2011)中的地基承载力特征值 $f_{ak}$ 在含义上与《铁路桥涵地基和基础设计规范》(TB 10093—2017)中的地基基本承载力 $\sigma_0$ 相近,系指由载荷试验测定的地基土压力变形曲线线性变形段内规定的变形所对应的压力值,其最大值为比例界限值。

由上所述,《公路桥涵地基与基础设计规范》(JTG 3363—2019)中的地基承载力特征值 $f_{a0}$、《铁路桥涵地基和基础设计规范》(TB 10093—2017)中的地基基本承载力 $\sigma_0$ 和《建筑地基基础设计规范》(GB 50007—2011)中的地基承载力特征值 $f_{ak}$ 在含义上基本一致。

本规程采用地基承载力特征值 $f_{a0}$ 而没有采用地基基本承载力 $\sigma_0$ 等在含义上相同的名词,是为与现行《公路桥涵地基与基础设计规范》(JTG 3363—2019)协调一致。

# 3 平板载荷试验

## 3.1 一般规定

**3.1.1** 平板载荷试验按承压板设置深度可分为浅层平板载荷试验和深层平板载荷试验。浅层平板载荷试验适用于浅层地基和地下水位以上的地层，深层平板载荷试验在钻孔底部进行，用于地下深处的地层。但深层平板载荷试验由于孔底土体的扰动，板与土体之间的接触难以控制，同时应力复杂难以分析，限制了试验成果的应用，现已很少采用，故本规程未将其纳入。对深层或地下水位以下难以采取原状土样的砂土、粉土和灵敏度高的软黏性土等，现多采用螺旋板载荷试验代替深层平板载荷试验。

本规程列入的平板载荷试验被认为是一种比较接近于实际基础受力状态和变形特征的现场模拟试验，在工程上主要用于测定承压板下应力主要影响范围内岩土的承载力和变形特性。通过载荷试验，绘制压力与沉降量关系曲线，可据此计算承压板下一定深度范围内的变形参数，确定地基土的承载力。

平板载荷试验在工程上主要用于各类土、软质岩及风化岩体，该种方法在工程实践中已积累了成熟的经验，现已列入工业与民用建筑、铁路、水利水电、冶金等行业技术标准。本条总结平板载荷试验在公路工程中应用的工程实践经验，对其适用范围作出了规定。

**3.1.2** 一般认为，载荷试验在各种原位测试的方法中是较为可靠的，并以此作为其他原位测试的对比依据。但这一认识的正确性是基于基础影响深度范围（2倍承压板直径或宽度）内的土层均一。因此，平板载荷试验主要用于以下几种情况：

（1）埋深为零的均质土层的载荷试验

这是国内规范规定的最常用的试验情况。即无论试验面的深度多大，一般要求其试坑宽度要大于承压板宽度或直径的3倍，压板下为均质土层，其厚度要大于压板直径的2倍。这类试验可用于确定均质土地基的基本承载力和变形模量，也可与其他原位测试进行对比试验研究。

（2）基础设计面下均质土层的载荷试验

当实际基础的尺寸和埋深不大时，要求直接采用与基础条件相同的承压板，在基础底面的均质地基土上进行载荷试验，直接确定地基土的地基承载力。

（3）不同承压板宽度和埋深的载荷试验

这类载荷试验是在同一均质土层的相同或不同高程面上，分别以大于3倍压板宽度的间距，做不同压板宽度或不同压板埋置深度（这时试坑尺寸与压板尺寸相同）的对比试验，主要用以研究不同土类的承载力随基础宽度与埋深的变化规律。

本条规定平板载荷试验点应布置在基础底面高程处，是由于线路工程的构筑物基础均有一定的埋深，将试验点布置在基础底面高程处，能比较客观地反映地基土层的真实性质。当基础底面高程不明确时，规定宜在天然地面以下0.5m处进行试验，是由于表面土层受自然营力和人类活动的影响，其性状与表层下面的土层性状并不一致。

3.1.3　一般认为，平板载荷试验所能反映的是2倍承压板直径（或宽度）深度范围内的均一地基土的强度和变形综合性状。但实际土层往往是非均质土或多层土，当土层变化复杂时，载荷试验反映的承压板影响范围内地基土的性状与实际基础下地基土的性状将会有很大的差异。故在进行载荷试验时，平板载荷试验点的布置需注意其代表性，以使测定的参数能够反映土层的实际工程性质。当场地内岩土体不均匀时，根据土层变化情况适当增加试验点数量，分层测定不同土体的工程性质是必要的。

## 3.2　试验设备

3.2.2　平板载荷试验所用的承压板可用混凝土、钢筋混凝土、钢板、铸铁板等制成，但以肋板加固的钢板为主。一般要求承压板具有足够的刚度，不破损、不挠曲，压板底部光平，尺寸和传力重心准确，搬运和安置方便。

承压板的形状，从浅基承载力的理论计算来说，对其极限承载力是有影响的。但方形和圆形承压板的影响承载力的形状系数是相同的，因而，承压板的形状可以采用相同面积的方形或圆形。但圆形承压板符合轴对称的弹性理论，受力条件较好，在实际工程中使用最多，常优先使用。

载荷试验所得的荷载与沉降曲线的形状取决于承压板的大小、土层的组成以及加载的特性、速率和频率等。承压板的尺寸效应，包括形状和大小是主要影响因素之一。在以往许多对不同面积的承压板载荷试验的成果中，得出当承压板面积在一定范围内，沉降量$S$随承压板直径$d$（或宽度）的增大而增大；当承压板面积大到一定尺寸后，沉降量不随承压板直径的增大而增大。当面积太小时，沉降量随承压板直径的减小反而增大。上述两个转折点所对应的承压板直径值分别为30cm和500cm。

承压板的面积，国外和我国各部门采用的不尽相同：日本常用900cm$^2$的方形承压板，我国多采用2 500cm$^2$和5 000cm$^2$。《岩土工程勘察规范》（GB 50021—2001）规定：土的浅层平板载荷试验其承压板面积不应小于2 500cm$^2$，对软土和粒径较大的填土不应小于5 000cm$^2$；《铁路工程地质原位测试规程》（TB 10018—2018）规定：软土地基承压板面积不应小于5 000cm$^2$，密实细粒土地基承压板面积宜采用1 000cm$^2$，碎石土地基承压板直径或边长应大于受压层中最大颗粒粒径的10倍，复合地基承压板面积应根据桩土面积比选定；《冶金工业岩土勘察原位测试规范》（GB/T 50480—2008）规定：浅层平板载荷试验承压板面积不应小于2 500cm$^2$，软土和粒径较大的填土不应小于

5 000cm², 岩基载荷试验承压板面积不宜小于700cm²。

本条根据公路工程的实践经验，并结合国内工程的实际情况对载荷试验承压板的基本尺寸进行了规定。

## 3.3 试验方法

**3.3.1** 公路工程是线性工程，沿线地质条件不尽相同，地基土层的类型、性质、组成存在差异。根据路段地质条件，划分不同的工程地质区段，结合工程结构的特点、基础埋深等选择代表性地点布置试验点进行载荷试验，以获取不同地基土层的承载力和变形参数是必要的。在选取试验点时，要求基础影响深度范围内的试验土层属于同一土层，即从工程地质观点出发，土层的地质年代、成因类型、地基土类别、主要物理力学性质等方面均属于同一层次。本条规定试坑底面宽度不小于承压板宽度的3倍，与我国现行多数标准的规定一致。

**3.3.3** 试验荷载的加载等级从整理分析$p\text{-}S'$曲线的需要来看，一个试验分8～10级，便能较好地反映$p\text{-}S'$曲线特征，同时，也可有4～5点在似弹性变形段内。因此，本规程建议按预估极限荷载的1/8～1/10作为试验荷载增量。关于第一级荷载量，本规程不考虑挖除试坑土的自重压力，其理由同室内压缩试验的荷载不考虑土自重压力一样，因土自重的影响会反映在$p\text{-}S'$曲线上。但设备的重量需计入荷载中。

**3.3.4** 沉降相对稳定法（慢法）是每施加一级荷载后，待沉降达到相对稳定标准再施加下一级荷载，它所反映的是排水条件下土的变形特性；沉降非稳定法（快法）是每施加一级荷载后，按规定沉降时间间隔施加下一级荷载，它所反映的是不排水或不完全排水条件的变形特性。载荷试验的加载方式可以根据土层性质、载荷试验的目的确定。

**3.3.5** 定时进行沉降观测的目的在于获得沉降随时间发展过程，以便确定加荷时间。试验的压板沉降在某级荷载施加后，一般情况下在1h之内便可完成该级荷载下总沉降的80%以上。因此，规定前1h观测时间间隔较短，目的在于了解沉降的发生、发展趋势。将2h内每小时沉降量不超过0.1mm作为相对沉降稳定标准，从工程实践来看是合适的。

**3.3.6** 压板周围土体出现明显的侧向挤出、隆起或产生裂缝时，表明试验土体已经发生了剪切破坏，其所承受的荷载已达到极限强度；沉降量急骤增大，$p\text{-}S'$曲线出现陡降段，或24h内沉降不能达到稳定标准时，不论沉降的增加是等速的或加速的，均表明试验土体已经产生塑性破坏或刺入破坏，其所承受的荷载已使土体达到了变形破坏的极限状态。相对沉降值$S'/b>0.06$是限制变形的正常使用极限状态。限于条件，加荷达不到极限荷载时，规定至少加荷到超过设计荷载2倍，以使其有一定的安全度。

## 3.4 资料整理

**3.4.4** 因土的结构性能、密实程度、潮湿程度不同，各类土的地基破坏类型也不尽相同，确定地基承载力特征值$f_{a0}$的标准也不一样，这不仅与地基破坏特征有关，更与各类建筑物对变形的要求有关。

《建筑地基基础设计规范》（GB 50007—2011）确定地基承载力特征值$f_{ak}$的规定如下：

（1）当$p$-$S$曲线上有比例界限时，取该比例界限压力$p_a$所对应的荷载值。

（2）当极限荷载$p_u$小于对应比例界限的荷载值的2倍时，取极限荷载值的一半。

（3）当不能按上述两款要求确定，压板面积为0.25～0.50m²时，可取$S'/b$ = 0.01～0.015所对应的荷载，但其值不应大于最大加载量的一半。

《铁路工程地质原位测试规程》（TB 10018—2018）对确定地基的基本承载力$\sigma_0$作了如下规定：

（1）当$p$-$S$曲线上有明确的拐点时，取第一拐点对应的压力作为比例界限$p_a$，第二拐点对应的压力作为极限承载力$p_u$。当$p_u \leq 1.5p_a$时，取$\sigma_0 = p_u/2$；当$p_u > 1.5p_a$时，取$\sigma_0 = p_a$。

（2）当$p$-$S$曲线呈圆弧形，无明显拐点时，绘制$\lg p$-$\lg S$或$p$-$\Delta S/\Delta p$曲线，取第一拐点对应的荷载为$\sigma_0$。

（3）当绘制的曲线无明显拐点时，取相对沉降值$S/b$对应的荷载为$\sigma_0$。各类土的$S/b$值见表3-1。

表3-1 各类土的相对沉降值 $S/b$

| 土名 | 黏性土 | | | | 粉土 | | | 砂土 | | | |
|---|---|---|---|---|---|---|---|---|---|---|---|
| 状态 | 流塑 | 软塑 | 硬塑 | 坚硬 | 稍密 | 中密 | 密实 | 松散 | 稍密 | 中密 | 密实 |
| $S/b$ | 0.020 | 0.016 | 0.012 | 0.010 | 0.020 | 0.015 | 0.010 | 0.020 | 0.016 | 0.012 | 0.008 |

注：对于软～极软的软质岩、强风化～全风化的风化岩，应根据工程的重要性和地基的复杂程度取$S/b$ = 0.001～0.006所对应的压力为$\sigma_0$。

本条结合公路工程的实践经验和相关行业标准的有关要求对地基承载力特征值$f_{a0}$的确定方法进行了规定。

# 4 螺旋板载荷试验

## 4.1 一般规定

**4.1.1** 螺旋板载荷试验最初由挪威技术学院的 JANBU（简布）等人于 1973 年提出，经过多年的发展，挪威、瑞典、加拿大、澳大利亚等国家分别用它来测试砂类土、软黏土、硬黏土的变形模量、不排水抗剪强度、天然固结压力、固结系数等岩土参数。我国自 20 世纪 80 年代由国外引入该种试验方法以来，在工程应用上积累了丰富的经验，该方法现已纳入《岩土工程勘察规范》（GB 50021—2001）、《铁路工程地质原位测试规程》（TB 10018—2018）等标准。

螺旋板载荷试验和平板载荷试验一样，都假设土体为线弹性或理想的塑性体，不同的是平板载荷试验是在土体表面进行，而螺旋板载荷试验是在地面以下一定深度（板上土体不挖除）进行。根据已有经验，螺旋板载荷试验的试验深度可达 30m。该种方法具有"深层试验"和"分层试验"两大优点，设备简单，操作简便，成本低，速度快，试验深度大，可以在地下水位以下，根据需要在不同深度处的原位应力条件下进行试验，能够较好地反映地基土的性状。通过直接测定地基土的应力-应变-时间关系曲线，可求变形、固结、强度等岩土参数。从国内工程实践来看，该种方法主要用于软土、一般黏性土、粉土和砂土，尤其是在钻孔中难以采取原状样的砂土和粉土。总结以往工程经验，本条对螺旋板载荷试验的适用范围进行了规定。

该种试验方法由于试验用的螺旋板是用人力或机械旋力旋入土中的，螺旋板必定对土体产生扰动，受螺旋板荷载作用后，地基土内的实际应力要比理论假设复杂得多，对土体的排水条件在测试过程中较难控制。国内目前使用的螺旋板仅有 100cm、200cm、500cm 几种规格，这样的尺寸和建筑物基础的尺寸有很大差别，这些问题在实际工作中是值得注意的。

**4.1.2** 螺旋板载荷试验的特点是在上覆土自重压力下，模拟地基土加压沉降过程的天然承载性状。研究表明：圆板均布荷载在 $z/b=2.5$ 时，弹性理论的附加压力系数 $\alpha=0.06$，故可近似认为沉降量产生于板头下 $2.5b$ 的厚度范围，试验成果代表试验点某一土层的承载性状。试验点竖向间距大于 0.7m 时，同一平面位置不同深度的相邻试验点不受影响。

## 4.2 试验设备

**4.2.1** 目前国内采用的螺旋板载荷试验装置，主要由螺旋承压板、加荷装置、测力传感器、反力系统和沉降量测仪表组成，如图4-1所示。其各部分的功能是：加荷装置控制并稳定加荷的大小，通过反力系统反作用于承压板，承压板将荷载均匀传递给地基土，地基土的变形由观测系统测定。

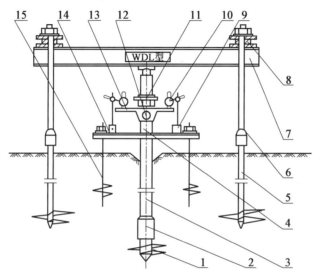

图4-1 WDL型螺旋板载荷测试仪结构及安装图

1-螺旋承压板；2-测力传感器；3-传力杆；4-传力接杆（长短各一）；5-反力地锚；6-加长接杆；7-工字大梁；8-横支梁；9-磁性表座；10-容栅式位移表；11-液压千斤顶；12-千斤顶座；13-沉降支板；14-表座托板；15-小地锚

**4.2.2** 螺旋板的尺寸系列以往尚不一致，但目前已趋统一。本规程结合目前我国工程实际应用情况对螺旋板的基本尺寸进行了规定。

## 4.3 试验方法

**4.3.4** 螺旋板载荷试验的可靠性与土体是否受到扰动有很大关系，为尽量保持土体的原有状态，应避免钻探扰动。研究表明，保持螺旋板头旋转一周的入土深度与螺距一致，可使土体扰动大为减少。故本条提出控制螺旋板每旋转一周钻进一个螺距的要求。

## 4.4 资料整理

**4.4.2** 螺旋板载荷试验所获得的地基承载力是在试验深度处的原位状态下测得的，它已经包含了上覆压力的影响因素。从理论上讲，在原位有效自重应力 $p_0$ 之前，螺旋板没有或只有很小的沉降，但实际上往往有少量的沉降产生，这可能与土体的扰动有关。因此，取 $p$-$S'$ 曲线的直线段与 $p$ 轴的交点作为 $p_0$ 值。

**4.4.5** 在有些条件下，地基基础设计是由变形控制的。但变形计算与实际工程的测量数据之间的差异往往较大。其原因是多方面的，主要在于"计算模式"与"变形参数"两方面，而后者可能更为重要。工程经验表明，用压缩模量得到的计算结果与建筑物实际沉降相比，往往相差很大，不得不采用一个经验系数来修正。通常认为，用原位测试的方法测定的参数比室内试验更能反映实际情况。浅层土的变形模量可以采用浅层平板载荷试验测得，但深层土的变形模量测定比较困难。早在20世纪50年代，我国采用一种流行的深层载荷试验方法。这种试验方法首先在试验点地面用钻机钻一钻孔达到预定试验深度，然后用钻杆向钻孔内放入刮刀，旋转钻杆将孔底刮平，再下入刚性承压板，用钢管与地面的加荷装置连接，然后分级加荷并观测沉降，得到一条压力与沉降观测曲线，再用浅层载荷试验的公式计算变形模量。但这种方法一是孔底用刮刀刮平效果很差，且无法检查，对试验成果的影响很大而又无法估计和修正；二是用平板载荷试验的公式计算变形模量，其应力状态与实际不符。因此，在20世纪60年代以后逐渐淘汰，70年代以后逐步停止使用。80年代，开始推行螺旋板载荷试验，这种方法可以在地下水位以下进行，并取得了满意的成果。但在进行深层载荷试验时，由于荷载作用在半无限体内部，故不能采用荷载作用在半无限体表面的弹性理论公式。为解决深层载荷试验变形模量的计算问题，建设部综合勘察研究院和同济大学利用 Mindlin 课题研究了深井载荷试验确定变形模量的计算方法，其计算公式为：

$$E_0 = I_0 I_1 I_2 (1-\mu^2) pd/s \tag{4-1}$$

式中：$I_0$——刚性承压板形状对沉降的影响系数，圆形刚性承压板 $I_0 = 0.79$；

$I_1$——承压板埋深 $z$ 时的修正系数，当 $z > d$ 时，$I_1 = 0.5 + 0.23 d/z$；

$I_2$——与泊松比 $\mu$ 有关的修正系数，$I_2 = 1 + 2\mu^2 + 2\mu^4$；

$p$——与承载力特征值对应的荷载（kPa）；

$d$——刚性承压板直径（cm）；

$s$——与承载力特征值对应的沉降（mm）。

经理论分析和数值计算认为采用 Mindlin 解得到的计算方法是合理的。本规程式（4.4.5-1）~式（4.4.5-3）源于上述研究成果。

# 5 静力触探试验

## 5.1 一般规定

**5.1.1** 静力触探试验（static cone penetration test），在国外常称为圆锥贯入试验（cone penetration test），简称CPT。与传统的钻探→取样→室内试验勘察过程相比，静力触探具有速度快、效率高、成本低等优点。在试验中，可利用不同的传感器连续获取地层强度和其他方面的信息，对不易在钻孔中采取原状土样的砂土、粉土、高灵敏度软土，以及土层竖向变化复杂、不可能通过密集取土或测试来查明土层变化情况的地层，具有独特的优越性。我国自20世纪70年代前后开始大规模推广使用静力触探技术以来，取得了显著的社会、经济效益，积累了丰富的工程经验。该种方法在工程上主要用于软土、黄土、黏性土、粉土和松散~中密的砂土，但对致密、干硬的土层以及杂填土、碎石土、含卵石、砾石的土层以及密实的砂层不适用。目前，静力触探试验作为一种重要的勘察手段已列入地质、冶金、工业与民用建筑、铁路等行业的技术标准。采用静力触探方法可用于土层界面划分，土的分类定名，预估单桩极限荷载，评价地基土的承载力，判定饱和砂土、粉土地基液化的可能性，测定地基土的物理力学参数，探查场地土层的均匀性等。

**5.1.3** 静力触探测试点的布置避开地下管线、人防工程等地下设施以及影响安全的潜在因素，对于顺利开展触探工作和安全生产是必要的。现场试桩和室内标定罐试验研究表明，30倍桩径或探头直径范围以内，土体的边界条件对测试成果有影响，在此范围以外的边界条件，对测试结果的影响可以忽略。考虑到土层在水平方向的变异性，土的非均质性总会影响平行试验结果，对比孔间距不宜大于2.0m，此时应先触探而后进行其他勘探、试验。

## 5.2 试验设备

**5.2.2** 关于贯入速率对测试成果的影响，国内外做过大量研究，其结论基本一致，即认为贯入速率对贯入阻力是有影响的。一般是贯入阻力随贯入速率的增加而增加，但在一定的速率范围内这种影响又很小。因此，美国材料试验标准（ASTM）提出以2cm/s作为标准速率。国际上绝大多数国家采用的标准也将贯入速率1.2m/min作为标准贯入速率，国内现行的静力触探技术标准将1.2m/min作为标准贯入速率符合国际惯例，也有利于资料的互相引用对比，本条把 1.2m/min 作为标准速率是合适的。同时，在不影响测试成果的前提下，允许其有一个变化幅度，参照国内外标准，选用 1.2m/min±0.3m/min，允许贯入速率在 0.9~1.5m/min 这样一个范围内变化，对现场工作来说是有利的。

孔压静探测试时的贯入速率规定为 1.2m/min，是由于在贯入过程中，贯入速率的变化将导致测得的超孔隙水压力数值不一样，造成资料整理的困难，故在贯入过程中不可随意变化贯入速率。

5.2.3 探杆强度不够容易引起断杆，探头、探杆、电缆线一旦掉入孔内，除影响测试结果外，还影响工程的顺利完成，造成重大经济损失。因此，探杆要求选用强度足够的无缝钢管管材加工制作。说明几点：

使用的探杆长度相同，便于计算和核查贯入深度。探杆弯曲不仅影响测量精度，同时也易加大探杆的摩擦阻力，影响贯入和起拔，甚至折断探杆。贯入过程中的前 5m 探杆起导向作用。若前 5m 探杆连接后挠曲产生在同一方位，而 5m 以后的探杆循前 5m 探杆的路径贯入，如果探杆弯曲度平均达 0.05%，则触探孔形成弧形弯曲，其曲率半径约为 250m。当孔深为 60m 时，贯入长度为 60.59m，即深度误差约为 1%。对探杆轴线直线度误差进行规定，也是出于同一目的。

为减少探杆与孔壁的摩擦阻力，保证贯入顺利进行，本条规定在一定长度范围内，探杆直径应小于探头直径。根据有关试验研究资料，探头（或桩）在贯入过程中，锥底横截面上、下各 8 倍于探头直径范围内的土层性质，对贯入阻力有影响。

本条对探杆技术指标的规定参考《土工试验仪器　触探仪》（GB/T 12745—2007）并结合工程实践提出了要求。

5.2.4 研究表明，孔压探头过滤器的位置不同，探头所测得的超孔隙水压力也不同。过滤器位于锥面时，测得的超孔隙水压（计作 $u_1$）最大，对土层变化的反映最灵敏，但过滤器易磨损，且所测得的超孔压稳定性差。过滤器位于探头圆柱体上距锥底 5 倍半径与距锥底 10 倍半径时，所测得的超孔压（计作 $u_3$ 与 $u_4$）比较稳定，超孔隙水压的消散接近于圆柱体轴对称径向排水条件，但所测得的孔压较小，消散初期孔压会略微上升，其后才逐渐消散下降，给消散曲线的解释带来困难。过滤器位于锥肩时，不但可以较灵敏地反映超孔隙水压力的变化，也不易磨损或堵塞，探头使用寿命较长。目前国际上以过滤器安装在锥肩的孔压探头使用最为广泛。国内有的标准已明确规定孔压探头的过滤器应设置在锥肩（$u_2$ 型）位置。故本条推荐采用过滤器安装在锥肩（$u_2$ 型）位置的孔压探头，在有经验的地区也可采用过滤器安装在锥面（$u_1$ 型）位置的孔压探头。

根据使用经验，当过滤器的渗透系数为 $10^{-5}$cm/s 级，即相当于粉质黏土类的渗透系数 $k$ 值时，过滤器容易堵塞，测得的孔压滞后严重，灵敏度差；当过滤器的渗透系数为 $10^{-3}$cm/s 级时，效果较好，目前使用也较普遍。要求过滤片与相邻部件的接触面具有大于 1 个大气压的抗渗能力，是为防止孔压应变腔中的水在触探前便从接触缝隙中逸失而不饱和，达不到测试目的。

孔压应变腔体（容）积改变量 $\Delta V$ 反映土中水进、出孔压探头的多少，$\Delta V$ 过大，将不利于对探头周围土体的固结性质作出正确解释。电阻应变式传感器灵敏度相对较低，因此规定孔压传感器应变腔的体（容）积变化量不大于 $4mm^3$，体变率小于 $0.2\%$；硅应变式传感器灵敏度较高，因此孔压传感器应变腔的体变率应小于 $0.1\%$。

**5.2.5** 单、双桥探头和孔压探头的技术规格及更新标准，是基于目前静力触探使用的现状，并参考《土工试验仪器 触探仪》（GB/T 12745—2007）、《铁路工程地质原位测试规程》（TB 10018—2018）制定的。说明几点：

（1）双桥探头在贯入过程中能同时获得锥尖阻力和侧壁摩阻力两个触探参数，在利用触探参数曲线划分地层、确定土类名称、评价单桩极限承载力等方面都是单桥探头所不及的。但由于单桥探头在静力触探使用初期，在我国应用广泛，使用的单位较多，各地均积累了丰富的经验，特别是在确定天然地基承载力和地基土的一些参数指标方面，许多都是和单桥探头建立的相关关系。尽管对静力触探的机理国内外做过大量研究，但目前的认识仍然有限，单、双桥探头之间的参数如何换算，尚缺乏公认一致的方法。因此，在一段时间内这两种类型的探头仍将同时存在。

（2）条文中的单桥探头是国内广泛使用的综合型探头，在锥底以上部位有一段圆柱形套筒，但这种形式并无理论根据。这种探头测得的贯入阻力 $p_s$ 是一种综合反映地层强度的指标，包含了双桥探头测得的锥尖阻力 $q_c$ 和侧壁摩阻力 $f_s$ 两种成分，它与所提供的各种岩土参数之间是一种统计的半经验关系，而且目前许多单位使用的相关方程主要也是依据这种形式的探头建立的。现阶段使用的探头均保留了这种外形。

（3）双桥探头国内生产厂家较多，外形虽与国外流行的 Fugro 型探头相近或相同，但内部结构各异。结构上的差别主要表现在锥底有效面积比 $a$ 的不同，致使在同一土层 $q_c$、$f_s$ 时有差异。为此，将 $a$ 值作为双桥探头的一项基本技术参数明确规定。

## 5.3 试验方法

**5.3.2** 触探开孔前用水平尺校准机座保持水平并与反力装置锁定，是保证探杆垂直贯入地下的首要环节，在深层触探时，更需如此。触探孔偏斜，使触探深度出现误差，给内业资料整理与分析增加许多不必要的负担，严重时，不仅会使探杆弯曲、折断，而且由于土层固有的各向异性和探头内部结构弱点可导致测试成果无效。

## 5.4 资料整理

**5.4.1** 本节对单孔静力触探成果资料的整理进行了规定。静力触探的直接结果就是获得一系列触探参数，这些触探参数是确定地基设计参数的基础性数据。为方便使用和判读，通过各种形式的图表将它们充分地表达出来是必要的。本条的触探曲线，其类型一般包括：

(1) 单桥探头比贯入阻力与深度的关系曲线；

(2) 双桥探头端阻、侧阻、摩阻比与深度的关系曲线；

(3) 孔压探头端阻、孔压、侧阻、孔压比、摩阻比与深度的关系曲线；

(4) 根据触探曲线给出各土层的名称、状态和地基设计参数值。

这些曲线能直观而形象地给出土层工程特性沿深度变化的剖面，对设计人员合理选择地基持力层，进行地基基础工程设计有很大帮助。

**5.4.2** 数据修正一般包括深度修正和读数修正两个方面。

1. 深度修正

导致深度出现误差的原因，包括：

(1) 使用地锚作反力装置，探头贯入时，地锚上拔，引起地锚与机座连接装置松动，操作时又未能及时紧定连接装置。

(2) 以卡瓦作为夹持器，由于握裹力不够，当贯入到高阻层时，出现卡瓦打滑。

(3) 触探孔在开孔时就发生明显歪斜，或在成层土中贯入，土层软硬相间，差别颇大，且硬层中夹含粗大颗粒土时，容易出现探孔偏斜。

本规程第5.2.9条要求记录贯入深度用的标尺应垂直固定于触探孔旁的地面不动点处，而位移指针置于向下贯入的工作探杆上，其目的就是从根本上消除由于上述(1)、(2)两项原因所造成的深度误差。对由探孔偏斜造成的深度误差，一般根据整个场区的钻探分层资料对触探深度予以校准；对无钻探资料可考且孔斜现象在地表又察觉不出的情况，本规程未作更具体规定，这是今后需予考虑的技术问题。

2. 读数修正

同一桥路的应变计，彼此的阻值总会存在一定差异，兼之地表与地下的温差以及探头与土摩擦产生的热传导等，都可能使探头传感器产生温漂。若仪器、探头性能不够稳定，则还会随工作时间的加长而产生时漂，从而导致探头空载时，仪表示值出现零漂。读数修正就是对零漂的平差。零漂修正量与零漂值同号。一般情况下，当零漂值在测试值的±10%以内时，可根据相邻两次归零检查的深度间隔，简单地按线性平差办法分配零漂修正量，即按本规程式(5.4.2)修正读数；当零漂值超过测试值的±10%时，若单一按深度进行平差，与实际出入较大，特别是在软土地基中贯入，有时会使触探曲线出现"台阶"，误为地层变层。此时，一般在两次归零检查的时间间隔内，根据贯入行程所占的时间段落，依比例进行零漂修正量分配，再对贯入行程中的读数按深度进行线性平差。本规程第5.4.4条对自动记录仪原始记录曲线的修正办法，与本条的修正办法出于一理。

**5.4.3** $q_c$（或$p_s$）、$f_s$和$u_d$（或$u_T$）是静力触探三个基本触探参数，连同孔压消散试验数据在内，是据以进行土层划分、定名、确定地基持力层、给定地基设计参数的依据，要求根据计算公式逐点算出，以绘制触探曲线。

$R_f$、$B_q$ 和 $q_T$ 则是通过公式计算而得到的触探参数，在手工制图情况下，一般只要求计算分层土的平均值。若用计算机成图，这些参数要逐点算出，绘成曲线。其中，$R_f$ 和 $B_q$ 是土层分层定名的两个特征参数。从定义式 $B_q = \Delta u / (q_T - \sigma_{v0})$ 来看，$B_q$ 与斯开普顿（Skempton）孔隙压力系数 $A_f$ 近义而同形，它反映了探头贯入时周围土的孔隙水压反应性状，因此它又是一个重要的土质特性参数。而 $q_T$ 则是将 $q_c$ 转换成具有总应力概念的总锥尖阻力。铁路部门在淤泥及淤泥质土层中，使用有效面积比 $a=0.21$ 的孔压探头贯入，常发现 $u_d \geq 0.5 q_c$，甚而有 $u_d > q_c$ 的情况。因锥尖以丝扣与探头本体相连，由于结构上的需要，锥尖的全断面与探头本体存在间隙（中以挡泥圈相隔），水可自由出入。丝扣连接部的截面积为有效面积，间隙所占的环状面积则完全暴露于水中，或者与土体中的水存在水力联系。在探头贯入时，特别是在欠固结和正常固结黏性土中贯入时，环状面积受到一个与贯入方向一致的水压力 $u_T$，而与来自下方的水压力 $u_d$ 相抵销。因此，$q_c$ 需按本规程式（5.4.3-3）进行修正。

原长沙铁道学院和西南交通大学通过测定静力触探应力-位移场的大量模型试验表明，相对于锥尖下方的土体而言，锥尖全断面处上方的土体处于一种剪切卸荷状态，因此有 $u_T / u_d \leq 1$。Robertson 等人（1985 年）在探头不同部位设置了量测孔隙水压的元件，对不同状态的土质进行了系统性试验，得到图 5-1 所示结果。这些结果经铁路部门在广州、深圳、武汉、鄂州、徐州、宁波、温州及连云港等地验证与实际情况相符，并将其归纳于本规程表 5.4.3 中，以供使用。

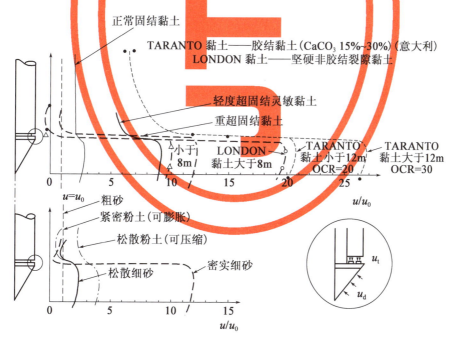

图 5-1　在现场饱和土中用 CPT 实测的孔隙压力（沿探头表面纵向）分布

**5.4.6**　经零漂修正后的孔压值，点绘成 $u_t$-$\lg t$ 曲线后，有时会出现图 5-2 所示的几种曲线形态。

（1）曲线的初始段出现陡降，过拐点 $P$ 后，曲线进入正常状态。

这种形态常出现在采用过滤器位于锥面的孔压探头做消散试验中，这是因为探头贯入时，有 $u_d > u_T$，这就决定了当探头由 2cm/s 的动态贯入骤然静止时，土体内部的渗流状态即应力状态是紊乱的，需要一个短暂的内部应力的调整与平衡过程。在这段时间里，这个陡降现象被认为是由 $u_d \rightarrow u_T$ 时所造成的。因此，对此曲线需予修正，使得 $u_t$-lg$t$ 曲线是 $u_T$ 意义下的孔压消散曲线。

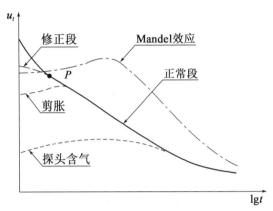

图 5-2 各种孔压消散曲线形态

（2）孔压消散曲线在初始阶段先上升而后下降，导致这种现象出现的原因，可能有以下几种：

①孔压消散试验的位置正好处在土层界面附近，如消散点附近有渗透性良好的砂层或含砂透镜体，使得在探头周围一定范围的土体产生一种 Mandel 效应。也就是说，该范围内的土体在孔压消散的同时，由于压缩固结产生一个向心的挤压作用，导致了孔压值的初期上升现象。

②也有人认为，这种现象的产生，与土的剪胀性有关。探头贯入时，与探头相接触的土连续发生屈服，使围绕探头的土受到剪切卸荷作用，导致这部分土体内部的超孔隙压力相对于探头下方的土而言，处于低压或负压状态。当探头停止贯入后，根据变形协调原理，土体内部应力在初始阶段就会自行调整以达到平衡，这对于过滤器置于锥面的孔压探头来说，显得尤为突出。

基于上述两方面原因造成的孔压消散曲线形态，目前尚无合理的修正方法。铁路部门建议的方法是：对处于土层界面附近的试验曲线，只作为土层剖面的定性解释资料；对由剪胀性造成的试验曲线，略去孔压上升的初始段，以曲线的峰值点坐标值作为孔压（$u_t$）和时间（$t$）的计量起点（即移轴），用以近似评估土层的固结特性。

③探头含气，即孔压测试元件脱气不彻底。如过滤器和应变腔中的流体含气，应变腔及通路四壁有油污使附着于壁面的气体不易排除，过滤片安装时与四壁接触不密贴，甚至土体本身也含气（沼气），均可造成探头不饱和。气体的存在不仅使应力传递显著滞后且数据失真，需予剔除。

贯入过程中，在加接探杆时，有一短暂的静止时间，根据孔压值的变化和反应速度可以判断探头是否含气。因探头停止贯入，孔压随即消散，当再向下贯入时，若读数（或记录笔）很快回复到原来的数值或仅出现很窄的"喇叭口"形态曲线（不足 20cm

实际贯入量），表明探头是饱和的或接近饱和；若"喇叭口"很大，将探头拔出，重新脱气或更换透水元件或探头后，再移位贯入。

**5.4.8** 归一化超孔压比 $\overline{U}$ 与以孔隙压力为定义的固结度 $U$ 存在下列关系：

$$U = 1 - \overline{U} \tag{5-1}$$

可以说归一化超孔压消散曲线即固结度与消散时间的关系曲线，可以用于估算土的固结特性参数。

在无附加荷载的地基中，土的静止孔隙水压力 $u_w$ 即为静水压力（$\gamma_w \cdot D_w$）。如果在饱和地基上施加一分布荷载（如堤、坝、大面积填土等），地基中便产生一相应的超孔隙水压力 $\Delta u$。在 $\Delta u$ 的消散过程中，如果进行静力触探孔压消散试验，由于探头尺寸比起堆载面积，相当于集中荷载而且属高应力，因而探头的孔压消散速率远远大于堆载发生的孔压消散速率，于是便出现一种"孔压追踪"现象。设 $u_{tQ}$、$u_{tp}$ 分别为堆载和探头在同一部位某时刻 $t$ 的孔压值，则在有限时间内，必有 $u_{tp} \geq u_{tQ}$。为使试验时间不致过长，规定取本规程第 5.3.16 条的稳定标准，此时视 $u_{tp} \approx u_{tQ}$，并称 $u_{tp}$ 为均衡孔隙水压力 $u'_w$，而地基中该点的残余超孔压 $\Delta u_r = u'_w - \gamma_w d$。

## 5.5 计算与应用

**5.5.2** 土的分层，一般以端阻为主。工业与民用建筑、航务和铁路等部门，曾对地基土分层规定过定量标准，这无疑给静力触探划分土层提供了一个方法。但鉴于土的分布及其力学特性的复杂性，目前的一些分层规定尚存在局限。在实际工作中，根据具体工程的特点对地基土进行分层是必要的。例如，对于一般路基和构筑物的浅基础，对深部的分层可不必过细；但对公路桥涵在冲刷线以下的持力层以及对工程有影响的软弱层和下卧特殊土层进行详细分层则是十分重要的。

**5.5.3** 探头在成层土中贯入，会由于上、下土层间密度、状态及土质的不同，使得触探参数值特别是端阻值在土层界面上、下一定深度范围内有提前变大或变小的现象，即所谓的土层的界面效应。下卧土层对上覆土层贯入阻力 $p_s$ 或 $q_c$ 的影响高度称为超前深度，上覆土层对下卧土层贯入阻力的影响深度称为滞后深度。

原长沙铁道学院、西南交大及铁道科学院所做的大量模型试验表明，超前与滞后深度的大小与上、下土层的密实度、上覆有效压力以及探头尺寸的大小等因素有关，界面效应的实质则与探头对土的破坏机理有关。在界面上、下，探头贯入时，土的破坏一般以剪切（或冲切）为主，在超前深度以上和滞后深度以下的土体则一般以压密破坏为主。本条给出的层面划分标准，源自铁路部门的经验，经实际工程的钻探分层资料检验，与更为精细的孔压触探分层结果甚相吻合。

**5.5.4** 条文中的 $R_f$ 和 $B_q$ 值均取各分层触探参数平均值按有关公式算出，可以简化计算工作量，其中静水压力 $u_w$ 和总自重压力 $\sigma_{v0}$ 同样取层平均值（或层中值）。文中所谓较大值，指该层土的触探参数最大值所在深度上、下各 20cm 范围内的大值平均值。

分层曲线中的异常大值，往往是由黏性土或粉土中的姜石、湖沼软土中的贝壳、泥炭质土中的朽木、土中个别大颗粒异物等造成。为正确反映土层的触探参数值，在计算层平均值时，这些大值均应剔除；但在点绘贯入图时，则需如实绘出，有助于对地层的实际地质情况进行分析。

在黄泛区地表以下 20m 乃至 40m 深度范围内的土层，多由单层厚度为数厘米到 30cm 的粉砂（或粉土）和黏性土互为透镜体状交错沉积而成，触探贯入曲线多呈锯齿状。对这种交错层逐一划分出来是困难的，也无此必要。只要求根据触探曲线幅值的总体趋势分段划分大层，在各大层中分别计算触探参数的大值平均值和小值平均值，亦即只计取大值包络线的平均值和小值包络线的平均值。根据如下：

（1）本节中有关地基参数的绝大部分计算公式和数值表，都是基于均质土地基的试验资料而得到的。为使得这些试验成果能用于这类"复合"式地层，就需要对其进行上述"概化"处理。铁路部门在徐州枢纽大山 1 号和 2 号特大桥工点，做了 14 次载荷试验和大量钻探、触探工作，表明以大值平均值和小值平均值分别与砂土和黏性土经验公式相联系，所得地基承载力与载荷试验结果一致。

（2）在这类交错性地层上所进行的任何非原型现场试验，都不可能充分反映出工程实际情况。如不加分析而笼统地建立这类地层与触探参数间的经验关系，必将使其受到明显的地区性甚至是工点性限制。

铁路部门在徐州枢纽所取得的"概化"处理经验，多次被实践证明是成功的，在河南省开封至竖岗全长 50 余公里的地方铁路勘测设计中，经全线推广使用，取得良好效果。

**5.5.5** 我国在使用单桥探头确定地基设计参数方面，建立了许多地区性经验，为使这部分经验能在双桥探头和孔压探头上得到应用，铁路部门对此曾做过大量的研究工作，有关情况如下：

1. 总锥尖阻力 $q_T$ 与比贯入阻力 $p_s$ 的关系

对比试验地点有武昌、深圳、温州、广州、鄂州及徐州等地，土质类型有软土、一般黏性土、硬黏土、砂土及砂砾石土等。选择厚度大于 2m 的均质土层，取层平均值作为统计变量。凡夹于厚层软土中的薄层透镜体，其上、下的 $q_T$ 与 $p_s$ 均不采用。对比用的探头，其截面积均为 10cm²，其中单桥探头有铁路部门和静力触探厂生产的两种，其不同之处仅于 57mm 长的套筒后面的探头管粗细有别，前者为 $\phi$30mm，后者为 $\phi$27mm。而且还与截面积为 20cm² 的孔压探头进行了系列性对比。试验得到如下结论：

（1）通过 97 组数据的统计分析，铁路部门的单桥探头与静力触探生产厂家生产的单桥探头测试值几无差别，两种探头资料可以通用。

（2）截面为 10cm² 和 20cm² 的孔压探头测得的 $u_d$ 值相等，$q_c$ 值因探头的有效面积

比 $a$ 的不等而有明显差别，但按本规程式（5.4.3-3）修正成 $q_T$ 后，二者数值近等。这一结论与西南交大在柔性边界的砂模型试验中所做的试验以及中南综合勘察院早年的现场试验结果一致。说明探头截面积为 $10\sim20\text{cm}^2$ 时，尺寸效应对测试数据所带来的影响在实用上可不计。

（3）通过53组对比数据的统计，得：

$$p_s = 0.94q_T + 18 \tag{5-2}$$

或

$$p_s = 0.96q_T \approx q_T \tag{5-3}$$

其中：相关系数 $r = 0.96$，标准差 $S = 260$，统计值域 $p_s = 230\sim6\ 370\text{kPa}$，$q_T = 230\sim7\ 250\text{kPa}$。

从实用上看，取 $p_s/q_T = 1$，以简化计算关系。

2. 锥尖阻力 $q_c$ 与比贯入阻力 $p_s$ 的关系

为建立它们之间的换算关系，对统计变量作了如下处理：统计变量均取用层平均值，凡对比孔整孔出现 $q_c > p_s$ 的数据均不采用，对层位错动的段落也予删除，双桥探头的 $q_c$ 数据均取用有效面积比 $a = 0.39$ 的探头测试值。

对选择出的统计变量分别按 $p_s = bq_c + a$、$p_s = bq_c$ 和 $p_s = q_c + nf_s$ 进行回归分析，铁科院通过对209组数据的上述分析，最终推荐：

$$p_s = 1.1q_c \tag{5-4}$$

作为各类土层在总体意义上的一个平均换算关系，其相关系数 $r = 0.99$。

此关系式简单，使用方便。补充说明两点：

（1）该式并非数理意义上的表达式，因此不能任意延伸用于换算土的 $f_s$、$R_f$ 及与之有关的其他方面。建立此式的目的在于，当无地区性经验可循时，用 $q_c$ 确定地基的基本承载力 $\sigma_0$、判定地基土液化的可能性，一般是偏于安全的，因而是可行的。但需指出，根据众多学者的研究，在密实的粉细砂层中贯入，常出现 $q_c > p_s$ 现象，这应该是探头形状造成的。

诚如所知，在一般情况下，砂土的摩阻比 $R_f < 2\%$，而黏性土的摩阻比 $1\% \leq R_f \leq 5\%$。若以习用的关系式 $p_s = q_c + 6.41f_s$ 衡量，则比值 $p_s/q_c$ 就陆上触探而言，多在 $1\sim1.3$ 间。故取用 $p_s/q_c$ 为1.1的换算关系，从总体上反映了土体的属性。

（2）因为 $p_s \approx q_T$，而 $q_T = q_c + \beta(1-a)u_d$，故有：

$$\alpha = p_s/q_c = 1 + \beta(1-a)u_d/q_c \tag{5-5}$$

可统一表示为：

$$\alpha = f(\beta \cdot u_d \cdot q_c) \tag{5-6}$$

式中的 $\beta$、$u_d$、$q_c$ 均系土质性质与状态的函数。即使对于同一土质性状而言，在临界深度以下，其中孔隙水压力 $u_d$ 尚且是深度的函数。由此可知，$\alpha$ 是一个绝对变量。只能期望在一个地区对某一土层在一定深度范围内，获得一个 $\alpha$ 的约值。因此在使用地区性 $\alpha$ 值时，需注意其适用条件。

**5.5.6** 采用静力触探划分土类，国内外做过诸多研究。早期根据 $q_c$-$h$ 或 $p_s$-$h$ 曲线进行土类的划分，取得了若干地区性经验。一般说来，在地区或场区地层结构基本清楚或已有控制性钻孔资料作为依据的情况下，这种方法是有效的。但以往的一些工程实践也表明，由于受单桥探头功能所限，用其划分土类的经验不便推广使用。双桥探头可同时获得两个触探参数（$q_c$ 和 $f_s$），且不同的土类 $q_c$ 和 $R_f$ 值很少全然一样。例如，砂的 $q_c$ 值一般很大，而 $R_f$ 通常小于或等于 1%；而均质黏性土的 $q_c$ 值大于 6MPa 的很少，$R_f$ 通常大于 2%。这就为使用采用双桥探头判别土类提供了可能。铁路部门曾根据在北京、天津、石家庄、徐州、连云港、上海、南京、沈阳、广州、深圳、武汉等地所做的大量触探与钻探对比试验资料，对三变量（$q_c$、$R_f$、$f_s$）和双变量（$q_c$、$R_f$）作了多种形式的判别分析，提出了采用双桥探头判别土类的方法。结果表明，成功率大于 86%。该方法曾列入《静力触探技术规则》（TBJ 37—93），后经修改后又列入《铁路工程地质原位测试规程》（TB 10018—2018）。本条采用的方法源自铁路工程经验。说明几点：

（1）由于锥尖端面存在孔压不平衡效应影响，对于饱和黏性土，特别是软土，在触探深度很大时，$q_c$ 值明显地减小，$f_s$ 值也会发生改变，从而使 $R_f$ 值产生明显误差，降低判别精度。这也是所有双桥探头无法克服的通病。

（2）国内双桥探头侧壁长度多数在 134~219mm 之间。仅此而言，$f_s$ 值不能反映厚度小于或等于侧壁长度的土层性质。

（3）机理研究表明，依土的刚度不同，在锥尖上、下 5~10 倍探头直径范围内，土层性质会明显地影响 $q_c$ 值。所以，当土层厚度不足 0.7m 或 1.0m 时，砂层的极限值（$q_{cl}$）就不会出现，黏土层的 $q_c$ 值可能变大；而厚度在 15cm 或 20cm 以内的软夹层可能漏失。因此，要获得精细的土层剖面，配合一定数量的钻探进行连续取芯、定位采样是必要的。

采用静力触探划分土层总体认为是可行的，但受方法本身的局限和土的"地区性"（如成因类型、沉积环境、物质组成和地质历史等条件）影响，在进行土类判别时，需注意静力触探的适用条件，及在其优越性的背后存在的局限性。

**5.5.7、5.5.8** 对于整个触探深度而言，贯入孔压值从实用上看属连续点值测量，几乎无 $q_c$ 那样的超前与滞后反映，能详细描绘出地层的结构特点。不同的土或同种土在不同状态时，其孔隙水压往往不同，这使得用三参数（$u$、$q_c$、$f_s$）孔压探头判定土类、给出土层参数成为可能。铁路部门自 1983 年在华东、中南等地曾结合生产开展了孔压静力触探技术划分土类的应用研究，收集了包括淤泥至砾砂在内的大量试验对比数据，现将情况说明如下：

（1）分类的数据资料来源于广州、深圳、温州、武汉、鄂州、徐州及广州至茂名一线，有一定的土质代表性。按《岩土工程勘察规范》（GB 50021—2001）的土质分类标准，使用两组判别的 Fisher 准则，得到如表 5-1 所列的判别结果。

表 5-1 土类及判别结果

| 序号 | 土类 | 判别标准 | 判别函数（$Y$） | 临界值（$Y_c$） | $F$（检验） |
|---|---|---|---|---|---|
| 1 | 软土 | $Y > Y_c$ | $Y = 5.13B_q - 12.4q_T$ | -3.03 | 28.7 |
| 2 | 黏土 | $Y < Y_c$ | | | |
| 3-1 | 黏土、粉质黏土 | $Y > Y_c$ | $Y = 21.73B_q - 4.5q_T$ | 5.41 | 78.5 |
| | | $Y < Y_c$ | $Y = 9.9B_q - 1.5q_T$ | -1.52 | 33.2 |
| 3-2 | 粉土 | $Y > Y_c$ | | | |
| 4 | 粉土 | $0.01 \leq B_q < 0.1$ | — | — | — |
| 5 | 砂土 | $B_q < 0.01$<br>$q_T > 1.5$ | — | — | — |

注：$q_T$ 单位为 MPa。

（2）条文中图 5.5.7 之主判别图 a)，是根据上述表 5-1 而绘制的。软土的判别式 $Y = 5.13B_q - 12.4q_T > -3.03$，即 $B_q > 2.4172q_T - 0.591$，是一条不平行于 $B_q$ 轴的斜线，将这样一条斜线改绘成 $q_T = 0.8$MPa 的竖直线在于方便使用。

（3）根据条文中图 5.5.7a）和第 5.5.8 条判别土类时，常会出现将硬黏土错判为粉质黏土的情况。为此，引入了固结度达 50%时的孔压消散历时（$t_{50}$）作为辅助判别[图 5.5.7b)]，可使误判率大为降低。因为这两种土的孔压反应有明显不同，辅助判别图同样适用于图 5.5.8。

**5.5.9** 土的天然重度 $\gamma$ 是一项基本的土工计算参数，建立 $\gamma$-$p_s$ 的关系，既是必要的，又有其可行性。说明如下：

（1）$\gamma$ 是干重度 $\gamma_d$ 和天然含水率 $w$ 的函数，国内外试验研究表明，$p_s$ 与砂土的 $\gamma_d$ 和 $D_r$ 有良好的关系；而正常固结的饱和黏性土，其强度与 $w$ 有唯一关系。这为建立 $\gamma$-$p_s$ 的经验关系提供了试验依据。

（2）根据理论公式：

$$\gamma = \gamma_d + nS_r\gamma_w \tag{5-7}$$

式中：$n$——土的孔隙率（%），$n = 1 - \gamma_d/G_s\gamma_w$；

$G_s$——土粒比重；

$S_r$——土的饱和度（%）；

$\gamma_w$——水的重度（kN/m³）。

饱和土可以认为是二相土，$S_r \approx 1$，上式可改为：

$$\gamma = \gamma_w + (1 - \gamma_w/G_s)\gamma_d \tag{5-8}$$

由于造岩矿物的 $G_s$ 相差不大，对黏性土而言，$G_s$ 多在 2.6~2.8 之间，可恒取 $G_s \approx 2.7$；而 $\gamma_w$ 可恒取为 10kN/m³。故对饱和土而言，其重度 $\gamma$ 可用下面的近似式表达：

$$\gamma \approx 6.3\gamma_d + 10 \quad (\text{kN/m}^3) \tag{5-9}$$

既然在一定条件下，$\gamma_d$ 与 $p_s$ 有良好的对应关系，则 $\gamma$ 与 $p_s$ 的关系也就存在。

(3)如同 $G_s$ 值一样,对于非有机质土,$\gamma$ 值的变化不大,一般在 $15\sim22\text{kN/m}^3$ 之间,因此用 $p_s$ 估计非有机质饱和黏性土的 $\gamma$ 值所造成的误差甚小。铁路部门在生产实践中,曾多次用条文中的经验公式与室内试验结果进行比较,偏差在 $0.3\text{kN/m}^3$ 以内者占 90% 以上,最大偏差达 $0.5\text{kN/m}^3$。用于估计淤泥的 $\gamma$ 值,一般偏小 $0\sim0.2\text{kN/m}^3$;用于估计硬塑~坚硬黏土的 $\gamma$ 值,可能偏大 $0\sim0.3\text{kN/m}^3$。

**5.5.10** 采用液性指数 $I_L$ 划分黏性土的状态,反映了土的软硬程度。相同的土,状态不同,工程性质有别,可以用触探参数进行判别。条文中的表 5.5.10-2 是根据铁路部门在全国各地多年的实践并结合其他单位的工程使用经验(表 5-2)而提出的,有一定的代表性。需要指出的是,表 5.5.10-1 的统计数据全为 $I_p \geq 15$,故严格说来,用该表确定黏土的状态是合适的,但将其外推到粉质黏土时,需慎重。

表 5-2 用 $p_s$ 估计 $I_L$ 值

| 公式来源 | 经验公式 | 适用土类 | 对应下列 $I_L$ 的 $p_s$ 值 (kPa) | | | | |
|---|---|---|---|---|---|---|---|
| | | | 0 | 0.25 | 0.5 | 0.75 | 1.0 |
| 原北京综勘院 | $I_L = \dfrac{287}{p_s} + 0.374$ | $p_s < 2\,000\text{kPa}$ 黏性土 | — | — | (2 280) | 760 | 460 |
| 武汉冶勘院 | $I_L = 1.583\,4 - 0.934 \lg \dfrac{p_s}{100}$ | 黏土和粉质黏土 | 4 960 | 2 680 | 1 450 | 780 | 420 |
| 铁四院 | $\dfrac{1}{I_L} = 0.001\,1 p_s + 0.462$ | $p_s < 3\,000\text{kPa}$ 黏土 | — | — | (3 220) | 1 400 | 790 | 490 |
| | $p_s = 503 I_L^{-1.06}$ | $p_s < 1\,500\text{kPa}$ 黏性土 | — | — | — | 1 050 | 680 | 500 |

**5.5.11** 原铁道部《静力触探使用技术暂行规定》根据 325 组对比试验资料给出:

$$\left.\begin{array}{l} p_s < 600\text{kPa 时},\ s_u = 0.052\,8 p_s \\ p_s = 600 \sim 1\,500\text{kPa 时},\ s_u = 0.05 p_s + 1.6 \end{array}\right\} \quad (5\text{-}10)$$

并建议软黏性土的不排水抗剪强度取 $c_u = 0.9 s_u$。

上式的资料来源较广,但情况比较复杂,既有电测十字板数据,又有机械十字板数据。在试行多年后发现:

(1)机械十字板测得强度普遍比电测十字板强度高。

(2)若采用直剪固结快剪强度参数($c_{cu}$、$\varphi_{cu}$),并按公式取 $s_u = c_u + p_c' \tan \varphi_{cu}$ 定义土的天然强度,则经统计有 $s_u \approx s_{cu}$,表明上式给出的强度 $s_u$ 较土的实际天然强度为高;而室内无侧限强度之半 $q_u/2$ 则仅为 $s_u$ 的 84% 左右。

鉴此,为消除不同的十字板试验体系对统计成果的影响,铁路部门在对原数据进行统计分析时剔出了机械十字板数据,并在全国多个软土工点补做了 319 组电测十字板与静力触探试验进行对比。板头一律使用板高 $H = 100\text{mm}$,板径 $D = 50\text{mm}$ 的常规尺寸。通过对 500 组试验数据,按经典承载力公式 $s_u = (p_s - \sigma_{v0})/N_k$ 进行统计分析,得到了条文中的式(5.5.11-1)。$N_k$ 的值域为 $12\sim19$,平均为 15,标准差 $s = 1.5\text{kPa}$,变异系

数 $\delta = 0.137$。此式经铁路部门在连云港软土地基试验路堤、金温线软土地基路堤填筑施工等诸多工程检验，证明是可靠的。

**5.5.12** 大量资料表明，砂土的 $p_s$ 值与内摩擦角 $\varphi$ 有良好的相关性，但不同种类的砂其相关关系不尽相同。铁路部门对福建的石英砂和南京的片状砂所做的大量试验研究表明，在同等密度条件下，两种砂的峰值内摩擦角 $\varphi_m$ 相近，但残余内摩擦角 $\varphi_t$ 石英砂低于片状砂 3°～5°，且二者的体变特性有显著差别。由此说明，用单一指标 $p_s$（或 $q_c$）推算 $\varphi$ 值存在诸多不确定性。长沙铁道学院曾搜集了 44 组现场资料，并对其进行了回归分析，发现 $\varphi$ 值的离散性较大。本条表 5.5.12 是铁路部门在现场试验资料的基础上，结合室内大模型（真型）试验结果和国外使用经验，并考虑了一定的安全储备，提出的推荐值。认为将此表用于估计砂土的 $\varphi$ 值总体上是偏于安全的。但在应用本条建议值时，建议参考地区经验值对比使用。

**5.5.13** 地基承载力通常指地基的极限承载力、容许承载力和承载力特征值，其定义在不同的行业标准中存有差异。本条所指地基承载力特征值 $f_{a0}$ 与《公路桥涵地基与基础设计规范》（JTG 3363—2019）一致。目前，我国使用静力触探试验确定浅基础的承载力主要是采用统计分析，找出贯入阻力 $p_s$ 与地基承载力的相关方程，经实践检验作为经验公式推广使用。但各单位的具体做法尚不相同，主要有以下几种方法：

第一类是通过大量的载荷试验和静力触探试验进行对比分析，建立静力触探贯入阻力 $p_s$ 与地基承载力的相关方程，借以确定地基土的承载力。但各单位所用载荷板尺寸、试验方法和基本承载力的确定标准，尚不尽统一。

第二类是采集对比试验场地的土样，在室内做物理力学性质试验，根据其物理性质指标查规范确定承载力，将该承载力与静力触探贯入阻力进行比较，建立贯入阻力与承载力的相关方程。

第三类是将理论公式计算的承载力或原位测试手段（如旁压试验、标准贯入试验等）确定的承载力与静力触探贯入阻力进行比较，建立贯入阻力与承载力的相关方程。有的还考虑了当地的建筑经验，经综合分析研究确定场地地基的承载力后再与静力触探对比。

上述三类方法，第一类方法比较合适，后两种方法或间接相关或有带有主观随意性，统计误差较大。但第一类方法也存在试验方法和标准不同而引起的试验误差，这在分析对比各部门提出的成果时是不应当忽视的。

我国地域广阔，各地地质条件不一。目前，用静力触探确定地基承载力的经验公式较多，这些公式适用于不同的地区和土层，并经工程实践检验是行之有效的。故在使用静力触探有经验的地区，采用当地的经验公式是可行的。本条表列公式源自铁路部门的工程经验，本规程表中的地基承载力特征值 $f_{a0}$ 的含义与《铁路桥涵地基和基础设计规范》（TB 10093—2017）、《铁路工程地质原位测试规程》（TB 10018—2018）中的地基基本承载力 $\sigma_0$ 基本一致，为与《公路桥涵地基与基础设计规范》（JTG 3363—2019）协调，将原经验公式中的 $\sigma_0$ 改为 $f_{a0}$。

铁路部门建立的经验公式数据虽来源于各有关地区，其代表性仍然有限。但经多年使用，总体认为，表列公式确定的天然地基极限承载力 $p_u$ 一般是偏于安全的。说明如下：

1. 资料数量、分布地区及 $\sigma_0$ 的取值标准

基本承载力 $\sigma_0$ 与静力触探公式的建立共收集了全国各地不同土类的平板载荷试验与静力触探试验数据 600 余组，统计变量的取值标准分如下几种情况：

1) 一般黏性土和砂土 $\sigma_0$ 和 $p_s$ 的取值

（1）当 $p_s \leq 3\,000\text{kPa}$ 时，取 $\sigma_0 = p_{0.02}$，$p_{0.02}$ 为压板相对下沉 $S/d = 0.02$ 时所对应的压力，$S$ 为压板下沉量，$d$ 为压板直径或边长。

（2）当 $p_s > 3\,000\text{kPa}$ 时，取 $\sigma_0 = p_a$，$p_a$ 为载荷试验比例界限（拐点）压力，而 $p_s$ 则取压板影响深度范围内的算数平均值。

2) 软土 $\sigma_0$ 和 $p_s$ 的取值

（1）一般按极限荷载 $p_u$ 除以安全系数（$K=2$）确定基本承载力，即 $\sigma_0 = p_u/2$。

（2）对少数工点的软土载荷试验曲线，当有明显拐点时，则取拐点压力作为基本承载力，即 $\sigma_0 = p_a$。

（3）个别软土工点受沉降控制时，则取 $\sigma_0 = p_{0.02}$，其安全系数 $K \geq 2$，最大为 $K=2.4$。

（4）对未达破坏的载荷试验曲线，且无明显拐点时，则通过绘制 $\lg P\text{-}\lg S$、$P\text{-}\lg S$、$P\text{-}\Delta S/\Delta P$ 等曲线，找出曲线斜率明显变化点，并在考虑变形要求的条件下确定 $\sigma_0$ 值。

$p_s$ 值则取压板下 $2d$ 深度范围内按附加应力系数为权的加权平均值 $p_{sd}$，然后再取围绕该试验点的所有触探孔（一般为 2~4 孔）的 $p_{sd}$ 的算数平均值，与 $\sigma_0$ 组成一组统计变量。

由此确定的 $\sigma_0$，其对应的压板相对下沉量一般在 $0.01d \sim 0.02d$ 之间。对于软黏土，$S/d = 0.015 \sim 0.02$；对于软砂黏土，$S/d = 0.01 \sim 0.015$。

3) 新近沉积土和新黄土 $\sigma_0$ 和 $p_s$ 的取值

研究资料表明，在物理性指标或贯入阻力相同时，新近沉积黏性土和新黄土的基本承载力、变形指标以及内聚力等工程性质均不及一般黏性土。因此，在承载力取值上，通取 $\sigma_0 = p_a$。当 $p_a$ 在曲线上表现不明显时，则取 $\sigma_0 = p_a/2$ 或 $\sigma_0 = p_{0.06}/2$ 为 $S/d = 0.06$ 时的荷载。由此确定的 $\sigma_0$，其对应的 $S/d$ 平均值接近 0.01，一般均能满足强度和变形的双重要求。

$p_s$ 值一般取压板下 $2d$ 深度范围内的触探贯入阻力平均值。当触探曲线随深度波动不大时，取算术平均值；当曲线起伏较大时，按附加应力系数取加权平均值。新黄土由于土质均匀，取值深度扩至 $3d$。

2. 基本承载力 $\sigma_0$ 的静力触探经验公式

1) 黏性土基本承载力经验公式

我国用静力触探确定承载力的公式大致可分为高值线、中值线、低值线三类，如表5-3所列。

表 5-3 黏性土静力触探经验公式

| 类型 | 公式提出单位 | 经验公式 $\sigma_0 = f(p_s)$ (kPa) | 适用条件与 $p_s$ 范围值（kPa） |
|---|---|---|---|
| 高值线 | 武汉联合试验组 | $\sigma_0 = 0.1043 p_s + 26.89$ | $p_s = 300 \sim 6000$ 的黏性土 |
| | 广东航运规划设计院 | $\sigma_0 = 0.103 p_s + 27$ | 淤泥质土及一般黏性土 |
| | | $\sigma_0 = 0.14 p_s - 236$ | $p_s > 6000$ 的硬黏性土 |
| | 交通部第三航务工程勘察设计院 | $\sigma_0 = 0.1 p_s + 25.2$ | $p_s = 500 \sim 2500$ 的长江三角洲黏性土 |
| | 兖州煤矿设计院 | $\sigma_0 = 0.1012 p_s + 58.8$ | $p_s = 350 \sim 3000$ 的淮北黏性土 |
| | 郑州局武汉设计院 | $\sigma_0 = 0.088 p_s + 39.3$ | 武汉地区黏性土 |
| | 江苏省建筑设计院 | $\sigma_0 = 0.084 p_s + 25$ | $p_s = 350 \sim 5700$ 的南京黏性土 |
| | 青岛城建局 | $\sigma_0 = 0.074 p_s + 82.4$ | $p_s = 1000 \sim 5000$ 的青岛黏性土 |
| | 连云港规划建筑设计院 | $\sigma_0 = 0.0807 p_s + 49$ | 滨海软土 |
| 中值线 | 铁三院（静力触探暂行规定） | $\sigma_0 = 5.8 \sqrt{p_s} - 46$ | $I_p > 7$ 的一般黏性土 |
| | 铁二院 | $\sigma_0 = 6 \sqrt{p_s} - 44$ | 一般黏性土 |
| | 铁一院 | $\sigma_0 = 5.8 \sqrt{p_s} - 70$ | $p_s = 500 \sim 6000$ 的一般黏性土 |
| | 东北电力设计院 | $\sigma_0 = 5.8 \sqrt{p_s} - 31$ | $p_s = 800 \sim 4500$, $I_p > 7$ 的黏性土 |
| | 四川省综合勘察院 | $\sigma_0 = 2.49 \lg(p_s/100) - 91.2$ | $p_s = 600 \sim 4000$ 的一般黏性土 |
| | 原建工部综合勘察院 | $\sigma_0 = 0.05 p_s + 72.6$ | $p_s = 1500 \sim 6000$ 的一般第四纪土 |
| 低值线 | 铁四院 | $\sigma_0 = 0.112 p_s + 5$ | $p_s = 85 \sim 900$ 的软土 |
| | 原北京地形地质勘测处 | $\sigma_0 = 1.148 \lg(p_s/100) + 9.8$ | $p_s = 600 \sim 7000$ 的黏性土 |
| | | $\sigma_0 = 0.0173 p_s + 159$ | $p_s = 1500 \sim 15000$ 的黏性土及砂土 |
| | 交通部第一航务工程勘察设计院 | $\sigma_0 = p_s / (2.13 p_s^{0.584})$ | $p_s \leq 5000$ 的一般黏性土 |
| | 天津建筑设计院 | $\sigma_0 = 0.479 p_s^{0.387}$ | $p_s = 240 \sim 3550$ 的一般黏性土 |

第一类为高值线，以武汉联合试验组的公式为代表，该公式所依据的资料较多，除室内试验资料外，尚有108组载荷试验资料及实际工程验证，统计中包括了老黏性土，调整后曾列入我国《工业与民用建筑工程地质勘察规范》（TJ 21—77）。所谓老黏性土系指第四纪晚更新世（$Q_3$）及其以前沉积的黏性土。本规程条文中老黏性土地基承载力特征值 $f_{a0}$ 与比贯入阻力 $p_s$ 之间的关系源于铁路部门的经验，《铁路工程地质原位测试规程》（TB 10018—2018）建议老黏性土基本承载力 $\sigma_0$ 为比贯入阻力 $p_s$ 的 1/10，是由于考虑了一定的安全储备而采用的较低值。当老黏性土的 $p_s < 2700$ kPa 时，通常按一般黏性土看待。

第二类为中值线，以铁三院公式为代表，该公式曾列入原铁道部《静力触探使用技术暂行规定》，经多年来使用，认为对一般黏土和砂黏土是适用的（详见铁三院"静力触探估算天然地基承载力验证报告"，1983年）。根据铁一院对所搜集的百余份一般黏性土试验资料的分析结论，同时考虑到与《铁路工程抗震设计规范》（GBJ 111—87）的一致性，在制定《静力触探技术规则》（TBJ 37—93）时将《静力触探使用技术暂行规定》中的经验公式的塑性指数的划分界限由 $I_p > 7$ 改为 $I_p \geq 10$，并将该式的使用下限定为$(p_s)_{min}=800\text{kPa}$；而上限参考了铁一院公式，扩至$(p_s)_{max}=6\,000\text{kPa}$；$p_s \leqslant 800\text{kPa}$的黏性土则按软土对待。这里所言的一般黏性土，是指第四纪全新世沉积的黏性土，但不包括新近沉积的黏性土。本条一般黏性土（$Q_4$）地基承载力特征值与比贯入阻力的关系，源于铁路部门工程经验，该式已列入《铁路工程地质原位测试规程》（TB 10018—2018）。

第三类为低值线。这类公式有的包含粉土（$I_p \leqslant 10$的黏性土），有的适用于饱和砂土。其中的软土已超出一般黏性土范畴，将其列入表5-3中，便于在数值上作出比较。曾对$p_s < 1\,400\text{kPa}$、$I_p > 10$的黏性土做过多种值域的统计，最后选定本条表5.5.13-1中的$f_{a0}=0.112p_s+5$并限定其上限值$(p_s)_{max}=800\text{kPa}$，作为软土地基承载力特征值与比贯入阻力的推荐公式。该式同时兼顾了强度与变形两方面的要求。当其用于条形基础时，建议结合建筑物对地基的具体要求，进行变形检算。

2）砂土基本承载力经验公式

我国有关粉土和砂土的静力触探确定承载力的公式见表5-4。

**表5-4　粉土和砂土静力触探经验公式**

| 序号 | 公式提出单位 | 经验公式 $\sigma_0=f(p_s)$（kPa） | $p_s$范围值（kPa）及适用地区 |
|---|---|---|---|
| 1 | 铁三院（《静力触探使用技术暂行规定》） | $\sigma_0=16.2(p_s/100)^{0.63}+14.4$ | $p_s \leqslant 24\,000$，全国 |
| 2 | 建委 | $\sigma_0=23.81(p_s/100)^{0.64}-12$ | 中粗砂，全国 |
|  |  | $\sigma_0=0.019\,7p_s+65.623\,6$ | 粉细砂，全国 |
| 3 | 铁四院 | $\sigma_0=p_s/30$ | $p_s \leqslant 15\,000$，长江中下游地区砂土 |
| 4 | 河南省建筑设计院 | $\sigma_0=150\lg(p_s/100)-54.4$ | $p_s=300 \sim 4\,000$，河南省 |
| 5 | 郑州铁路局设计院 | $\sigma_0=176\lg(p_s/100)-23$ | $p_s \leqslant 20\,000$，东陇海线及黄泛区 |
| 6 | 武汉冶金勘察研究院 | $\sigma_0=0.02p_s+50$ | $p_s \geqslant 5\,000$，长江中下游粉细砂 |
| 7 | 原轻工部第二设计院 | $\sigma_0=0.01p_s+150$ | $p_s=2\,200 \sim 16\,000$，滨海粉土 |
| 8 | 铁三院 | $\sigma_0=5.8\sqrt{p_s}-46$ | $p_s \leqslant 20\,000$，粉土及砂土 |
| 9 | 铁一院 | $\sigma_0=36.8(p_s/100)^{0.482}$ | $p_s=1\,000 \sim 20\,000$，中粗砂 |
|  |  | $\sigma_0=1.14p_s^{0.68}$ | $p_s=500 \sim 20\,000$，粉细砂 |
|  |  | $\sigma_0=2.5\sqrt{p_s}-21$ | $p_s \leqslant 3\,500$，西北盆地粉土、粉细砂 |

表5-4中的（1）式为原铁道部《静力触探使用技术暂行规定》采用公式，它居表内诸式之中位，亦为铁一院分别对中粗砂和粉细砂所作的统计分析结果所证实。考虑到静力触探不能区分砂土亚类这一事实，在制定《静力触探技术规则》（TBJ 37—93）时，沿用了《静力触探使用技术暂行规定》采用的计算公式。铁道科学研究院早年的分析研究认为，该式具有足够的安全度。在制定《铁路工程地质原位测试规程》

(TB 10018—2003）时，将《静力触探使用技术暂行规定》采用的计算公式改为式（5-11），作为粉土、砂土基本承载力计算公式，并沿用至今，即：

$$\sigma_0 = 0.89 p_s^{0.63} + 14.4 \qquad (5\text{-}11)$$

本条表5.5.13-1中的砂土、粉土承载力公式即源于此。该式计算的承载力较《静力触探使用技术暂行规定》公式有所提高。将粉砂、细砂、中砂、粗砂及$I_p \leq 10$的黏性土划为一大类，是因为所获得的$p_s$-$\sigma_0$关系相近，研究认为影响砂土强度的主要因素是密度，砂的粗细或级配与强度的关系不甚明显。

砂土承载力公式，统计采用的数据多为地下水位以下的试验资料，少量水上砂土载荷试验资料在确定容许承载力时均减半纳入统计。因而，对于地下水位以上的砂土，使用该式确定的$\sigma_0$应该有所增加。增加的具体数值目前尚无统一意见，当确认地基在施工和竣工后均不会达到饱和时，按式（5-11）确定的砂土基本承载力可以酌情提高25%~50%。

3）新黄土基本承载力公式

表5-5列出了《静力触探技术规则》（TBJ 37—93）新黄土三带推荐式与其他经验公式。此三带所辖地区系参照《湿陷性黄土地区建筑规范》（TJ 25—90）附录一中的七个工程地质分区，结合$\sigma_0$-$p_s$的统计分析结果进行了适当归并。可以看出三个分带推荐式基本上反映新黄土的地区差异性，使用甚为方便。在制定《铁路工程地质原位测试规程》（TB 10018—2018）时，沿用了《静力触探技术规则》（TBJ 37—93）使用的公式，但对新黄土的值域$p_s$作了一定的限制，当实测$p_s$超出表中值域时，可不考虑承载力增加。新黄土分带所辖工程地质分区系参照修订后的《湿陷性黄土地区建筑规范》（GB 50025—2004）中的附录"中国湿陷性黄土工程地质分区略图"。老黄土的统计结果与东南带新黄土公式相同，因样本数仅19组，未予推荐使用。

表5-5 新黄土静力触探经验公式

| 序号 | 分 带 | 公式提出单位 | 经 验 公 式 | 适 用 地 区 |
|---|---|---|---|---|
| 1 | 东南带 |  | $\sigma_0 = 0.05 p_s + 65$ | 推荐式 |
| 2 |  | 铁一院 | $\sigma_0 = 0.064 p_s + 29$ | 侯月线 |
| 3 |  |  | $\sigma_0 = 0.04 p_s + 75$ | 关中、山东 |
| 4 |  | 铁二院 | $\sigma_0 = 0.072 p_s + 42$ | 山东 |
| 5 |  | 陕西省综合勘察院 | $\sigma_0 = 0.07 p_s + 51$ | 关中、郑州 |
| 6 |  | 原一机部勘察公司 | $\sigma_0 = 0.08 p_s + 31$ | 关中 |
| 7 |  | 原四机部勘察公司 | $\sigma_0 = 0.04 p_s + 68$ | 关中 |
| 8 |  | 西安冶金勘察公司 | $\sigma_0 = 0.032 p_s + 93$ | 关中 |
| 9 | 西北带 |  | $\sigma_0 = 0.05 p_s + 35$ | 推荐式 |
| 10 |  | 铁一院 | $\sigma_0 = 0.043 p_s + 19$ | 兰州 |
| 11 |  |  | $\sigma_0 = 0.049 p_s + 34$ | 孝柳线 |
| 12 |  | 铁科院西北所 | $\sigma_0 = 0.061 p_s + 22$ | 兰州 |
| 13 |  | 山西省电力设计院 | $\sigma_0 = 0.027 p_s + 77$ | 晋西北 |

续表 5-5

| 序号 | 分带 | 公式提出单位 | 经验公式 | 适用地区 |
|---|---|---|---|---|
| 14 | 北部边缘带 | 铁一院 | $\sigma_0 = 0.04 p_s + 40$ | 推荐式 |
| 15 | | | $\sigma_0 = 0.038\ 6 p_s + 44$ | 神地—神木 |

4）基本承载力 $\sigma_0$ 经验公式的某些验证情况

（1）为了验证前述几个公式的可靠性，1983 年铁路部门的专业设计院组成联合小组，搜集了北京、武汉、上海、南京、河南、新疆、青海、广东、陕西等省区市 277 组载荷试验与静力触探对比资料，进行统计分析，得到表 5-6 所列的（1）、（3）、（5）式，经与《静力触探技术规则》（TBJ 37—93）所采用的（2）、（4）、（6）式进行比较，认为采用的三个公式是可靠的。

表 5-6 静力触探经验公式对比

| 序号 | 土 类 | 公 式 | 频数 $N$ | 相关系数 $r$ | 标准差 $\delta$ |
|---|---|---|---|---|---|
| 1 | 老黏性土 | $\sigma_0 = 39.5\ (p_s/100)^{0.67}$ | 29 | 0.81 | 85 |
| 2 | | $\sigma_0 = 0.1 p_s$ | | | |
| 3 | 一般黏性土（$I_p > 10$） | $\sigma_0 = 31.6\ (p_s/100)^{0.68}$ | 54 | 0.71 | 59 |
| 4 | | $\sigma_0 = 5.8\sqrt{p_s} - 46$ | 43 | 0.92 | 26 |
| 5 | 一般黏性土（$I_p \leq 10$）及饱和砂土 | $\sigma_0 = 32.7\ (p_s/100)^{0.48}$ | 99 | 0.86 | 52 |
| 6 | | $\sigma_0 = 16.2\ (p_s/100)^{0.68} + 14.4$ | 60 | 0.945 | 31.6 |

（2）《铁路桥涵地基和基础设计规范》（TB 10093—2017）规定：软土地基的容许承载力 $[\sigma]$ 在满足稳定和变形要求时，可按下式确定：

$$[\sigma] = 5.14\frac{C_u}{K} + r_2 h \tag{5-12}$$

式中：$C_u$——不排水抗剪强度（kPa）；

$K$——安全系数，可以根据软土灵敏度等因素取 1.5~2.5，在此取为 2；

$r_2$——基底以上土的天然重度（$kN/m^3$）；

$h$——基础底面的埋置深度（m）。

对载荷板试验，因 $h=0$，上述式（5-12）变为：

$$\sigma_0 = 2.57 C_u \tag{5-13}$$

将本规程第 5.5.11 条式（5.5.11-3）代入，得：

$$\sigma_0 = 0.102\ 8 p_s + 5.14 \tag{5-14}$$

与本条表 5.5.13-1 中推荐的软土基本承载力公式基本一致。

5）推荐公式的安全度

由载荷试验与对应的静力触探贯入阻力建立的基本承载力经验公式，认为其 $\sigma_0$ 值以极限荷载除以安全系数来确定较为合适。这时除软土载荷试验一般做到破坏阶段外，其他各类土有些没有做到破坏，因此不能逐个对所选取的承载力值得出相应的安全系数。估计其安全度可借助于经验公式的比较得出。铁科院通过统计得出极限荷载 $p_u$ 的触探经验公式为：

黏土、粉质黏土：
$$p_u = 59(p_s/100)^{0.767} \quad (kPa) \tag{5-15}$$

粉土、砂土：
$$p_u = 21(p_s/100)^{0.926} \quad (kPa) \tag{5-16}$$

将此二式与本条表5.5.13-1中推荐的黏性土和砂土、粉土承载力公式分别进行数值比较即可看出，推荐公式的安全系数在2~3之间，并有随$p_s$减小而减小的趋势。此外，上述公式的$\sigma_0$取值是基于荷载板埋深为0、压板宽度（或直径）$b = 50 \sim 70.7$cm的条件下得出的，而我国现行的各种规范中的基本承载力均指基础有一定宽度和一定埋深。因此，认为上述公式在使用中是偏于安全的。

3. 计算基本承载力时贯入阻力$p_s$的取值

（1）对于均质地基浅埋基础，实测资料和理论分析均已证明，土体受荷后产生剪切变形主要发生在基础底面下$2b$深度（$b$为基础短边宽度或直径）范围内的地基浅层，水平附加应力引起的侧向膨胀则更浅。从稳定检算要求上看，只需要计取剪切变形深度范围内土的有关力学性质指标。对均质地基的取值而言，似无此问题。但自然界很少有物理力学性质不随深度而变的均质地基。这里所谓的"均质地基"泛指时代、成因、物质成分完全一样而土的某些物理力学性质随深度呈线性变化的天然地基。例如我国沿海地区巨厚的软土乃至内地的膨胀土和伦敦、高尔特的硬黏土，其贯入阻力$p_s$或$q_c$随深度线性递增。对于这类"均质"土，若取全层贯入阻力平均值计算$\sigma_0$，必然夸大了地基的承载能力。因此，需对$p_s$的取值深度加以限制。

条款中以$2b$作为对条形基础下地基$p_s$的取值深度是适宜的，对独立基础（圆形或方形）似偏大，但因$\sigma_0$的触探经验公式是在$2b$取值条件下建立的，故实际上不会带来影响。因此，本条款将浅埋基础$p_s$的取值深度范围统一定为基础底面下$2b$。

对地面上构筑的梯形荷载而言，$p_s$的取值深度可按下式计算：
$$d = \frac{1}{3}(B + MH_c) \tag{5-17}$$

式中：$d$——从天然地面起算的计值深度（m）；

$B$——路堤的顶面宽度（m）；

$M$——路堤的边坡坡率，$M = \tan\theta$，$\theta$为单一直线形坡面与水平地面的夹角；

$H_c$——路堤的极限高度（m），按下式估计：
$$H_c = 5.5\tau_u/r \tag{5-18}$$

$\tau_u$——地基土的不排水抗剪强度（kN/m$^2$）；

$r$——路堤填土重度（kN/m$^3$）。

当路堤有反压护道时，贯入阻力的计算深度需根据稳定性分析的要求确定。

计深公式（5-17）是根据宫川公式并假定垂直纵向裂缝居于铁路路堤的中轴线上而导得的，铁路部门经连云港筑堤试验和室内离心模型试验结果证明是可行的。但需指出的是，由于软土的$p_s$或不排水剪强度$\tau_u$随深度在改变，用平均强度值检算路堤的稳定性是不够确切的，应该将强度作为深度变量的函数列入稳定检算的公式中才是正确的。

（2）层状地基的贯入阻力取值需符合本规程第 5.5.4 条的规定。对于由粉砂（或粉土）与粉质黏土（或黏土）组成的组合式土层，需根据其大值平均值和小值平均值，在本条表 5.5.13-1 中分别按它们所属的土类计算地基土的基本承载力容许值，并根据建筑物特点和重要程度，确定组合土层的承载力。

4. 极限承载力 $p_u$ 的取值标准

在荷载 $p$-沉降 $S$ 曲线（以下简称 $p$-$S$ 曲线）上确定 $p_u$ 值的方法较多，如第二拐点法、相对沉降法、对数法、半对数法、切线交汇法以及作图法等，每种方法各有其自身的物理内涵和实践基础。但上述任何一种方法均不可能涵盖所有土类，且对一条 $p$-$S$ 曲线能同时使用其中两种或两种以上方法确定 $p_u$ 时，会出现 $p_u$ 值因方法不同而异，其相对偏差有时不容忽视。特别在用间接手段（如 CPT、DPT、SPT 等）与载荷试验建立经验关系时，会加大对比数据的离散性。鉴此，除粉土、新黄土外，全部按双曲线拟合 $p$-$S$ 曲线的方法取值。

由于某些原因，有些 $p$-$S$ 曲线的曲线形态向原点延伸时不通过原点，交 $S$ 轴于 $S_0$。此时需事先对实测值 $S'$ 进行修正，即令 $S = S' - S_0$ 以替代 $S'$。通过试取 $S_0$ 直至两曲线达最佳拟合。经此处理后，所有拟合曲线与 $p$-$S$ 曲线的相关系数 $r$ 均在 0.99 以上。

综上所述，本条文决定取软土的破坏比 $R_f = 0.8$，黏性土、一般黏性土、粉细砂和中粗砂的 $R_f = 0.75$ 后与两倍压板直径深度范围内的 $p_s$ 平均值建立经验关系，列于本条表 5.5.13-2 中。因此，如以破坏荷载 $p_f$ 为基准，则极限承载力 $p_u$ 自身的安全储备 $\Delta F = (p_f - p_u)/p_f \geq 20\%$。

5.5.14 铁路部门曾对黏性土、砂土、新黄土做了相同压板面积不同埋深及同埋深不同压板面积的载荷试验，并与静力触探、动力触探进行了对比分析，得到下列规律性认识：

（1）载荷试验与静力触探、动力触探等原位测试均存在临界深度 $Z_{cr}$。在 $Z_{cr}$ 以内，地基承载力随土强度（以 $p_s$ 或 $N_{63.5}$ 表征）和基础埋置深度 $Z$ 的增加而增加，在 $Z_{cr}$ 以下，地基承载力在实用上应视为常数（$k_2 = 0$）。

（2）地基土的深度修正系数 $k_2$ 与 $p_s$ 呈近似线性关系，与 $N_{63.5}$ 呈幂函数关系。在相同 $p_s$ 值时，新黄土、砂土的 $k_2$ 值小于黏性土的 $k_2$ 值，并提出 $k_2$ 的推荐值，见表 5-7。本条的 $k_2$ 值是铁路部门在《静力触探使用技术暂行规定》基础上根据上述研究成果而作的补充修订，认为其安全储备是足够的。

表 5-7 $k_2$ 的推荐值

| $p_s$（MPa） | 1 | 2 | 3 | 4 | 5 | 6 | 10 | 14 | 20 | >20 |
|---|---|---|---|---|---|---|---|---|---|---|
| 黏性土 | 1 | 2 | | 3 | | 4 | — | — | — | — |
| 砂土、粉土 | 1 | 2 | 2.5 | | 3 | | 4 | 5 | | 6 |
| 新黄土 | — | 1 | — | 1.5 | — | 2 | | | | |
| $N_{63.5}$（击次/10cm） | ≤4 | 6 | 10 | 15 | 20 | 25 | 32 | | ≥40 | |
| 中砂~碎石土 | 1 | 2 | 3 | 4 | 5 | 6 | 7 | 8 | 9~10 | |

（3）黏性土在相对埋深 $z/b \leq 4$ 时（$b$ 为基础宽度），修正系数 $k_2$ 随 $z$ 值的增加而递增；$z/b > 4$ 后，$k_2$ 值随相对埋深的增加呈幂函数关系，递增速率减缓。

（4）通过用不同压板面积在 4 个深度所做的 25 次试验表明，新黄土地基的变形特征基本上不属于整体剪切破坏；在压板下土体以压缩变形为主，并逐渐向下发展而演成"楔入"破坏。因而，其承载力与压板尺寸大小的关系不大。同时虑及基础尺寸增加引起沉降量加大，故建议对新黄土的承载力不作宽度修正（$k_1 = 0$）。

**5.5.15** 本条源自铁路部门经验，表 5.5.15-1 是根据表 5-8 所列经验公式编制的，而表 5.5.15-2 则直接采用计算式以取代数值表。说明如下：

（1）表 5-8 中的 1 号公式，其资料取材于西北地区以外全国各地的黏性土，有较广泛的代表性。该式中的线性式在原铁道部《静力触探技术规则》（TBJ 37—93）中为 $E_s = 2.14 p_s + 2.174$。在规则执行中发现，对于硬塑~坚硬黏性土和 $Q_3$ 及其以前的黏性土，$E_s$ 值普遍偏低。原因是在 498 组资料中，软土及 $p_s \leq 4$MPa 的一般黏性土占绝大多数，硬土及老黏性土为数较少。鉴于此，在对上述《静力触探技术规则》（TBJ 37—93）进行修订时，保持其中的幂数式不变，截除了 $p_s < 0.7$MPa 和 $p_s > 6$MPa 的数据后进行了回归分析，得到 $E_s = 3.99 p_s + 0.5$ 的关系，此二式的交点（解）为 $p_s \approx 0.7$MPa 和 $E_s \approx 3.3$MPa，可作为软土与一般黏性土的分界点。

**表 5-8 土的压缩模量 $E_s$（MPa）**

| 序号 | 土层名称 | $E_s$ | $p_s$ 值域（MPa） | 频数 $N$ | 相关系数 $r$ | 标准差 $s$ |
|---|---|---|---|---|---|---|
| 1 | 软土及一般黏性土 | $p_s \leq 0.7$ 时，$E_s = 4.2 p_s^{0.68}$ | 0.22~7.90 | 498 | 0.810 | 1.30~1.83 |
|   |   | $p_s > 0.7$ 时，$E_s = 3.99 p_s + 0.5$ | 0.7~6.0 | 376 | 0.852 | 1.51 |
| 2 | 饱和砂土 | 引自武汉建筑设计院《执行 TJ 21—77 规范的补充规定》 | | | | |
| 3 | 新黄土 | $E_s = 3.66 p_s - 2$ | 0.5~6.5 | 76 | 0.840 | 3.60 |
| 4 | 新近堆积黏性土 | $E_s = 1.16 p_s + 3.45$ | 0.5~6.0 | 50 | 0.700 | 1.70 |
| 5 | 粉土及新近堆积土 | $E_s = 1.34 p_s + 3.40$ | 0.5~10.0 | 30 | 0.700 | 1.70 |

（2）在本规程表 5.5.15-2 软土及饱和黏性土的 $E_0$ 公式中，$p_s \leq 0.799$MPa 的资料有 37 组，$p_s < 1.4$MPa 的有 63 组，仅有 3 组为硬塑黏性土。由此可知，几乎所有 $p$-$S$ 曲线均呈圆滑形，很难找到第一拐点。为统一取值的标准，将经过修正后的 $p$-$S$ 曲线与圆形均布荷载下地基竖向附加应力分布曲线联系起来。根据附加应力系数，在 $\sigma_z$-$Z$ 曲线上，可以找到与 $p$-$S$ 曲线上任一级荷载 $p_i$（$p_i \leq \sigma_0$）数值相等的 $\sigma_i$ 值及其所处深度 $Z_i$ 值，如图 5-3 所示。因而可借助于半无限体表面荷载作用下的弹性理论解，运用三向分层总和法求得当 $(p_i)_{max} = p_n = \sigma_0$ 时地基的 $E_0$ 值。然后与两倍压板深度范围内 $p_s$ 加权平均值（按附加应力系数加权）建立了表 5.5.15-2 中的公式：$E_0 = 6.03 p_s^{1.45} + 0.8$。严格说来，如此定出的 $E_0$ 是特定于 $\sigma_0$ 的当量变形模量（割线模量），当设计荷载小于 $\sigma_0$ 时，估算出来的变形量偏大。

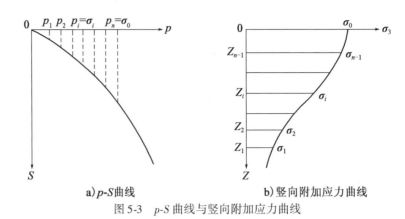

图 5-3 $p$-$S$ 曲线与竖向附加应力曲线

（3）存在问题与注意事项。

①本规程将模量值列入出于以下考虑：

a. 因钻探和取土的质量原因而造成土层剖面漏层时，可以作为补充数据在沉降检算中予以考虑，较之毫无根据的猜测显得合理可靠。

b. 如同压缩系数 $a_{1-2}$、孔隙比 $e$ 一样，作为定性判别土的压缩性，不失为一个有用的指标。一般说来，由于 $E_s$、$E_0$ 与 $p_s$ 存在较好的统计关系，作为与 $\sigma_0$ 相配套的指标看待是可行的。但需注意经验公式的局限性，尤其是对于表 5-7 和表 5-8 中那些数据不多、相关系数低、标准差大的经验公式，使用时需慎重。

②$E_s$ 是在侧限条件下的排水模量，而 $E_0$ 是有侧胀条件的排水模量，理论上有 $E_0 < E_s$。然而，本规程表 5.5.15-1 和表 5.5.15-2 却给出了相反的结果。这是因为 $E_0$ 基于弹性理论，在 $p$-$S$ 曲线上通常取的是切线模量，甚至是初始切线模量，其值一般较大；而 $E_s$ 是以 100~200kPa 压力区段内计得的数值，对中~低压缩性土而言，属低应力水平，兼因取土造成的应力释放和可能的结构扰动，其值一般偏低。由此可知，以 $p_s$ 推得的 $E_s$ 仅适宜于用单向分层总和法估计地基沉降，而以 $p_s$ 推得的 $E_0$ 仅适宜于以弹性理论公式求地基沉降。

③从机理上看 $E_s$、$E_0$ 与 $p_s$ 的统计关系，只适用于砂类土；对饱和黏性土，$p_s$ 属于不排水条件下的触探参数，与 $E_s$、$E_0$ 无机理关系可言。

另外，土的广义模量值是随初始固结压力（或深度）增大而增大、依应力水平提高而降低的可变值，需与具体工程的实际应力条件联系起来才有意义。

**5.5.16** 桩基础是目前广泛采用的一种基础形式，其承载力的确定较之浅基更为复杂和困难。确定单桩承载力的方法较多，其中有些是对桩做静载荷试验，也有一些是通过各种测试手段对桩的承载能力进行间接的估算。这些方法繁简不同，精度各异。本规程计算打入桩极限承载力的触探公式是由铁路部门的科研和设计单位所组成的试验小组，在 1975—1978 年间，根据北京、天津、上海、南京、石家庄等地 61 根试桩与静力触探对比试验数据，经统计分析得出的。在统计中采用了相对偏差平方和最小的原则求待定系数 $\alpha$ 和 $\beta$，以减少人为误差，获得较高的估算精度。同时，对端阻的取值范围和土质分类标准通过 24 种不同条件的组合方案的计算，并经比选后优选出来。试验对比结果列于表5-9。

表5-9 钢筋混凝土打入桩单桩极限承载力试验值与计算值对比

| 地 点 | 桩 号 | 试桩尺寸 (m) | 单桩极限承载力（t） 载荷试验 | 计算值 | 计算值/实测值 |
|---|---|---|---|---|---|
| 上海 | 1 | 0.45×0.45×25.4 | 159.2 | 154.6 | 0.97 |
| 上海 | 2 | 0.45×0.45×25.4 | 159.2 | 160.3 | 1.01 |
| 上海 | 3 | 0.40×0.40×23.9 | 134.6 | 124.9 | 0.93 |
| 上海 | 4 | 0.40×0.40×23.9 | 134.6 | 130.6 | 0.97 |
| 上海 | 5 | 0.45×0.45×25.4 | 192.5 | 127.1 | 0.66 |
| 上海 | 6 | φ0.50×23.8 | 168.3 | 159.8 | 0.95 |
| 上海 | 7 | φ0.50×23.8 | 168.3 | 148.2 | 0.88 |
| 上海 | 8 | 0.50×0.50×24.25 | 253.0 | 156.4 | 0.62 |
| 上海 | 9 | 0.45×0.45×20.2 | 165.0 | 129.8 | 0.79 |
| 上海 | 10 | 0.45×0.45×19.25 | 167.7 | 154.8 | 0.92 |
| 上海 | 11 | 0.30×0.30×8.35 | 53.6 | 62.0 | 1.16 |
| 上海 | 12 | 0.30×0.30×8.95 | 58.6 | 66.5 | 1.14 |
| 上海 | 13 | 0.30×0.30×9.59 | 77.6 | 67.4 | 6.87 |
| 上海 | 14 | 0.45×0.45×13.35 | 112.0 | 105.3 | 0.91 |
| 上海 | 15 | 0.45×0.45×13.05 | 102.0 | 102.5 | 1.00 |
| 上海 | 16 | 0.45×0.45×21.94 | 107.6 | 130.4 | 1.21 |
| 上海 | 17 | 0.45×0.45×29.40 | 184.2 | 215.6 | 1.17 |
| 上海 | 18 | 0.40×0.40×23.40 | 136.5 | 120.9 | 0.89 |
| 上海 | 19 | 0.40×0.40×23.40 | 119.5 | 109.6 | 0.92 |
| 上海 | 20 | φ0.55×31.14 | 264.0 | 240.8 | 0.88 |
| 南京 | 21 | φ0.55×30.98 | 252.0 | 260.3 | 1.03 |
| 南京 | 22 | φ0.55×29.49 | 237.0 | 234.2 | 0.99 |
| 南京 | 23 | φ0.55×23.00 | 225.0 | 208.3 | 0.93 |
| 南京 | 24 | φ0.55×20.48 | 222.0 | 185.5 | 0.84 |
| 南京 | 25 | φ0.55×20.48 | 222.0 | 196.2 | 0.88 |
| 南京 | 26 | φ0.40×11.14 | 170.0 | 126.4 | 0.74 |
| 南京 | 27 | φ0.40×11.14 | 170.0 | 144.3 | 0.85 |
| 南京 | 28 | 0.30×0.30×7.82 | 84.0 | 88.2 | 1.05 |
| 南京 | 29 | φ0.55×31.25 | 224.0 | 295.4 | 1.32 |
| 南京 | 30 | φ0.55×27.0 | 250.0 | 248.5 | 0.99 |
| 南京 | 31 | φ0.55×31.0 | 270.0 | 294.6 | 1.09 |
| 南京 | 32 | φ0.55×31.0 | 270.0 | 296.3 | 1.10 |

续表 5-9

| 地 点 | 桩 号 | 试桩尺寸 (m) | 单桩极限承载力（t） 载荷试验 | 计算值 | 计算值 实测值 |
|---|---|---|---|---|---|
| 南京 | 33 | φ0.55×20.25 | 200.0 | 209.5 | 1.05 |
| 南京 | 34 | φ0.55×23.0 | 220.0 | 237.4 | 1.08 |
| 南京 | 35 | φ0.55×20.5 | 230.0 | 226.3 | 0.98 |
| 南京 | 36 | φ0.55×18.5 | 210.0 | 199.1 | 0.95 |
| 天津 | 37 | 0.35×0.35×17.0 | 83.0 | 96.0 | 1.16 |
| 天津 | 38 | 0.35×0.35×14.5 | 74.0 | 83.2 | 1.12 |
| 天津 | 39 | 0.40×0.40×17.0 | 100 | 100.5 | 1.01 |
| 天津 | 40 | 0.40×0.40×8.0 | 60.0 | 57.6 | 0.96 |
| 天津 | 41 | 0.55×0.55×22.1 | 453.0 | 390.8 | 0.86 |
| 天津 | 42 | 0.40×0.40×19.5 | 125.0 | 127.7 | 1.34 |
| 天津 | 43 | 0.40×0.40×19.0 | 160.0 | 170.3 | 1.06 |
| 天津 | 44 | φ0.50×27.5 | 270.0 | 292.7 | 1.08 |
| 天津 | 45 | 0.40×0.40×22.0 | 170.0 | 140.8 | 0.83 |
| 天津 | 46 | φ0.55×28.0 | 230.0 | 289.9 | 1.26 |
| 天津 | 47 | φ0.55×28.0 | 230.0 | 296.6 | 1.29 |
| 天津 | 48 | 0.40×0.40×24.0 | 250.0 | 211.7 | 0.85 |
| 天津 | 49 | 0.40×0.40×13.0 | 58.0 | 84.9 | 1.46 |
| 天津 | 50 | 0.40×0.40×13.0 | 150.0 | 143.3 | 0.96 |
| 石家庄 | 51 | 0.25×0.25×7.0 | 75.0 | 79.1 | 1.05 |
| 石家庄 | 52 | 0.25×0.25×7.0 | 75.0 | 78.5 | 1.05 |
| 石家庄 | 53 | 0.25×0.25×7.0 | 82.0 | 82.0 | 1.00 |
| 石家庄 | 54 | 0.25×0.25×7.0 | 82.0 | 81.4 | 0.99 |
| 石家庄 | 55 | 0.25×0.25×7.0 | 78.0 | 71.5 | 0.92 |
| 石家庄 | 56 | 0.25×0.25×7.0 | 78.0 | 87.2 | 1.12 |
| 石家庄 | 57 | 0.25×0.25×6.5 | 85.0 | 60.4 | 0.71 |
| 石家庄 | 58 | 0.25×0.25×6.5 | 85.0 | 70.0 | 0.82 |
| 北京 | 59 | 0.25×0.25×7.77 | 49.0 | 58.8 | 1.20 |
| 北京 | 60 | 0.25×0.25×7.77 | 49.0 | 48.4 | 0.99 |
| 北京 | 61 | 0.25×0.25×7.77 | 49.0 | 54.2 | 1.11 |

条文中的打入桩承载力计算公式曾列入原铁道部《静力触探技术规则》，后又列入《铁路工程地质原位测试规程》（TB 10018—2018）。经多年使用，认为该公式具有较大的适应性，与实际试桩比较，误差小于30%的桩占85%以上。铁路部门曾在武昌以压入混凝土方桩的静载试验资料进行校核，误差在25%以内，且偏于安全。

用静力触探测得的地基土的端阻 $\bar{q}_c$ 和侧阻 $\bar{f}_s$ 值，不能直接当作桩的极限端阻和侧阻，需进行修正。条文中的式 (5.5.16-1)，其综合修正系数 $\alpha$ 和 $\beta$ 与桩周土的类别有关。根据地基土的平均触探端阻 $\bar{q}_c$ 和摩阻比 $\bar{f}_s/\bar{q}_c$，可以将土分为两大类，即砂土和黏性土。砂土的判别标准为 $\bar{q}_c > 2\,000\text{kPa}$，且 $\bar{f}_s/\bar{q}_c \leq 0.014$，不符合此条件的土都划为黏性土。因此，在确定侧阻综合修正系数时，需根据桩侧壁土层的 $\bar{q}_c$ 和 $\bar{f}_s/\bar{q}_c$ 值，选择本条相应的式 (5.5.16-4)、式 (5.5.16-5) 计算 $\beta$。确定端阻综合修正系数 $\alpha$ 时，需根据桩底以下持力层的 $\bar{q}_{cp2}$ 和 $\bar{f}_{s2}/\bar{q}_{cp2}$ 值，选择本条相应的式 (5.5.16-6)、式 (5.5.16-7) 计算 $\alpha$ 值。此时，公式中的 $\bar{q}_{cp}$ 是考虑了桩底以上土层影响的计算平均值，而不是划分土类的 $\bar{q}_{cp2}$ 值。

静力触探贯入过程中，遇到孤石或其他障碍物而使端阻或侧阻值异常时，需舍去。

**5.5.17** 早在 1967 年，铁科院在北京、天津等地进行了 16 根灌注桩试桩与静力触探对比试验，其初步成果经铁一院 6 根灌注桩试桩验证，甚相吻合。其后又与原铁道部大桥局合作，共搜集冀、鲁、浙、鄂等 10 个不同地区的 50 根灌注桩与静力触探对比试验资料，进行了 36 种组合方案上千次的电算，提出本条形如式 (5.5.17-1) 用静力触探参数估算灌注桩极限承载力公式，此法曾列入原铁道部《静力触探技术规则》(TBJ 37—93)，其中的综合修正系数按下列各式计算。

当桩径 $\phi < 65\text{cm}$ 时：

$$\beta_i = 3.774\,(\bar{f}_s/10)^{-0.75} \tag{5-19}$$

$$\alpha = 7.878\,(\bar{q}_c/100)^{-0.99} \tag{5-20}$$

当桩径 $\phi \geq 65\text{cm}$ 时：

$$\beta_i = 1.39\,(\bar{f}_s/10)^{-0.4} \tag{5-21}$$

$$\alpha = 1.625\,(\bar{q}_c/100)^{-0.66} \tag{5-22}$$

经工程实践，特别是经杭甬高速公路直径大于 800mm 的桥梁钻孔桩基础试桩检验表明，该式中的综合修正系数 $\beta_i$ 偏小，即由静力触探估算的 $Q_u$ 值过于安全。此后，铁三院对天津地区 61 根桩身质量良好的钻孔桩进行对比试验和系统性分析，结论认为：

(1) 钻孔灌注桩可不分桩径大小，统一计算。

(2) 桩侧阻综合修正系数 $\beta_i$ 和桩端阻综合修正系数 $\alpha$ 可用下列公式计算：

$$\beta_i = 27.289\,(\bar{f}_{si})^{-0.87} \tag{5-23}$$

$$\alpha = 112.06\,(\bar{q}_{cp})^{-0.75} \tag{5-24}$$

针对上述两方面的研究成果，《铁路工程地质原位测试规程》(TB 10018—2018) 在修订时对原综合修正系数进行了调整，并推荐式 (5.5.17-1) 和式 (5.5.17-2) 纳入规程。上述 111 组钻孔桩的基本情况和统计结果如下：

① 桩长 $L$ (m)：$L > 30$ 者有 22 根，$L = 20 \sim 30$ 者有 57 根，$L = 10 \sim 20$ 者有 23 根，

$L<10$ 者有 9 根，其中最短者为 $L=3.2$。

②桩径 $d$（cm）：$d\geq 65$ 者有 30 根，$d<65$ 者有 81 根。

③计试比 $R_{ct}=Q_{u计算}/Q_{u试验}$ 的统计结果见表 5-10。

**表 5-10　计试比 $R_{ct}$ 统计结果**

| 数据来源 | 桩数 | $R_{ct}$ 统计特征值 | | | |
|---|---|---|---|---|---|
| | | 范围值 | 平均值 $\overline{R}_{ct}$ | 均方根差 | 变异系数 |
| 静力触探技术规则（TBJ 37—93） | 50 | 0.44~1.52 | 0.893 8 | 0.276 8 | 0.309 7 |
| 用 CPT 确定灌注桩承载力（铁三院等） | 61 | 0.70~1.45 | 1.0 | 0.176 | 0.176 |
| 铁路工程地质原位测试规程（TB 10018—2018） | 111 | 0.63~1.54 | 0.995 8 | 0.187 2 | 0.188 0 |

上表所列的 $\overline{R}_{ct}$ 值表明，《铁路工程地质原位测试规程》（TB 10018—2018）推荐的钻孔桩承载力公式在总体上是偏于安全的。

（3）铁三院对 84 根桩身质量良好的沉管灌注桩进行触探对比试验和类似的系统性分析，其基本情况和统计结果如下：

①桩长 $L$（m）：$L=12.0~19.6$ 者有 39 根，$L=21~24$ 者有 45 根。

②桩径 $d$（cm）：$d=40$ 者有 67 根，$d=50$ 者有 17 根。

③计试比 $R_{ct}=0.554~1.542$，$\overline{R}_{ct}=0.986$，均方根差 $\sigma_{n-1}=0.209$，变异系数 $\delta=0.212$。

需要说明的是，影响桩承载力的因素甚多，除了土质、状态及其成层条件而外，尚有施工方面的诸多因素。特别是灌注桩，后类影响因素更为突出。条文所推荐的灌注桩承载力计算公式，仅考虑土层对完整单桩的支承能力。

**5.5.18**　本条是《铁路工程地质原位测试规程》（TB 10018—2018）以《铁路工程抗震设计规范》（GB 50111—2006）的液化土判定方法为基础，对其中的静力触探法加以修改后提出的。说明几点：

（1）《铁路工程抗震设计规范》（GB 50111—2006）采用的是单桥探头静力触探判定砂土液化的可能性，有关砂土液化临界贯入阻力的计算公式详见该规范的附录 B。

（2）《铁路工程地质原位测试规程》（TB 10018—2018）根据《中国地震动参数区划图》（GB 18306—2015）对上述规范可液化土层临界贯入阻力进行了修订。

（3）在《铁路工程地质原位测试规程》（TB 10018—2018）中补充了单桥探头静力触探法中的 $I_p\leq 10$ 的粉土液化判别方法，建议采用标贯试验法中同样的黏粒含量修正系数。

（4）增加了用双桥探头触探参数判别地基土液化的方法。双桥探头临界贯入阻力计算公式是由单桥探头公式 $p_s=1.1q_c$ 换算得到的，并增添了用摩阻比 $R_f$ 确定 $\alpha_4$ 的表格。

经实际对比，分别统计得到单桥（33 组）、双桥（41 组）两种方法与标贯法相同的 $\alpha_4$ 值，即三种方法中的 $\alpha_4$ 值是完全一致的。从理论上看，触探指标 $N$、$p_s$、$q_c$ 三者彼此密切相关，而 $\alpha_4$ 则由土性所决定，其值与采用何种原位测试手段无关。

本方法经回判检验，成功率均在 80% 以上，且偏于安全。但需指出的是：本判别方法主要适用于石英质砂土和 $I_p \leqslant 10$ 的粉土地基，对体变性能较大的片状砂，在未取得判别经验之前，建议结合室内动三轴试验对其进行综合评判。

**5.5.19～5.5.21** 固结系数是估算沉降与时间关系的重要参数，长期以来，固结系数一直是由室内固结试验来测定的。但是，由于难以取得高质量土样以及其他许多因素的影响，难以取得满意的成果。静力触探技术的发展，为快速有效地在原位测定固结系数提供了可能性。早在 20 世纪 80 年代，国内有关单位即开展了相关研究，并将研究成果用于实际生产。条文主要源于《铁路工程地质原位测试规程》（TB 10018—2018）采用静力触探测定饱和软黏性土水平向固结系数的方法，说明几点：

（1）固结系数是反映土层固结特性的参数，其定义式可写为：

$$c = \frac{k(1+e)}{a\gamma_w} = \frac{k}{m\gamma_w} \tag{5-25}$$

式中：$c$——土的固结系数（$m^2/s$）；

$k$——土的渗透系数（m/s）；

$e$——土的孔隙比；

$a$——土的压缩系数（$MPa^{-1}$）；

$\gamma_w$——水的重度，一般近似等于 $10.0kN/m^3$；

$m$——土的体积压缩系数（$MPa^{-1}$）。

经变量变换后，上式可写为：

$$c = \frac{l^2 T}{t} \tag{5-26}$$

式中：$l$——排水距离，对一维固结情况，$l=h$（单面排水，单位为 m）或 $l=h/2$（双面排水，单位为 m），$h$ 为压缩层厚度（单位为 m）；对二维轴向或三维径向固结情况，可取 $l=r_0$ 或 $r_m$，$r_0$ 和 $r_m$ 分别为初始半径（单位为 m）和极限半径（单位为 m）；

$T$——土体固结的时间因素；

$t$——与 $T$ 相对应的固结历时（s）。

（2）李小林、唐世栋（1986）利用傅里叶变换和解析开拓原理得到孔压消散试验球对称固结问题的通解，并推荐采用下式估算竖向固结系数 $c_v$ 的值：

$$c_v = 1.638 r_0^2 / t_{50} \tag{5-27}$$

式中：$r_0$——探头的半径（cm）；

$t_{50}$——孔压消散达 50% 的历时（s）；

系数 1.638 为与 $t_{50}$ 相对应的时间因素 $T_{50}$。

上式适用于均质各向同性土，如温州、宁波等地的软黏土，可得到一个平均意义上的 $c_v$ 值。

(3) 对于三角洲相、冲积相乃至湖相软土，理论分析和工程实践表明，水平固结系数 $c_h$ 在地基固结的全过程中更为重要，有必要推求轴对称问题。谢树彬（1988）推导了轴对称扩散方程的通解，并获得了二维径向非稳定流的精确解答，但在实际应用时，计算量颇大。杜文山（1988）应用数值方法求解了轴对称固结问题的数值解，并根据初始条件，逐点计算了任意时刻（时间因素）的归一化超孔压比。条文中的表5.5.19-1和表5.5.19-2即是根据此计算定出的，表中数值满足定义式：

$$c_h = r_0^2 \cdot T/t \tag{5-28}$$

式中：$c_h$——水平径向固结系数（$cm^2/s$）；

$T$——时间因素，$T = c_h t / r_m^2$；

$t$——与 $T$ 对应的固结（消散）历时（s）；

$r_m$——满足 $u(n=1, T) = 0$ 的极限半径（cm）。

鉴于过滤器位于锥面附近时，超孔压的消散接近于球面扩散，是一个球对称固结问题，而在锥肩及以后的圆柱体部位，超孔压消散为轴对称的水平径向扩散，是一个轴对称问题，故条文对于过滤器位于锥肩的孔压消散试验比较合适。

**5.5.22、5.5.23** 红黏土是覆盖于碳酸盐岩系之上，经红土化作用形成，颜色为棕红、褐黄等色，具有表面收缩、裂隙发育、上硬下软等特征的高塑性黏土。与一般黏性土相比，红黏土具有独特的成土母岩与成土条件和基岩接触关系，在工程性质、厚度及状态变化等特征上，均不同于一般黏性土。

《工业与民用建筑地基基础设计规范》（TJ 7—74，以下简称《地基规范》）曾采用含水比 $a_w$ 作为判定地基容许承载力的物理指标，并制定了红黏土地基容许承载力表。为减少钻探取样及试验的工作量，原贵州省建筑设计院地质队从1975年开始，对贵州省贵阳及遵义两地的红黏土进行了研究，应用数理统计方法，建立了红黏土的地基容许承载力 [R]、压缩模量 $E_s$ 与静力触探指标比贯入阻力 $p_s$ 的相关经验公式。相关研究说明如下：

（1）对比用的静力触探仪，触探头为带有 70mm 高度摩擦筒的单桥探头，锥角为 60°，面积为 15cm²，锥底直径为 43.7mm，贯入速率为 1m/min。

（2）对比试验选择红黏土土层厚度较大的地段同时进行钻探和静力触探。触探孔距离取土孔的距离为 0.3～0.5m。钻进时在红黏土层中每 0.5m 取原状样一件，直取至基岩顶面，室内测定天然含水率及液限。

（3）根据红黏土各取土深度处土样的含水比 $a_w$，按《地基规范》计算出土的容许承载力，再乘以地区系数（贵阳地区为 1.00，遵义地区为 1.13），求得土层相应的容许承载力 [R]。

（4）将红黏土的含水比 $a_w$ 与静力触探比贯入阻力 $p_s$ 进行对比，并通过红黏土的 $a_w$ 与容许承载力 [R] 及压缩模量 $E_s$ 的已有关系，建立 $p_s$ 与 [R] 及 $p_s$ 与 $E_s$ 的关系。

（5）[R]-$p_s$ 的相关关系。

根据贵阳地区红黏土 120 组和遵义地区 100 组对比资料绘制散点图，在散点图上点子呈明显的线性分布规律，采用线性回归分析得到：

①贵阳地区红黏土的回归方程：

$$[R]_1 = 0.0931p_s + 0.876 \quad (5-29)$$

其相关系数 $r = 0.837$。

②遵义地区红黏土的回归方程：

$$[R]_2 = 0.0856p_s + 0.963 \quad (5-30)$$

其相关系数 $r = 0.906$。

经检验，两方程无显著差异，可视为出自同一母体的同一回归方程。为便于使用，将两方程合并简化后可得：

$$[R] = 0.09p_s + 0.9 \quad (5-31)$$

式中：$p_s$——比贯入阻力（$kg/cm^2$）。

（6）$E_s$-$p_s$ 的相关关系。

根据贵阳地区红黏土 120 组资料，绘制 $E_s$-$p_s$ 散点图。鉴于点子分布具有明显的线性分布规律，采用线性回归分析得到：

$$E_s = 6.3p_s + 8.5 \quad (5-32)$$

式中：$p_s$——比贯入阻力（$kg/cm^2$）。

其相关系数 $r = 0.7827$。

应用上述公式时，需首先根据 $p_s$ 的大小划分出不同的土质单元，并计算出各土质单元 $p_s$ 的平均值，再按所建立的相关关系求出其 $[R]$ 及 $E_s$。由于红黏土的状态沿深度往往是渐变的，在划分红黏土的土质单元时，不仅要根据 $p_s$ 的大小，也要考虑 $p_s$ 剖面的线形特征。当两分层是过渡关系时，分界线要放在过渡线的中点。一般 $p_s$ 值不超过 300kPa 可合并为一层计算其平均比贯入阻力值。

# 6 圆锥动力触探试验

## 6.1 一般规定

**6.1.1** 圆锥动力触探试验（dynamic penetration test）具有设备简单、易于操作、成本低廉、工效较高等特点，在贯入过程中可连续测定土的性质，对静力触探难以贯入的土层（如砂土、碎石土等），圆锥动力触探试验是一种十分有效的勘探测试手段，因而得到了工程勘察界的广泛应用和高度重视。国外自1957年以来的历届国际土力学与基础工程（ICSMFE）会议以及1974年、1982年等欧洲触探（ESOPT）会议的报告中都对圆锥动力触探方法在实际工程中的应用进行了报道。欧洲一些国家已相继制定或修订了全欧或国家的动力触探试验标准。我国20世纪50年代初南京水利实验处就有了贯入试验。50年代后期圆锥动力触探开始在工程上得到了推广应用，并在工程实践中积累了大量经验。20世纪70年代编制的《工业与民用建筑地基基础设计规范》（TJ 7—74）和《工业与民用建筑工程地质勘察规范》（TJ 21—77）就已将圆锥动力触探试验正式列入，作为评价地基土的一种有效方法。此后，我国水利水电、铁路、冶金、有色金属等部门，相继制定了技术标准，均将圆锥动力触探试验正式列入。目前，圆锥动力触探已成为粗颗粒土勘察测试的主要手段，在确定碎石土的承载力等方面已积累了较多经验，在确定黏性土、黄土的承载力方面也有应用。鉴于资料的有局限性，本条仅提出圆锥动力触探测试适用的部分土类，对其他土类的应用有待进一步试验研究加以完善。

**6.1.2** 本规程列入了轻型、重型和超重型三种圆锥动力触探设备。鉴于原工程勘察中使用的中型圆锥动力触探试验在行业内现已不再不用，故未列入。本规程对圆锥动力触探的分类与《岩土工程勘察规范》（GB 50021—2001）、《铁路工程地质原位测试规程》（TB 10018—2018）等一致。

**6.1.3** 圆锥动力触探试验利用触探指标与土的物理力学性质间已经建立的相关关系，可以确定土的有关物理力学性质，如碎石土的密实度，黏性土、砂土和碎石土的地基承载力及变形模量等。但在利用这些相关关系时，需注意满足以下条件：
（1）所用触探的各项设备参数、操作方法，需和建立相关关系时的设备参数、操作方法基本相同。
（2）试验土层的地质成因、埋藏条件、岩性结构及物理性质等，需和建立相关关系的土层基本近似。

（3）本条规定每一土层的试验点数不宜少于6个，是进行岩土参数统计分析的要求。

## 6.2 试验设备

**6.2.1～6.2.5** 经多年实践，圆锥动力触探试验设备在我国已趋统一，条文中列出的轻型、重型和超重型圆锥动力触探设备的规格、探头尺寸和材质要求，与目前国内工程中使用的设备一致。

## 6.3 试验方法

**6.3.1** 试验设备符合标准，是保证试验成果精确性的控制因素之一。在试验过程中，由于试验设备的磨损、部件松脱等，可导致试验达不到标准的要求，故本条规定在开展圆锥动力触探试验前应对机具设备进行检查，对不符合要求的部件应予以更换或修复。

**6.3.2～6.3.4** 圆锥动力触探的锤击能量是评价地基土工程性质最重要的指标，规定机具设备应安装稳固，触探时应保持探杆垂直，防止锤击偏心、探杆倾斜或侧向晃动，采用自动脱钩（自动落锤）装置等，均是为使锤击能量保持恒定。规定贯入锤击频率为15～30击/min，这一频率略低于欧洲触探试验标准规定的20～60击/min，但与国内现行的行业标准一致。

**6.3.5** 触探杆与土间的侧摩阻力是影响触探试验成果指标的重要因素，其与土类、土性、探杆外形、刚度、垂直度及触探深度有关，在实际操作过程中，采取切合实际的措施，减少侧摩阻力是必要的。实践表明，锤垫距孔口的高度过高，不利于探杆稳定，可增大探杆与孔壁的摩阻力。在黏性土中击入的间歇会使侧摩阻力增大，故击入过程应连续不间断地进行。

**6.3.6** 国外有些资料介绍，对于一般的土层条件，在深度15m以内有泥浆护孔和无泥浆护孔的试验结果基本一致，因而可以不考虑探杆侧壁摩擦的影响，深度大于15m则差别较大。我国原机械工业部第二勘察研究院在四川德阳松散～稍密的砂土和圆砾、卵石层中所做的对比试验得到的结论是：重型圆锥动力触探在深度不大（一般可为12m左右）的范围内，侧壁摩擦对锤击数的影响是不显著的，可以不予考虑。但有随着土的密度和触探深度的增大而增大的趋势。北京市勘察处在别的地层中也曾得到相似的结论。因此，侧壁摩擦的影响是客观存在的。但想用一个固定的修正系数来适应所有条件，显然是不符合实际情况的。当深度较大时，通常采用泥浆或套管消除侧壁摩擦的影响。为了提高贯入能力，减少触探能量在传递过程中的消耗，增加触探的可达深度，本条规定触探试验可在钻孔中分段进行。

## 6.4 资料整理

**6.4.3** 本规程表6.4.3源自《岩土工程勘察规范》（GB 50021—2001）。对动力触探杆长的修正，目前国内外存在不同意见：一种意见认为，随着杆长的不同，触探能量的传递与损耗不同，因此需对杆长进行校正。另一种意见认为，根据试验资料，在一定范围内，杆长不同对触探指标（锤击数）的影响可以忽略。从实际应用考虑，一般认为杆长是否需要进行修正，要与应用圆锥动力触探试验成果的经验相适应。如果建立的圆锥动力触探锤击数与地基承载力等岩土参数的相关关系式是根据杆长校正后的锤击数建立的，则要考虑杆长校正，否则就不作考虑。本规程第6.4.9～6.4.12条中的表格主要根据铁路部门的工程经验编制，表中的动力触探实测锤击数，需进行杆长锤击数修正。

**6.4.4** 《岩土工程勘察规范》（GB 50021—2001）对超重型圆锥动力触探 $N_{120}$ 锤击数的修正方法源于原中国建筑西南勘察院的研究成果，其对超重型圆锥动力触探 $N_{120}$ 的实测锤击数采用表6-1进行杆长锤击数的修正。

**表6-1　超重型圆锥动力触探锤击数修正系数**

| $L$ (m) | $N'_{120}$ | | | | | | | | | | | |
|---|---|---|---|---|---|---|---|---|---|---|---|---|
| | 1 | 3 | 5 | 7 | 9 | 10 | 15 | 20 | 25 | 30 | 35 | 40 |
| 1 | 1.00 | 1.00 | 1.00 | 1.00 | 1.00 | 1.00 | 1.00 | 1.00 | 1.00 | 1.00 | 1.00 | 1.00 |
| 2 | 0.96 | 0.92 | 0.91 | 0.90 | 0.90 | 0.90 | 0.90 | 0.89 | 0.89 | 0.88 | 0.88 | 0.88 |
| 3 | 0.94 | 0.88 | 0.86 | 0.85 | 0.84 | 0.84 | 0.84 | 0.83 | 0.82 | 0.82 | 0.81 | 0.81 |
| 5 | 0.92 | 0.82 | 0.79 | 0.78 | 0.77 | 0.77 | 0.76 | 0.75 | 0.74 | 0.73 | 0.72 | 0.72 |
| 7 | 0.90 | 0.78 | 0.75 | 0.74 | 0.73 | 0.72 | 0.71 | 0.70 | 0.68 | 0.68 | 0.67 | 0.66 |
| 9 | 0.88 | 0.75 | 0.72 | 0.70 | 0.69 | 0.68 | 0.67 | 0.66 | 0.64 | 0.63 | 0.62 | 0.62 |
| 11 | 0.87 | 0.73 | 0.69 | 0.67 | 0.66 | 0.66 | 0.64 | 0.62 | 0.61 | 0.60 | 0.59 | 0.58 |
| 13 | 0.86 | 0.71 | 0.67 | 0.65 | 0.64 | 0.63 | 0.61 | 0.60 | 0.58 | 0.57 | 0.56 | 0.55 |
| 15 | 0.85 | 0.69 | 0.65 | 0.63 | 0.62 | 0.61 | 0.59 | 0.58 | 0.56 | 0.55 | 0.54 | 0.53 |
| 17 | 0.84 | 0.68 | 0.63 | 0.61 | 0.60 | 0.60 | 0.57 | 0.56 | 0.54 | 0.53 | 0.52 | 0.50 |
| 19 | 0.84 | 0.66 | 0.62 | 0.60 | 0.58 | 0.58 | 0.56 | 0.54 | 0.52 | 0.51 | 0.50 | 0.48 |

注：表中 $L$ 为杆长。

关于超重型圆锥动力触探 $N_{120}$ 的杆长修正问题，铁路行业技术标准与中国西南勘察院的不同之处有两点：

（1）铁路规范需将 $N_{120}$ 的实测锤击数换算成相当于 $N_{63.5}$ 的实测锤击数后再作杆长修正，而西南勘察院则直接用 $N_{120}$ 的实测锤击数进行修正。

（2）铁路规范 $N_{120}$ 所用的探杆直径为 $\phi 50$mm，每延米质量为7.5kg，可与 $N_{63.5}$ 共用，在工作中并能互换重锤。西南勘察院所用探杆直径为 $\phi 60$mm，每延米质量为11.4kg，工作过程中并能与 $N_{63.5}$ 进行重锤互换。

除以上两点外，其他设备参数二者基本相同。考虑到目前在生产中普遍使用的探杆直径为 $\phi 50mm$，对超重型圆锥动力触探锤击数的杆长修正采用铁路部门相关技术标准的规定对生产实际是有利的。

本规程超重型和重型圆锥动力触探试验实测锤击数的换算公式式（6.4.4）源于《铁路工程地质原位测试规程》（TB 10018—2018），是根据重型和超重型圆锥动力触探以探杆直径（$\phi = 50mm$），每延米质量（7.5kg/m）相同条件下，在天然黏性土、砂土、卵石和人工级配的各种密度的中粗砂、砾石等地层中进行对比试验得出的。对比情况如下：

（1）在均匀地层中，重型和超重型圆锥动力触探试验孔相距 1.0m，按同一高度每 50cm 内的锤击数作一组进行对比，共 128 组。

（2）少部分取同一孔内，换锤处向下 20cm 段的锤击数进行对比，共 10 组。

参加锤击数统计范围：$N_{63.5} = 1 \sim 80$ 击/10cm，$N_{120} = 0.3 \sim 30$ 击/10cm。统计结果：相关系数 $r = 0.96$，标准差 $s_x = 2$ 击/10cm。

**6.4.5** 国内外大多数研究成果都认为：如密度相同，砂土在饱和时贯入阻力会降低。我国《工业与民用建筑工程地质勘察规范》（TJ 21—77）规定对地下水位以下的中、粗、砾砂和圆砾、卵石，触探锤击数按下式进行修正：

$$N_{(63.5)} = 1.1 N'_{(63.5)} + 1.0 \tag{6-1}$$

式中：$N_{(63.5)}$——重型圆锥动力触探试验锤击数；

$N'_{(63.5)}$——经触探杆长度校正后的锤击数。

上式经工程应用，认为基本可行，本规程式（6.4.5）源于工民建行业经验。

**6.4.7** 圆锥动力触探探头在土层界面附近的贯入现象及分析表明，土层界面上下一定范围内的土体性质对圆锥动力触探锤击数会产生影响。下卧土层对上覆土层锤击数的影响称为"超前反映"，而上覆土层对下卧层锤击数的影响称为"滞后反映"。界面处的超前与滞后反映段总厚度，称为土层界面对锤击数的影响范围。影响范围内的锤击数，不是土层固有锤击数，不能代表土层力学性质，在确定动力触探锤击数平均值时需予以剔除。根据不同土层（碎石土、砂土、黏性土以及土夹石等）的各种组合，采用钻孔、挖探和圆锥动力触探试验等资料进行对比分析后得到以下认识：

（1）当上覆土层为硬层（如卵石）、下卧土层为软层（如松散状态的中砂）时，其界面影响范围较大，而且超前反映段大于滞后反映段。

（2）当上覆土层为软层（如黏性土）、下卧土层为硬层（如中密卵石）时，其影响范围较小，且超前反映段小于滞后反映段。

（3）当上、下土层强度相近时，虽有明显土层界面存在，但由于界面上、下土层的锤击数差别不大，此时土层界面的影响不明显。

土层界面的影响范围大小与上、下土层力学性质相关，如何划定，目前尚无明确意见。主要原因是自然界地层组合复杂多变，超前和滞后反映的范围不尽一致，还不能对各种情况作出具体规定。本条仅要求划分,划分标准可以结合动探曲线和工程的重要性考虑,以有效厚度内锤击数变化较稳定为原则。

**6.4.9** 本规程表6.4.9是依据《铁路工程地质原位测试规程》(TB 10018—2018)表8.4.9编制的(表6-2)。原表中的地基基本承载力$\sigma_0$与《公路桥涵地基与基础设计规范》(JTG 3363—2019)中的地基承载力特征值$f_{a0}$取值一致,引用时将表6-2中的$\sigma_0$替换成了$f_{a0}$。

表 6-2 一般黏性土地基基本承载力 $\sigma_0$ 值

| 轻型圆锥动力触探试验锤击数 $N_{10}$ | 15 | 20 | 25 | 30 |
|---|---|---|---|---|
| 地基基本承载力 $\sigma_0$ (kPa) | 100 | 140 | 180 | 220 |

表 6-2 中数据是根据新近沉积黏性土和一般黏性土的 47 组轻型圆锥动力触探试验资料与载荷试验的比例界线压力 $P_0$ 直接建立回归方程经计算,并作了适当调整后得到的。$N_{10}$的统计范围为 10~40,但考虑到 $N_{10}>30$ 的资料太少,故表列击数只列到 30 为止。回归方程式为:

$$P_0 = 0.8 + 6.8 N_{10} \quad (\text{kPa}) \tag{6-2}$$

相关系数 $r = 0.75$。

**6.4.10** 本规程表6.4.10-1是依据《铁路工程地质原位测试规程》(TB 10018—2018)表8.4.10编制的(表6-3)。引用时将原表中的地基基本承载力$\sigma_0$改为地基承载力特征值$f_{a0}$。

表 6-3 重型圆锥动力触探锤击数与中、粗、砾砂的地基基本承载力 $\sigma_0$ 关系

| $N_{(63.5)}$ | 3 | 4 | 5 | 6 | 7 | 8 | 9 | 10 |
|---|---|---|---|---|---|---|---|---|
| $\sigma_0$ (kPa) | 120 | 150 | 180 | 220 | 260 | 300 | 340 | 380 |

注:本表一般适用于冲积和洪积的砂土,但中、粗砂的不均匀系数不大于6,砾砂的不均匀系数不大于20。

表 6-3 主要源于原一机部勘测公司研究成果,为了确定中砂~碎石土的容许承载力与重型圆锥动力触探锤击数的关系,原一机部勘测公司西南大队曾在四川德阳进行了27组野外载荷试验和重型圆锥动力触探对比试验,并收集了辽宁沈阳、甘肃白银和陕西蔡家坡等地10组有关资料,每组资料由1个载荷试验和2~4个圆锥动力触探试验对比数据组成。37组资料中,既有中砂5组,粗砂3组,砾砂11组,圆砾5组,角砾2组,卵石11组。根据载荷试验确定地基基本承载力$\sigma_0$值采用了以下几种方法:

(1)当 $p$-$S$ 曲线有明显的直线段时,采用比例界线对应的荷载 $p_a$;当 $p$-$S$ 曲线无明显直线段时,采用压密段与临塑段的切线交汇点所对应的荷载 $p_a$。

(2)对于达到极限破损的载荷试验成果,采用极限荷载 $p_u$ 除以一定的安全系数 $K$($K = 2~3$)。

(3)当某一压力下,沉降达到相对稳定所需时间显著增长,$s$-$t$ 曲线特征明显改变时,以该压力作为 $\sigma_0$。

表中圆锥动力触探锤击数取平均值,以此作为与地基基本承载力 $\sigma_0$ 进行相关分析的对比数据。采用数理统计方法进行相关分析,得到回归方程如下:

德阳:

$$\sigma_0 = 1.09 N_{(63.5)}^{\frac{3}{2}} + 7.27,\ 相关系数\ r = 0.91 \qquad (6-3)$$

沈阳等地:

$$\sigma_0 = 0.99 N_{(63.5)}^{\frac{3}{2}} + 9.31,\ 相关系数\ r = 0.88 \qquad (6-4)$$

由于每一相关方程只适用于对比试验数据的范围值内,不能任意外推,而德阳和沈阳等地的两批试验数据 $N_{(63.5)}$ 的共同范围值为 4.5~8.2 击/10cm,将其带入上述两个回归方程计算,所得 $\sigma_0$ 值相差不大,故将 37 组资料合并进行统计分析,得到回归方程:

$$\sigma_0 = 4.08 N_{(63.5)} - 0.46,\ 相关系数\ r = 0.923 \qquad (6-5)$$

至于砂土和碎石土的差异性问题,在对 19 组砂土和 18 组碎石土分别进行统计分析后,得到各自的线性相关方程:

砂土:

$$\sigma_0 = 3.62 N_{(63.5)} + 1.30,\ 相关系数\ r = 0.935 \qquad (6-6)$$

碎石土:

$$\sigma_0 = 4.31 N_{(63.5)} - 1.10,\ 相关系数\ r = 0.917 \qquad (6-7)$$

根据数理统计理论,经计算上述两式的 $t = 1.21$,当自由度 $v = 33$ 时,$t_{0.05} = 2.04$,$t < t_{0.05}$,故可认为砂土和碎石土相关方程没有显著差异,为此将两者合并进行统计分析。将 $\sigma_0 = 4.08 N_{(63.5)} - 0.46$ 作为规范最后采用的公式,作个别调整后,列出了重型圆锥动力触探锤击数与中、粗、砾砂的容许承载力关系。

在使用表 6-3 时,需注意:

(1) 表 6-3 下方注明的适用范围是根据建表所依据的 37 组对比试验资料规定的,当地层成因和性质不符时,需进行必要的验证。

(2) 当表 6-3 中的 $N_{(63.5)}$ 为中间值时,可以用内插法求得 $\sigma_0$,但由于对比试验数据的限制,不建议外推。

本规程表 6.4.10-2 是依据《铁路工程地质原位测试规程》(TB 10018—2018)表 8.4.10 编制的(表 6-4)。表列数据根据多年积累的载荷试验与圆锥动力触探对比试验资料经统计分析得出,资料来源于四川成都、夹江、彭山、德阳,辽宁沈阳、本溪、抚顺,甘肃兰州、白银、蔡家坡和广西南宁等地的砂土和碎石土。载荷试验承压板面积以 2 500~5 000cm² 为主,少量大于 1m²,埋深为零,用作基本承载力 $\sigma_0$ 时未作深度、宽度修正,承载力取破坏荷载点压力的 1/2~1/3,几十组载荷试验资料表明,此值小于或等于比例界限压力值,圆锥动力触探锤击数取平均值。碎石类土参加统计的对比试验资料有 59 组,其中卵石 37 组,圆砾 17 组,角砾 4 组,碎石 1 组。表列数据依据回归公式经统计分析计算，并根据实测值与计算值的偏差作适当调整后得出。表列数值最大为 1 000kPa，承载力大于此值的地层，动探贯入困难，不能真实反映真实土层强度。

表6-4 中砂~砾砂土、碎石类土基本承载力 $\sigma_0$ 值（kPa）

| $\overline{N}_{63.5}$（击/10cm） | 3 | 4 | 5 | 6 | 7 | 8 | 9 | 10 | 12 | 14 |
|---|---|---|---|---|---|---|---|---|---|---|
| 中砂~砾砂土 | 120 | 150 | 180 | 220 | 260 | 300 | 340 | 380 | — | — |
| 碎石类土 | 140 | 170 | 200 | 240 | 280 | 320 | 360 | 400 | 480 | 540 |
| $\overline{N}_{63.5}$（击/10cm） | 16 | 18 | 20 | 22 | 24 | 26 | 28 | 30 | 35 | 40 |
| 碎石类土 | 600 | 660 | 720 | 780 | 830 | 870 | 900 | 930 | 970 | 1 000 |

**6.4.11** 本规程表6.4.11源于《铁路工程地质原位测试规程》（TB 10018—2018）。该表的编制共收集了135组资料，其中包括圆砾、卵石载荷试验资料75组，开展现场和真模试验资料60组。但在收集的135组资料中，有动探直接对比试验的资料仅占少数（共16组），对建立统计锤击数平均值与变形模量间的关系存在一定困难。统计分析：

（1）首先对变形模量 $E_0$ 与基本承载力 $\sigma_0$ 间的关系进行分析研究，分别建立了圆砾、卵石 $E_0$ 与 $\sigma_0$ 间的相关方程式，通过检验确认两者没有差异后，将圆砾、卵石选取73组资料合并进行统计分析得到下式：

$$E_0 = 1.084 + 6.327\sigma_0 \quad (\text{MPa}) \tag{6-8}$$

相关系数：$r = 0.83$；标准偏差：$s_E = 15.2\text{MPa}$；变异系数：$R = 28.76\%$。

（2）数据范围：$E_0 = 10.5 \sim 140.6\text{MPa}$，$\sigma_0 = 175 \sim 1 400\text{kPa}$。

（3）利用统计得 $\sigma_0$-$\overline{N}_{63.5}$ 和 $\sigma_0$-$E_0$ 的关系，经换算求得 $E_0$ 和 $\overline{N}_{63.5}$ 的对应值，制定了表6-5。

表6-5 卵石、圆砾的变形模量 $E_0$ 值（MPa）

| $\overline{N}_{63.5}$（击/10cm） | 3 | 4 | 5 | 6 | 8 | 10 | 12 | 14 | 16 |
|---|---|---|---|---|---|---|---|---|---|
| $E_0$ | 9.9 | 11.8 | 13.7 | 16.2 | 21.3 | 26.4 | 31.4 | 35.2 | 39.0 |
| $\overline{N}_{63.5}$（击/10cm） | 18 | 20 | 22 | 24 | 26 | 28 | 30 | 35 | 40 |
| $E_0$ | 42.8 | 46.6 | 50.4 | 53.6 | 56.1 | 58.0 | 59.9 | 62.4 | 64.3 |

该表所列数值经1984年成都市两项工程地基载荷试验与圆锥动力触探试验验证，认为结果令人满意。西安建筑科技大学土木学院对表6-5中的数据采用二次曲线进行拟合，得到：

$$E_0 = -0.036\overline{N}_{63.5}^2 + 3.101\overline{N}_{63.5} - 0.520 \tag{6-9}$$

相关系数 $r = 0.998$。

本规程在编制表6.4.11时，利用上式进行了计算，并根据计算结果对表6-5的表列数据进行了调整。由于表6-5是从 $\sigma_0$-$\overline{N}_{63.5}$ 和 $\sigma_0$-$E_0$ 得出 $E_0$-$\overline{N}_{63.5}$ 的关系，《铁路工程地质原位测试规程》（TB 10018—2018）在条文说明中指出：在使用表6-5的表列数据时，应结合工程情况考虑，对重要工程应进行载荷试验，提供变形模量 $E_0$ 值。

**6.4.12** 本规程表 6.4.12-1 和表 6.4.12-2 源于《铁路工程地质原位测试规程》（TB 10018—2018）。其中，表 6.4.12-1 是根据原铁道部第二勘测设计院研究成果，进行适当调整后编制而成的。表 6.4.12-2 是根据中国建筑西南勘察研究院的研究成果编制而成的。

# 7 标准贯入试验

## 7.1 一般规定

**7.1.1** 标准贯入试验（简称标贯）起源于美国，在美国、英国、日本、意大利、西班牙、葡萄牙、希腊、捷克等国已有广泛应用，并制定了相应的技术标准。该种方法自20世纪50年代引入我国后，首先在淮河水利工程的勘测设计中得到了应用，以后又为多家单位推广使用。该种方法具有设备简单，操作方便，在贯入过程中可采集扰动土样，连续测定土的性质等特点，尤其适用于不易取得原状样的砂土地层，在工程上应用广泛，特别是当对地区工程地质条件较为了解和有建筑经验时，能得到令人满意的效果。目前，该种方法可用于以下几个方面：

（1）采集扰动土样，评价黏性土状态和砂土密实度，划分土层剖面；
（2）判定地基土的承载力、变形模量及土的物理力学指标；
（3）预估单桩承载力，选择桩尖持力层；
（4）探查地基的均匀程度，检验地基土加固效果和施工监测；
（5）判别砂土和粉土地震液化可能性。

标准贯入试验在我国现已列入工业与民用建筑、铁路、公路、水利水电、冶金等行业技术标准。一般认为，标准贯入试验的锤击数可反映土体在天然结构状态下，基本处于天然应力状态时抵抗贯入器贯入的能力，因而可根据实测的 $N$ 值判断黏性土的稠度状态和砂土密实度，间接评价土的工程性质。但需要指出的是，在上述应用中，除地震液化判别外，标准贯入试验用来确定地基土或桩基承载力的公式和方法等都是经验性的，是基于与其他测试方法对比建立的经验公式，如桩的承载力的预估是基于静载荷试验的对比，土的物理力学性指标与室内试验成果建立的相关关系等。在使用时，需注意其适用范围和使用条件。对于缺乏使用经验的地区，标准贯入试验需与其他测试方法配合使用。

工程实践表明，对含碎石、卵石的土，标准贯入试验不适用；对于饱和软黏土，由于标准贯入试验的精度不及静力触探等原位测试方法，不建议使用；对黄土、膨胀土、盐渍土、红黏土、填土等特殊土，目前尚无成熟使用经验，有待进一步研究。本条规定标准贯入试验适用于砂土、粉土、一般黏性土和花岗岩残积土，是多年工程勘察实践经验的总结。

**7.1.2** 地基土层通常是不均匀的，这种不均匀性表现在土性指标的数值上就是离散性。按照《公路工程地质勘察规范》（JTG C20—2011）的有关规定，岩土参数应按工程地质单元或层位进行统计。为此，需先根据勘探测试资料，划分工程地质单元或层位，再按同类地质条件和相同层位对岩土测试指标进行统计分析，以获取具有代表性的指标，为设计提供依据。研究表明，按概率计算方法确定的最少岩土样本数量与指标的变异系数、容许相对误差以及规定的置信水平有关，均同性好的母体可以要求较低的样本容量，反之则需要加大样本容量以求深入了解。6件样本的数量要求几乎是现行岩土技术规范的一致规定，同时又强调当土质不均匀时，需增加样本数量。条文规定每一主要土层的试验点数量不少于6个，与相关技术标准的要求一致。为采取特定空间范围内分布母体的代表性样本，并满足可靠性分析目标的概括要求，符合统计理论的随机性抽样方法是规定在岩土体分布范围内按一定的间隔采集样本，本条提出各孔试验点的间距为1～2m也是基于这一考虑，并与《公路工程地质勘察规范》（JTG C20—2011）在钻孔中的取样、测试要求协调一致。

## 7.2 试验设备

**7.2.1～7.2.6** 标准贯入试验设备主要由贯入器、贯入探杆和穿心锤三部分组成。但其规格国内外存在差异，见表7-1。

**表7-1 国内外标准贯入试验常用设备及规格尺寸**

| 使用者 | 落锤 | | | 对开式贯入器 | | | | 钻杆直径（mm） | 最大试验深度（m） |
|---|---|---|---|---|---|---|---|---|---|
| | 锤重（kg） | 落高（cm） | 方式 | 全长（mm） | 外径（mm） | 内径（mm） | 刃口角（°） | | |
| 岩土工程勘察规范（GB 50021—2001） | 63.5 | 76 | 自动脱钩 | >500 | 51 | 35 | 18～20 | 42 | |
| 铁路工程地质原位测试规程（TB 10018—2018） | 63.5 | 76 | 自动脱钩 | 750 | 51±1 | 35±1 | 18～20 | 42 | |
| 土工试验仪器 贯入仪（GB/T 12746—2007） | 63.5 | 76±2 | 自动脱钩 | 500～760 | 51 | 35 | 19±1 | 42～50 | |
| 冶金工业岩土勘察原位测试规范（GB/T 50480—2008） | 63.5 | 76 | 自动脱钩 | >500 | 51 | 35 | 18～20 | 42 | |
| 本规程 | 63.5 | 76 | 自动脱钩 | 550～810 | 51 | 35 | 18～20 | 42 | |
| ASTM D1586—67（1974）（美国） | 63.5 | 76 | | 最小686 | 51 | 38 | 18.5 | 41.2 | <15.24 |
| 大型贯入器（日本） | 100 | 150 | | 700 | 73 | 54 | | 60 | |
| 欧洲标准1977 | 63.5±0.5 | 76±2 | | <685 | 51 | 35 | 19.7（密实土层用实心锥头代替管靴） | AW型 43.7 | <15 |
| | | | | | | | | BW型 54 | >15 |

本规程标准贯入试验设备的规格尺寸是根据国内各单位的实际使用情况，并参考《土工试验仪器 贯入仪》（GB/T 12746—2007）确定的。

## 7.3 试验方法

**7.3.1** 标准贯入试验在钻孔中进行，钻探成孔是完成标准贯入试验的前提和必要条件，但不同的钻孔工艺会对标准贯入试验的结果产生重要影响。根据钻进的成孔方式，钻探主要有回转、冲击、振动和冲洗四种。不同的钻进方法各有特点和利弊，分别适用于不同地层，需根据地层情况和工程要求进行选择。冲洗钻进是通过高压射水破坏孔底土层实现钻进的方法，冲出地面的物质往往是各土层的混合物，给地层的判断和划分带来困难，在工程勘察中很少使用；振动和冲击钻进对孔底土体施加的力是单向（轴向）的，在其破碎孔底土体过程中，会将冲击荷载瞬间传递到钻进位置深度以下一定范围内的土体中，对孔底土体的扰动作用十分显著，有时甚至会使待测土体结构发生破坏；相对于冲击钻进，回转钻进对孔底土体的扰动比冲击钻进轻微，对标贯试验实测锤击数的影响也要小得多，所测得的标贯击数更能反映土体在天然应力状态下的工程力学性质。为保证标准贯入试验孔的成孔质量，减少对孔底土体的扰动，本条规定标准贯入试验孔应采用回转钻进。保持孔内水位高出地下水位一定高度，可保持孔底土处于平衡状态，防止孔底涌砂变松，影响 $N$ 值的准确性。为防止涌砂塌孔，通常采用泥浆护壁。当下套管护壁时，套管下得过深，会造成 $N$ 值偏大。

## 7.4 资料整理

**7.4.5** 由于标准贯入试验的锤、杆、土层这一体系，在锤击贯入的过程中，影响因素复杂多变，对于杆长的修正目前国内外存在不同的意见。一种意见是以巴西学者德·梅罗（Victir de Melle）为代表，将重锤和触探器视为两个发生碰撞的物体，用牛顿碰撞理论来进行解释，认为随着探杆长度的增长，碰撞前后的能量之比有不同的衰减，故需对杆长进行校正。另一种意见是以美国的斯默特曼（Schmertmann）为代表，按弹性介质中压缩波的传播原理，来解释锤击能量沿探杆的传递，用波动方程来表示其规律。《建筑地基基础设计规范》（GBJ 7—89）对标准贯入试验锤击数的修正以牛顿碰撞理论为依据，提出当钻杆长度大于3m时，标准贯入试验锤击数 $N$ 按下式进行修正：

$$N' = \alpha \cdot N \tag{7-1}$$

式中：$N'$——经杆长修正的标贯锤击数；

$\alpha$——杆长修正系数，按表7-2取值。

表7-2 杆长修正系数 $\alpha$

| 钻杆长度（m） | ≤3 | 6 | 9 | 12 | 15 | 18 | 21 |
|---|---|---|---|---|---|---|---|
| $\alpha$ | 1.00 | 0.92 | 0.86 | 0.81 | 0.77 | 0.73 | 0.70 |

这一方法也为《标准贯入试验规程》（YS 5213—2000）、《冶金工业岩土勘察原位测试规范》（GB/T 50480—2008）等使用。但该种方法对标贯使用深度的限制小于21m。从实际工程的使用情况来看，标准贯入试验的试验深度已远超21m，最大深度达到了100m以上。

第一届触探试验国际会议（ISOPT-1，1988年）推荐的SPT试验规程，以弹性波在弹性杆件中的波动理论为基础，提出的杆长修正系数α用式（7-2）表示，α按表7-3取值。

$$\alpha = 1 - \exp(-4m/M) \tag{7-2}$$

式中：$m$——杆长$L$时杆件系统的质量（kg）；

$M$——锤的质量（kg）。

表7-3 杆长修正系数 $\alpha$

| 钻杆长度（m） | 3 | 6 | 9 | 12 | 15 | 18 | 21 |
| --- | --- | --- | --- | --- | --- | --- | --- |
| $\alpha$ | 0.77 | 0.92 | 0.97 | 0.99 | 1.00 | 1.00 | 1.00 |

可以看出，在表7-2中，α随杆长的增大而减小，而在表7-3中，α则随杆长的增长而增大，两者变化规律截然相反。为了检验哪一个理论是正确的，同济大学于1987年在上海专门进行了标准贯入试验杆件传输能量的试验实测，试验孔深60m。试验结果认为波动理论是符合实际的。杆长超过15m后，实测的有效能量减少很小，杆长由15m增长到60m，能量仅减少3%。但由于钻探工艺不同（如清水钻进、泥浆钻进、下套管钻进等），造成孔底应力状况不同，对$N$值的影响可达50%~100%。在同一杆长条件下，尽管锤的质量、落距相同，以自由落锤方式锤击，杆顶输入的能量变化范围达±（10%~40%），可见杆长对$N$值的影响远小于钻进工艺、落锤锤击等因素的影响。因此认为忽略杆长对$N$值的影响是合理的和正确的。

目前国内外对杆长的修正存在不同意见，考虑到过去我国建立的$N$值与土性参数、承载力的经验关系，所用$N$值大多经杆长修正。故本条对杆长的修正沿用了国内目前使用的方法。但在实际应用$N$值时，杆长是否修正以及如何修正，需根据建立统计关系时的依据确定。

**7.4.6** 采用标准贯入试验锤击数鉴别砂土密实度的方法最早由太沙基（Terzaghi）和泼克（Peck）在1948年提出，其划分标准如表7-4所示。这一标准对世界各国有很大的影响，许多国家的鉴别标准是在太沙基和泼克建议的基础上发展的。

表7-4 太沙基和泼克建议的砂土密实度划分标准

| 标准贯入试验锤击数实测值 $N$ | <4 | 4~10 | 10~30 | 30~50 | >50 |
| --- | --- | --- | --- | --- | --- |
| 密实程度 | 很松 | 松散 | 中密 | 密实 | 很密 |

我国《建筑地基基础设计规范》（GBJ 7—89）总结了国内应用标准贯入试验锤击数划分砂土密实度的经验，给出了表7-5所示的划分标准。这一标准将小于10击的砂土全部定为"松散"，将10~30击的砂土划分为两类，增加了击数为10~15击的"稍

密"一档；将击数大于30击的统称为"密实"，不划分出"很密"的密实度类型。该划分标准也为后来的《岩土工程勘察规范》（GB 50021—2001）所采用。

**表 7-5　我国砂土密实程度划分**

| $\overline{N}$（击/30cm） | $\overline{N} \leq 10$ | $10 < \overline{N} \leq 15$ | $15 < \overline{N} \leq 30$ | $\overline{N} > 30$ |
|---|---|---|---|---|
| 密实程度 | 松散 | 稍密 | 中密 | 密实 |

从上述演变可以看出，我国目前采用的密实度划分实际上就是1948年太沙基和泼克建议的标准，而当时还没有杆长修正和上覆压力修正的方法。也就是说，太沙基和泼克用以划分砂土密实度的标准贯入锤击数并没有经过修正。因此认为在采用这一鉴别密实度的标准时，应当使用标准贯入试验锤击数的实测值。本规程采用标准贯入试验锤击数确定砂土的密实程度与《岩土工程勘察规范》（GB 50021—2001）、《公路工程地质勘察规范》（JTG C20—2011）一致。但考虑到土层的成层性或聚积性，条文表7.4.6采用的是土层标准贯入试验锤击数实测值$N$的平均值$\overline{N}$，而非单点值。

**7.4.7**　用标准贯入试验确定黏性土的稠度状态，国外已有一些对比试验的经验关系，但尚未正式纳入有关规范。对于黏性土的稠度状态目前国内外仍采用液性指数$I_L$进行划分。本规程表7.4.7是根据冶金工业部武汉勘察公司实践经验、《岩土工程勘察规范》（GB 50021—2001）的有关内容及太沙基和泼克早年的经验介绍，结合公路工程实践经验制定的，相关资料见表7-6。

**表 7-6　标准贯入试验确定黏性土稠度状态表**

| | | | | | | | |
|---|---|---|---|---|---|---|---|
| 太沙基、泼克 | $N$ | <2 | 2~4 | 4~8 | 8~15 | 15~30 | >30 |
| | 稠度状态 | 极软 | 软 | 中等 | 硬 | 很硬 | 坚硬 |
| 冶金工业部武汉勘察公司 | $N$ | <2 | 2~4 | 4~7 | 7~18 | 18~35 | >35 |
| | $I_L$ | >1 | 1~0.75 | 0.75~0.5 | 0.5~0.25 | 0.25~0 | <0 |
| | 稠度状态 | 流动 | 软塑 | 软可塑 | 硬可塑 | 硬塑 | 坚硬 |
| 铁路工程地质原位测试规程（TB 10018—2018） | $\overline{N}$ | $\overline{N} \leq 2$ | $2 < \overline{N} \leq 8$ | | $8 < \overline{N} \leq 32$ | | $\overline{N} > 32$ |
| | $I_L$ | $I_L > 1$ | $0.5 < I_L \leq 1$ | | $0 < I_L \leq 0.5$ | | $I_L \leq 0$ |
| | 稠度状态 | 流塑 | 软塑 | | 硬塑 | | 坚硬 |
| 岩土工程勘察规范（GB 50021—2001） | $I_L$ | $I_L > 1$ | $0.75 < I_L \leq 1$ | | $0.25 < I_L \leq 0.75$ | | $0 < I_L \leq 0.25$ | $I_L \leq 0$ |
| | 稠度状态 | 流塑 | 软塑 | | 可塑 | | 硬塑 | 坚硬 |
| 公路工程地质勘察规范（JTG C20—2011） | $I_L$ | $I_L > 1$ | $0.75 < I_L \leq 1$ | | $0.25 < I_L \leq 0.75$ | | $0 < I_L \leq 0.25$ | $I_L \leq 0$ |
| | 稠度状态 | 流塑 | 软塑 | | 可塑 | | 硬塑 | 坚硬 |

从表中可以看出，冶金工业部武汉勘察公司的工程经验与太沙基和泼克建议的标准基本吻合，考虑到土层的成层性或聚积性，本规程表7.4.7采用的是土层标准贯入试验锤击数实测值$N$的平均值$\overline{N}$。

**7.4.8**　本条确定砂土地基承载力特征值$f_{a0}$表源于《铁路桥涵地基和基础设计规范》

(TB 10093—2017)，与《公路桥涵地基与基础设计规范》（JTG 3363—2019）的相关表格取值基本一致，将原表格中的基本承载力 $\sigma_0$ 改为地基承载力特征值 $f_{a0}$，是为与公路土分类及设计规范相协调。

《铁路桥涵地基和基础设计规范》（TB 10093—2017）确定砂土地基承载力的经验表格沿用了1985年《铁路桥涵设计规范》（TBJ 2—85）的规定，是依据73份资料进行归并的，由于载荷试验的数量有限，代表性差，绝大部分试验没有做到极限荷载，而且还有部分资料不全，故未能得出较好的归并成果。后来铁路部门对《铁路桥涵设计规范》（TBJ 2—85）进行了修订，主要是由于密实度的分级发生了变化，由于资料中确定密实度的标准贯入试验资料不足，依赖静力触探试验资料确定其密实度，而后将其承载力平均值与规范中的数值进行对比分析，最后确定了稍密和中密砂土的承载力。根据目前国内各地砂土承载力经验数值，并结合铁路行业几十年来的实践，认为表列数值基本可行。根据表7.4.8确定砂土承载力时，现场试验锤击数按式（7-3）进行修正，并将计算值取至整数位。

$$N = \overline{N} - 1.645\sigma \tag{7-3}$$

$$\overline{N} = \frac{\sum_{i=1}^{n} N_i}{n} \tag{7-4}$$

$$\sigma = \sqrt{\frac{\sum_{i=1}^{n} N_i^2 - n\overline{N}^2}{n-1}} \tag{7-5}$$

式中：$N$——修正后的标准贯入试验锤击数；

$\overline{N}$——标准贯入试验锤击数平均值；

$N_i$——经杆长修正后的标准贯入试验锤击数（见本规程第7.4.5条）；

$\sigma$——标准差。

**7.4.9** 本规程表7.4.9源于交通部《港口工程地质勘察规范》（JTJ 240—97），引用时将原表中的容许承载力 $f$ 改为承载力基本容许值 $[f_{a0}]$，以与公路行业标准协调一致。该表制定时主要参考了原铁道部第三勘测设计院资料 $f_k = 72 + 9.4N^{1.2}$，并将 $f_k$ 值作了适当降低。根据表7.4.9确定粉土承载力时，现场试验锤击数按式 $N = \mu - 1.645\sigma$ 进行修正，并将计算值取至整数位。

**7.4.10** 在国外用SPT确定黏性土承载力，一般是由 $N$ 值推求抗剪强度或无侧限抗压强度 $q_u$，再按理论公式计算承载力。国内则着重于开展SPT与载荷试验的对比试验研究，提出了不少地区性和全国性经验公式。20世纪70年代初，我国《工业与民用建筑地基基础设计规范》（TJ 7—74）编制组根据72组对比试验资料统计回归分析得出以下经验公式：

当 $3 < N < 18$ 时，

$$[R] = 22.7N + 31.9 \tag{7-6}$$

当 $N \geq 18$ 时,

$$[R] = 55.8N - 558.3 \tag{7-7}$$

并编入《工业与民用建筑地基基础设计规范》(TJ 7—74)中,见表7-7。

**表7-7　老黏性土和一般黏性土容许承载力 $[R]$ ($t/m^2$)**

| $N$ | 3 | 5 | 7 | 9 | 11 | 13 | 15 | 17 | 19 |
|---|---|---|---|---|---|---|---|---|---|
| $[R]$ | 12 | 16 | 20 | 24 | 28 | 32 | 36 | 42 | 50 |

该表经过多年的实际应用,认为基本符合实际。在1989年发布的《建筑地基基础设计规范》(GBJ 7—89)中,采用标准贯入试验锤击数评价地基承载力的表格仍以上述回归公式为基础,但作了小的调整,并规定根据标准贯入试验锤击数确定地基承载力时,试验锤击数按式 $N = \bar{N} - 1.645\sigma$ 进行修正,并将计算值取至整数位。

《建筑地基基础设计规范》(GBJ 7—89)在修订时,根据标准贯入试验锤击数确定黏性土承载力的经验表格(表7-8)由于采用了经统计处理后的修正值 $N$,将表中的承载力容许值 $[R]$ 调整为承载力标准值 $f_k$。

**表7-8　黏性土承载力标准值 $f_k$ (kPa)**

| $N$ | 3 | 5 | 7 | 9 | 11 | 13 | 15 | 17 | 19 | 21 | 23 |
|---|---|---|---|---|---|---|---|---|---|---|---|
| $f_k$ (kPa) | 105 | 145 | 190 | 235 | 280 | 325 | 370 | 430 | 515 | 600 | 680 |

本规程在引用表7-8时,将地基承载力标准值 $f_k$ 改为地基承载力特征值 $f_{a0}$,以与公路行业标准协调。

**7.4.11**　我国东南沿海地区燕山期花岗岩分布广泛,因地处亚热带气候区,当地高温多雨,花岗岩风化强烈,特别是为化学风化提供了有利条件。花岗岩风化后残留在原地堆积形成的残积土,一般厚度较大,最厚可达40余米,为建筑物基础的主要持力层。花岗岩残积土的颗粒级配变化很大,如果单看其粗颗粒含量,那么有的土甚至可以定为砾石或砾砂,而有的土则几乎没有较粗的颗粒,属较典型的黏性土,但不论土中含粗粒多少,由于其中都含有一定数量的黏性土,在有足够含水量时,又都是总体可塑的。这种粗、细混杂的情况,使其既具有砂类土的性质,也具有黏性土的性质,这是花岗岩残积土有别于其他类型土的一个重要特征。实践表明,无论是采取土样及室内试验,均不能将花岗岩残积土作为一般黏性土对待。用常规方法求得的室内试验指标,不适宜评价花岗岩残积土的工程性质。更不能使用这些指标,引用一般地基规范来评价地基的承载能力。原航空工业部综合勘察院等单位曾采用原位测试方法对深圳地区的花岗岩残积土进行了研究,建立了利用标准贯入试验确定其承载力的方法,该方法纳入《深圳市地基基础勘察设计规范》(SJG 01—2010)。经多年使用,认为基本可行。本规程在引用相关表格时,将原表中的承载力改为承载力基本容许值,以与公路行业标准协调。根据表7.4.11确定花岗岩残积土的承载力基本容许值时,现场试验锤击数要按式 $N = \mu - 1.645\sigma$ 进行修正,并将计算值取至整数位。当对地基承载力容许值进行深度、宽度修正时，基础宽度和埋深的承载力修正系数按表7-9确定。

表7-9 承载力修正系数

| 地 层 类 别 | 宽度修正系数 $\eta_b$ | 埋深修正系数 $\eta_d$ |
|---|---|---|
| 砾质黏性土 | 1.2 | 2.0 |
| 砂质黏性土 | 1.0 | 1.5 |
| 黏性土 | 0.5 | 1.3 |

# 8 预钻式旁压试验

## 8.1 一般规定

**8.1.1** 旁压试验（pressuremeter test）最初由德国工程师寇克娄（Kogler）在20世纪30年代提出。1957年法国道桥工程师梅拉（Ménard）创造了著名的三腔式旁压仪，并在工程上加以应用。经过多年发展，在英国、法国、美国、加拿大、日本等国家已获得广泛应用。我国于20世纪60年代初从国外引入了旁压试验，并在后来的工程实践中积累了丰富的经验。该种方法现已纳入《岩土工程勘察规范》（GB 50021—2001）、《铁路工程地质原位测试规程》（TB 10018—2018）、《地基旁压试验技术标准》（JGJ/T 69—2019）等标准。

根据成孔方法不同，旁压试验可分为预钻式旁压试验和自钻式旁压试验两种。国内目前以预钻式为主，适用的仪器主要为预钻式三腔旁压仪，鉴于自钻式应用较少，故本规程暂不列入。旁压试验可在不同深度测定土层的横向变形特征，确定黏性土、粉土、砂土、黄土以及软质岩和风化岩的地基承载力、变形模量 $E_0$ 和压缩模量 $E_s$，估算侧压力系数等。本条规定旁压试验适用于黏性土、粉土、砂土、黄土、软质岩及风化岩，可确定地基的承载力和变形参数，是对以往工程经验的总结。

**8.1.2** 旁压试验作为地基勘察手段，可在地层中的某一指定位置进行试验，这与载荷试验相比无疑是一个长处。结合钻探、静力触探资料，在了解地层剖面的基础上进行旁压试验点的布置，将使布置试验点更具有代表性和针对性。旁压仪的旁压器的测量腔连同辅腔有一定长度，试验时若旁压器长度内的土体物理力学性质变化较大，势必会造成膜膨胀的不均匀。这时 $p$-$V$ 曲线会出现异常或膜产生破裂。因此，对于成层土层，要求将旁压器的测量腔和辅腔置于同一土层中。对于厚层的均质土层，每1m进行一次试验，可了解沿深度方向上地基土参数的变化情况，有利于评价地基土的工程性质。根据实践经验，旁压试验的影响范围，水平方向约为60cm，垂直方向约为40cm。为避免相邻试验点应力影响范围重叠，规定试验点沿深度方向上的间距不小于1m。为满足统计学的要求，规定在同一场地内同一土层试验点的总数不宜少于6个。

## 8.2 试验设备

**8.2.1** 预钻式旁压仪由旁压器、加压稳压装置、变形测量装置、导管和水箱等部分组成（图 8-1）。

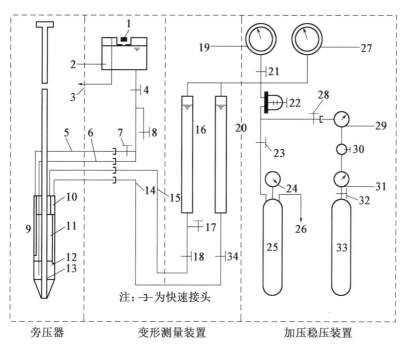

图 8-1 旁压仪结构示意图

1-安全阀；2-水箱；3-水箱加压，接打气筒；4-注水阀；5-注水管；6-注水管；7-测量腔注水阀；8-排水阀；9-旁压器；10-上辅腔；11-测量腔；12-下辅腔；13-导水管；14-导压管；15-导压管；16-量管；17-调零阀；18-测压阀；19-压力表；20-辅管；21-低压表阀；22-调压器；23-手动加压阀；24-压力表；25-储气罐；26-手动加压；27-压力表；28-氮气加压阀；29-压力表；30-减压阀；31-压力表；32-氮气源阀；33-高压氮气源；34-辅管阀

**8.2.2** 旁压器是对土体施加压力的部分，可分为三腔式和单腔式。国内在工程上使用的旁压器主要为三腔式，故本规程仅对三腔式旁压器作出规定。旁压器试验时，有压力的水通过中间的注水管进入测量腔，使橡皮膜径向向土体方向膨胀，给周围土体施加压力，从而得到测量腔压力和体积增量之间也即周围土体受到的压力与变形之间的关系。与此同时上、下辅腔同步注入同样压力的水，使辅腔也同时膨胀，并向孔壁施加压力。这样就可以把测量腔周围土体的变形当作平面应变问题来处理。旁压器中间的导水管，用来排除旁压器下面的水和空气，以使旁压器能顺利下到预定位置。国内目前常用的旁压仪为国产 PY 型和法国产的梅纳（GA、GAm）型，两种仪器的结构及其原理基本相同，规格如表 8-1 所示。

**表 8-1 常用旁压仪的旁压器的技术规格**

| 旁压仪型号 | | 总长度（mm） | 测试腔长度（mm） | 外径（mm） | 测试腔体积（cm³） | 测管截面积（cm²） |
|---|---|---|---|---|---|---|
| GA、GAm | AX | 800 | 350 | 44 | 535 | 15.30 |
| | BX | 650 | 200 | 58 | 535 | 15.30 |
| | NX | 650 | 200 | 70 | 790 | 15.70 |
| PY | $PY_1$-A | 450 | 250 | 50 | 491 | 15.28 |
| | $PY_2$-A | 450 | 250 | 55 | 594 | 15.28 |
| | $PY_3$-2 | 680 | 200 | 60 | 565 | 13.20 |

本条旁压器技术参数与《岩土工程仪器基本参数及通用技术条件》（GB/T 15406—2007）相同。

**8.2.3** 加压稳压装置的基本功能是给旁压器加压并保持稳定，由压力源（气源）、压力表、调压阀及阀门等部件组成。预钻式三腔旁压仪根据试验压力有低压和高压之分。低压通常是指 0~2.5MPa，高压可达 8.0MPa 或以上。使用的气源可根据测试的地层选用，对于软质岩、风化岩、坚硬状黏性土、老黄土、密实的砂土等，通常使用高压氮气瓶，而软土、流塑状黏性土、松散砂土在低压时也可用打气筒打气。本规程适用的预钻式三腔旁压仪，其压力量测均采用压力表，为了提高压力量测的精度，压力表采用精度较高的标准压力表。低压和高压旁压仪的压力表量程分别有 0~2.5MPa、0~8.0MPa 等，试验时一般根据需要选用相应量程的压力表，每种压力表的最小分度值要求不大于相应满量程值的 1%。

**8.2.4** 变形测量装置由测管、辅管、水箱及各类阀门组成，其主要功能是向旁压器注水并量测进入旁压器的水量，经过一定的转换，测量旁压试验各级压力下旁压器的体积膨胀量，以确定孔周围土体的变形。法国产的梅纳（GA、GAm）型旁压仪与国产的 PY 型旁压仪的量测装置，测管材质均为有机玻璃，测管长度和截面积相近，不同之处在于刻度标尺单位。梅纳型旁压仪测管以体积（$cm^3$）作为标尺单位，刻度范围 0~800$cm^3$，最小 2$cm^3$，而 PY 型旁压仪测管截面积 15.28$cm^2$，以长度（cm）作为标尺单位，刻度范围 0~45cm，最小 1mm。由于所使用仪器测管刻度标注法不同，本规程对两种刻度标注法的测管的最小刻度分别作出规定。

## 8.3 试验方法

**8.3.1** 预钻式旁压试验是在预先钻好的钻孔中放入旁压器，通过对预钻孔的孔壁施加横向水平压力，使孔壁向外膨胀，直至破坏，从而得到压力与钻孔体积增量（或径向位移）之间的关系，并据此推求地基土的力学性质指标。为在试验过程中获取真实数据，客观反映土的压力-变形关系，计算地基土的各项参数，在进行旁压试验前对仪器进行标定工作非常重要。通过标定不但可以检查仪器各部分的组成是否完好，还可以用标定资料修正旁压试验结果。说明几点：

（1）按照《一般压力表》（GB/T 1226—2017）的规定，压力表每年要求标定一次。

（2）除新膜应进行弹性膜约束力的标定外，弹性膜使用一定次数后，由于多次膨胀的影响，其性能会发生一定的变化，因此，需定期对弹性膜约束力进行标定，但标定频繁也是不适宜的。至于连续使用多少次进行标定，一般视弹性膜材质而定。对于梅纳型旁压仪，已有资料规定，使用次数达 20 次要重新标定。对于 $PY_2$-A 型旁压仪则有所不同，经对使用的弹性膜进行连续标定试验，其结果为：当标定到 8~9 次时，同一压力的测管水位下降值比第一次平均增大 8~10mm。已用的膜较长时间不用，标定曲线也会发生变化。试验资料表明：停用 12h，标定时对应压力下测管水位下降值平均减小 6.8mm；隔 36h 减小 8.2mm；隔 60h 减小 11.3mm。一般来说，测管水位下降值变化 8~10mm，膜约束力变化值最大可达 10kPa 左右，此值与 $PY_2$-A 型旁压仪压力表的最小值相当。因此本规程规定弹性膜使用次数达到 8 次或停用时间超过 48h，应对弹性膜进行重新标定。试验过程中，当旁压器从钻孔中取出时，受孔周摩擦力的影响，有时会出现测量腔弹性膜被拉长、拉翻的情况，这时弹性膜约束力标定曲线会发生变化，要求对弹性膜进行重新标定。

（3）旁压仪的调压阀、测管、导管、压力表等配件在加压过程中会产生形变，造成水位下降或体积损失，这种水位下降和体积损失称为仪器综合变形。对于首次使用的旁压仪，因试验前不知体积损失的大小，进行仪器综合变形标定，不但可以检查仪器是否完好，还可以利用标定资料对旁压试验结果进行修正；在做旁压试验期间，更换调压阀、测管、压力表后，由于更换前后元件的材质、性能存在差异，可引起仪器综合变形值的改变，故应重新标定；导管是连接量测装置和旁压器的，若发生材质或长度的改变，导管的膨胀性能必然发生改变，从而引起仪器综合变形值的改变。因此，规定在更换或改变注水管和导管的长度后，应进行仪器综合变形标定。

**8.3.2** 预钻式旁压试验成果的可靠性与成孔质量关系密切，成孔质量的优劣将直接关系到旁压试验的结果，不合格的孔可导致试验的失败。鉴于此种原因，本规程对预钻孔的成孔方法、孔径、形状等进行了规定。

旁压试验的目的是要在原位量测未经扰动的土的性质。使土不受扰动或少受扰动是对试验孔要求的第一个技术条件。成孔扰动孔壁土体的原始状态，扰动过大时，会破坏土体的原有结构，降低土体的强度，在孔壁周围形成扰动（圈）带，造成孔壁变形、缩孔、坍塌等情况，使旁压曲线的形态失真，严重影响试验质量。为减少成孔对地层的扰动，不同性质的土层，通常采用不同的成孔工具。在旁压试验前，根据岩土的类型和土体状态选择适宜的钻探机具和施工工艺是必要的。对硬塑~半坚硬状态的土层，通常采用勺形钻和环刀成孔；对软塑~流塑状的土层可以采用螺纹钻或提土钻头；对于软质岩石和风化岩石一般采用回转钻机成孔，转速不大于 60r/min；对孔壁稳定性差的土层，通常采用泥浆护壁钻进等，尽可能减少钻探对土层的扰动。根据理论推算和实践经验，旁压试验的应力影响半径为从旁压器上、下端点起算，垂直方向约为 40cm。因此，规定旁压试验孔深应比预定最终试验深度深 50cm。

通常，把旁压试验作为一个无限弹性介质中的圆柱状孔穴径向扩张问题来处理。因此理想的预钻孔是圆柱状，且孔壁要平顺、光滑，孔形要圆整，孔壁要垂直。如此，试验在接近轴对称的平面应变条件下进行。钻孔的孔径、孔壁的平滑程度、试验与成孔时间的间隔等会对试验结果产生影响。孔径大小要适中，与旁压器直径匹配要合理。这是因为对于目前使用的各种旁压器其变形都不是任意的，而是有一个限度。预钻孔直径过大将达不到试验求取极限压力的需要，孔径过小旁压器放不下，或放下很困难也是不行的。从实践来看，试验段的孔径一般比旁压器外径大 2~8mm 时旁压试验的质量较好。

旁压试验成孔时，将土取出，由此可直接查看土层，这与其他原位测试相比是一个有利条件。在成孔过程中，对地基土的类别、密实程度、含水状态、颗粒组成及分层情况等进行实地观察描述，采集土样测试其性质，再根据试验结果对地基土进行评价是十分有利的。

**8.3.3** 在钻孔成孔后保持孔壁稳定，随即进行试验，如此成孔与测试交替进行，逐次加深。杜绝一次成孔，多次试验，可避免造成缩孔、塌孔和对孔周土体的扰动，对保证测试质量是必要的。正常情况下，旁压试验得到反映压力和变形关系的 $p$-$V$ 曲线。如试验孔不能满足上述技术条件，便会出现各种异常的 $p$-$V$ 曲线，难以满足确定各种特征值的需要，严重影响测试质量。

**8.3.8** 加压等级的选择取决于试验的目的、土层的特点、资料整理及成果解译的方法。目前国内外尚无统一规定，但需要满足一个原则，即 $p$-$V$ 曲线要有足够的试验点，同时旁压曲线临塑压力以前的直线段也需要有一定的点才能保证资料解译的可靠性。国外加压等级增量一般按旁压极限压力 $p_L$ 考虑，如法国一般为 $p_L$ 的 1/10～1/14。国内一般根据预估的临塑压力 $p_F$ 的 1/7～1/5 确定加压等级增量。本规程结合国内外旁压试验的经验，对不同土层选择试验压力增量推荐于本规程表 8.3.8。表中临塑压力前增量等级较小，主要考虑要较精确确定 $p_0$ 和 $p_f$ 值的需要；而临塑压力后增量等级较大，但对旁压曲线线形无显著影响。

**8.3.9** 与载荷试验一样，旁压试验的加荷稳定时间是个重要问题。对于饱和的黏性土、砂土，不同的加荷稳定时间则固结程度是不同的，将直接影响试验的结果。另外，完成一个旁压试验的时间也有很大差别。出于不同的考虑，各国各部门对此的规定差别较大。我国铁路部门经过研究，认为稳定时间的确定从以下几个方面考虑是适宜的。

（1）旁压试验的基本条件：旁压器是个柱状体，侧面积大，如国产 PY 型三腔旁压器，其总长度为 50cm，侧面积达 785cm$^2$，在这样大的面积上通过弹性膜给孔周土体施加压力，固结排水的条件非常不利（试验段排水出路还要经过辅腔段）。与室内的压缩、强度等试验条件比，它的排水路径要大得多。所以对饱和土类，尤其是饱和黏性土，旁压试验基本上只能完成快剪模式的试验。如果考虑排水固结势必将试验时间拖得过长，这对现场原位测试是很困难的。根据《铁路工程地质勘察规范》（TB 10012—2019）规定：黏性土、黄土、软土地层上的路堤、挡土墙、桥涵、厂房等地基，边坡及稳定性检算要进行快剪剪切试验，对此旁压试验按快剪模式考虑与其具有一致性。

（2）地基土变形问题：地基土变形计算方法在现行的有关规范和手册中是以试验为根据的分层总和法，考虑了排水固结。如果利用旁压试验资料确定土的变形模量或压缩模量，则需通过与载荷试验或压缩试验的对比建立关系，故需对旁压试验的加荷稳定时间作出统一规定，同时按土类分别建立旁压和载荷（压缩）试验的变形（压缩）模量的相关关系，则变形计算中的固结问题可得到解决。

（3）在采用快剪模式的前提下，黏性土、砂土每级荷载的稳定时间3min是适合的，其理由是：

①3min稳定时间，对黏性土符合快剪模式，对砂土符合排水固结模式。

②压力较高时，调压阀的灵活性较差，加压比较费力，从开始加压到准确加到给定值，所用时间较长。3min稳定时间与1min相比，操作误差小。

③3min稳定时间和1min相比，每级荷载完成的变形占稳定变形的比例大，且比较稳定，有利于变形参数的确定。对黄土（非饱和的三相土）不同稳定时间测管水位下降值的变化，3min的变形（作为变形稳定的标准）为30min变形的90%以上。对黏性土和软土，原铁道部第四勘测设计院提供的资料说明，在3min的加荷时间内，拐点处的变形可完成稳定变形的50%左右。

④3min稳定标准国内已有较丰富的实践经验，取得的资料比较多。这一稳定标准使一个试验在不到1h内完成，比较适合现场的试验条件，目前仪器的承压管路可以适应，若每级加荷时间拉长，为使压力保持稳定，在管路漏水等方面可能出现新的困难。

综合以上几点，本规程规定黏性土、砂土加荷稳定时间为3min。

对于风化岩和软岩，一般不考虑加荷时的排水固结问题。根据国内外资料，加荷稳定时间为1min。

**8.3.10** 在试验点深度准确的前提下，旁压试验的精度主要取决于压力控制和测记的误差以及体积变形量的测量误差。但国内外对此所作的规定不尽一致。《地基旁压试验技术标准》（JGJ/T 69—2019）规定，压力控制和测记的允许误差为±1%，体积测量允许误差为总变形量±1%；《铁路工程地质原位测试规程》（TB 10018—2018）对于测量精度的规定与《地基旁压试验技术标准》（JGJ/T 69—2019）基本一致，但增加了测量读数分辨精度的要求；《旁压试验》（SL 237-048—1999）对变形测量装置的准确度要求为压力和体积测量的准确度均为1.5%。上述标准对于旁压试验的测量精度均采用相对误差衡量。在欧洲标准中，对于旁压试验测量精度的评价则采用相对误差与分辨率要求相结合方法，较好地解决了加压初期测量误差的控制。本条规定是根据当前公路工程旁压试验的技术现状和实际工程经验，综合国内相关行业标准和欧洲标准的优点制定的。

**8.3.16** 旁压试验所要描述的是土体从加压到破坏的一个过程，旁压试验的终止条件应该满足既要使试验段土体受力接近或到达极限应力状态，又要使弹性膜和土体变形达到一定限度，避免弹性膜胀破。国产PY型旁压仪，当测管水位下降达到36cm（绝对不能超过40cm）时，即应终止试验；法国GA型旁压仪，当测管读数达到600$cm^3$或蠕变变形大于50$cm^3$时，应终止试验。

## 8.4 资料整理

**8.4.2** 旁压试验得到的压力与变形对应关系，目前有两种表示方法，即$p\text{-}V$曲线和

$p$-$s$ 曲线。这些曲线所表示的含义类同，对同一种仪器而言，它们之间有固定的转换关系。本规程规定采用 $p$-$V$ 曲线，是因为它有明确的物理概念，表示的是孔周土体在压力作用下的体积变化。采用 $p$-$s$ 曲线，由于 $s$ 值为测管的水位下降值，与土体的变形只是间接关系，在确定剪切模量时，还要经过换算，使用不甚方便，且与国际常用方法不一致。

**8.4.3** 本条说明几点

（1）初始压力 $p_0$ 的确定：$p_0$ 的物理含义及其在旁压试验中如何确定，目前尚有争议。基于图解法求得的 $p_0$，其物理意义比较明确，且考虑了成孔扰动的影响，合理简便，故本规程推荐按旁压曲线作图法确定 $p_0$。

（2）临塑压力 $p_F$ 的确定：大量的旁压试验结果表明，由不同的钻具成孔、不同的旁压试验仪器和不同的人员操作，在同一地层中所获得的 $p_F$ 基本相同，因而表现为拐点明显，$p_F$ 的确定方法比较统一，通常取旁压曲线中段直线的终点或借助蠕变曲线的第二拐点确定临塑压力。

（3）极限压力 $p_L$ 的确定：本条规定极限压力 $p_L$ 为 $p$-$V$ 曲线上 $V_L = V_c + 2V_0$ 对应的压力，是由于体积达 $V_L$ 时，土体已产生显著塑性变形，将此对应的压力作为极限压力，与国际上通用的方法一致。

由于受旁压器总变形、仪器工作压力和成孔质量等因素的影响，旁压试验的最大压力往往只能加到接近 $p_L$ 值就结束试验。当试验压力接近 $p_L$ 值时，土体接近破坏，弹性膜迅速膨胀增大，若不终止试验，会导致弹性膜爆裂。故求取 $p_L$ 值一般只能辅助其他方法。目前确定 $p_L$ 的方法很多，有外推法、倒数曲线法、半对数曲线法、双对数曲线法和数解法等，本规程推荐采用用外推法或倒数曲线法确定极限压力 $p_L$。

**8.4.6** 旁压试验的基本资料除试验的文字说明外，一般还需要绘制旁压试验综合图。当一个试验孔的试验点数较多时，可根据需要绘制旁压试验参数 $p_0$、$p_F$、$p_L$、$G_m$、$E_m$ 等随深度的变化图。

**8.4.7** 黏性土、砂类土的试验资料表明，在 $p$-$V$ 曲线上要准确地定出 $\sigma_{h0}$ 是比较困难的。人们曾经认为成孔后，会有一定的缩孔，在旁压器膨胀的初期，向孔内膨胀的土体被挤压至原始位置时，所对应的压力便为地层的水平压力。但对并非完全弹性变形的土体，这样的假设与实际情况是有较大出入的。按照这种设想把 $p$-$V$（或 $p$-$\Delta V$）曲线第一拐点，即直线段起点 $p_0$ 当作 $\sigma_{h0}$。实践证明，这种方法确定的 $\sigma_{h0}$ 规律性差，且往往偏大。研究表明，$p_0$ 不单单是水平压力的函数，还与成孔直径、孔壁土体扰动程度等有关，用 $p_0$ 表示地层静止水平总压力经常不准确。虽然也有人提出用作图修正法确定 $\sigma_{h0}$，鉴于对 $p$-$V$ 曲线直线段前的曲线段理论解释还不完善和直线段起点 $p_0$ 值起伏较大，因此，对浅基础 $\sigma_{h0}$ 取值按本规程式（8.4.7-1）计算是可行的。对某些土类或地区，若图解法实践经验丰富，也可作为确定地层静止水平总压力的方法之一。

**8.4.8** 旁压试验的 $p$-$V$ 曲线从似弹性段起点开始,与荷载曲线类似,有明显的比例界限,故给分析承载力问题提供了条件。国内多家单位的研究表明:用旁压试验的临塑压力 $p_F$ 减去地层的静止水平压力 $\sigma_{h0}$,所确定的承载力与载荷试验得到的承载力基本一致。铁路部门由 157 组荷载板和旁压对比试验的统计分析结果得到(其中黏性土 68 组,黄土 66 组,砂类土 23 组)的平均值为 $\sigma_0 = 1.0 (p_F - \sigma_{h0})$。认为条文中的式(8.4.8)能够满足地基安全的要求。目前国内各部门的旁压试验技术规程均采用此式。

对于中风化、微风化的岩石,旁压试验常常达不到 $p_F$ 就已接近或达到梅纳型旁压仪的容许最大压力,不能直接确定 $p_F$。通过统计发现,当地质时代相同、基本岩性一致时,$p_F$ 与 $E_m$ 之间近似符合线性关系。因此,当 $p_F$ 估计值与容许最大压力相差不大时,可以根据该软岩 $p_F$ 与 $E_m$ [$E_m = 2(1+V)(V_0 + V_m)\Delta p/\Delta V$] 的统计关系,由试验得到的 $E_m$ 值近似确定 $p_F$。湖南地区红砂岩 $p_F$ 和 $E_m$ 的统计关系见表 8-2。

表 8-2 湖南地区红砂岩的 $p_F$ 与 $E_m$ 回归分析表

| 岩性·时代 | 频 数 | 相关系数 | 均方差(kPa) | 回 归 方 程 |
|---|---|---|---|---|
| 红砂岩·R | 23 | 0.814 5 | 2 991 | $p_F = 0.007\ 831 E_m + 976$ |
| 红砂岩·R | 4 | 0.973 4 | 1 555 | $p_F = 0.004\ 54 E_m + 2\ 330$ |
| 红砂岩·R | 34 | 0.813 1 | 14 399 | $p_F = 0.017\ 96 E_m + 475$ |

**8.4.9** 为建立旁压试验的极限压力 $p_L$ 与地基极限承载力 $p_u$ 的关系,铁路部门收集了黄土、一般黏性土、粉土、砂土对比试验资料 79 组(载荷试验资料可以确定极限承载力为收集标准)。旁压试验的极限压力用两倍体积法确定,载荷试验的极限承载力用相对沉降为 6% 对应的压力确定。所采用的载荷试验条件为压板周围没有超载。79 组对比试验资料回归分析结果如下:

$$p_u = 0.890\ 1(p_L - \sigma_{h0}) + 8.152\ 7 \tag{8-1}$$

式中:$p_u$——极限承载力(kPa);

$p_L$——极限压力(kPa);

$\sigma_{h0}$——土的静止水平压力(kPa)。

上式相关系数 $\gamma = 0.943\ 2$,剩余标准差 $s = 39.4$(kPa)。条文建议采用公式为:

$$p_u = 0.89(p_L - \sigma_{h0}) \tag{8-2}$$

梅纳的极限承载力表达式为 $q_L - q_0 = m(p_L - p_0)$,其中 $q_L$ 为浅基础的极限承载力,$q_0$ 为基底高程处土的覆盖压力,$p_L$ 为旁压极限压力,$p_0 = K_0 \cdot \gamma \cdot d$。压板周围没有超载时,梅纳公式与式(8-2)形式是相近的。梅纳公式中的 $m$ 为承载力系数,与土的类型、基础形式、宽度、埋深和施工方法有关。法国的资料表明,对各种类型的土,各种基础形式和宽度,当埋深为 0 时,$m$ 为 0.8,较式(8-2)中系数稍小。以往国内较普

遍的看法是 $(p_F - \sigma_{h0})$、$(p_L - \sigma_{h0})$ 与浅基的基本承载力和极限承载力相当；式（8-2）则是介于 0.8~1 之间。

**8.4.10~8.4.12** 旁压试验的一个重要特点是可以描述地基土由开始承受荷载经弹性变形、塑性变形直至达到破坏的全过程，尤其是可以得到似弹性变形阶段荷载与变形的相关关系。因此可以用旁压试验确定地基土的变形特征。

为了利用旁压试验资料确定地基土的变形模量和压缩模量，国内外做过大量研究，条文中根据旁压剪切模量 $G_m$ 确定地基土的变形模量和压缩模量的方法是我国铁路部门采用旁压与荷载对比试验，通过回归分析得到的。说明几点：

（1）黄土通过 87 组旁压与荷载对比试验资料的线性回归得出：

$$E_0 = 3.723007 + 0.005321 G_m \quad (\text{MPa}) \tag{8-3}$$

式中：$E_0$——土的变形模量（MPa）；

$G_m$——土的旁压剪切模量（MPa）。

式（8-3）相关系数 $\gamma = 0.8341$，剩余标准差 $s = 6.34$（MPa）。

（2）黏性土通过 65 组旁压与荷载对比试验资料的线性回归得出：

$$E_0 = 1.83579 + 0.0028549 G_m \quad (\text{MPa}) \tag{8-4}$$

式（8-4）相关系数 $\gamma = 0.8655$，剩余标准差 $s = 3.4$（MPa）。

由于黏性土的塑性状态变化范围大，$G_m$ 与 $E_0$ 的关系也将变化。将硬塑和坚硬的 26 组进行回归结果得出：

$$E_0 = 1.02567 + 0.0048039 G_m \quad (\text{MPa}) \tag{8-5}$$

式（8-5）相关系数 $\gamma = 0.9188$。

（3）关于压缩模量 $E_s$，进行了旁压与压缩的对比试验，分析结果如下：

黄土埋深不大于 3.0m 时：

$$E_s = 1.79692 + 0.001730 G_m \quad (\text{MPa}) \tag{8-6}$$

式（8-6）$n = 75$，$\gamma = 0.7879$，$s = 3.53$（MPa）。

黄土埋深大于 3.0m 时：

$$E_s = 1.4847 + 0.001427 G_m \quad (\text{MPa}) \tag{8-7}$$

式（8-7）$n = 52$，$\gamma = 0.8431$，$s = 3.47$（MPa）。

黏性土：

$$E_s = 2.0924 + 0.0025162 G_m \quad (\text{MPa}) \tag{8-8}$$

式（8-8）$n = 65$，$\gamma = 0.8367$，$s = 2.2$（MPa）。

综合以上结果，给出了条文中的表 8.4.10 和表 8.4.12。由于粉土的对比试验数据不多，铁路部门的土分类与国标存在一定差别，式（8-8）及表 8.4.10 实际上是将 $I_p < 7$ 的粉土纳入黏性土进行了统计。粉土可参照表 8.4.10 取用。

对粉砂、细砂、中砂、粗砂进行了 19 组旁压与荷载板对比试验，计算荷载板试验的变形模量和旁压剪切模量列于表 8-3。变形系数 $K$ 值的变化：粉~粉细~中~粗砂为

4.11~6.62~7.62~10.71，由粉砂到粗砂，$K$ 值规律地从小到大。

表8-3 砂土荷载与旁压对比试验资料

| 序号 | 土类别 | 荷载试验 $\Delta p/\Delta s$ (kPa/cm) | 荷载试验 $E_0$ (MPa) | 旁压试验 $G_m$ (MPa) | $K = E_0/G_m$ |
|---|---|---|---|---|---|
| 1 | 粉砂 | 266 | 7.17 | 2.015 | 3.56 |
| 2 | 粉砂 | 331 | 8.24 | 2.182 | 4.10 |
| 3 | 粉砂 | 322 | 8.68 | 2.098 | 4.14 |
| 4 | 粉砂 | 227 | 13.40 | 2.884 | 4.65 |
| 5 | 粉细砂 | 321 | 12.70 | 1.954 | 6.50 |
| 6 | 粉细砂 | 215 | 5.80 | 1.086 | 5.34 |
| 7 | 粉细砂 | 467 | 12.59 | 2.086 | 6.04 |
| 8 | 粉细砂 | 486 | 13.09 | 1.525 | 8.58 |
| 9 | 中砂 | 1 456 | 39.25 | 6.238 | 6.29 |
| 10 | 中砂 | 980 | 26.43 | 3.903 | 6.77 |
| 11 | 中砂 | 2 062 | 55.59 | 7.647 | 7.27 |
| 12 | 中砂 | 1 167 | 31.47 | 3.932 | 8.00 |
| 13 | 中砂 | 915 | 24.67 | 2.975 | 8.30 |
| 14 | 中砂 | 375 | 52.50 | 5.792 | 8.06 |
| 15 | 粗砂 | 308 | 8.31 | 0.975 | 8.52 |
| 16 | 粗砂 | 318 | 8.56 | 0.875 | 9.78 |
| 17 | 粗砂 | 598 | 16.13 | 1.460 | 11.05 |
| 18 | 粗砂 | 794 | 21.41 | 1.786 | 11.98 |
| 19 | 粗砂 | 206 | 5.54 | 0.454 | 12.20 |

考虑到试验组数还较少，将砂土分为粉细和中粗两个组，分别计算出保证率为85%的 $K$ 值变化范围：粉细砂，3.66~7.06；中粗砂，6.81~11.23。

提供的19组对比试验资料（表8-3），虽然规律性比较好，但数量偏少，对砂土的 $K$ 值不建议规定过细，但可按粒径分组，便于使用。根据这些资料给出条文中的表8.4.11。

# 9 十字板剪切试验

## 9.1 一般规定

**9.1.1** 十字板剪切试验（vane shear test）是由瑞典奥尔森（J. Olsson）所发明，以后在工程实践中不断得到改进，直至1948年由卡尔逊（L. Carlsson）提出卡德林（Cadling）十字板后，VST在国际上才得到公认、推广与基本定型。我国十字板剪切试验始用于1954年，铁路系统于1958年将该种方法用于宁波地区软黏土地基的强度测试，公路系统该种方法的广泛应用始于1978年京津塘等高速公路的软土地基勘察。目前该种方法主要用于软土不排水抗剪强度测试，其试验深度一般不超过30m。对在钻孔中难以采取原状土样的软土，较之传统的钻探取样、运至试验室测定其抗剪强度的方法，十字板剪切试验能基本保持土样所处的自然状态，防止取样、运输和制样对土的扰动，在原位测定土的抗剪强度。多年实践证明，这是一种经济有效的现场测试方法。所测得的抗剪强度相当于内摩擦角$\varphi=0$的内聚力$c_u$，也就是不排水剪的强度。国外也有将该种方法用于超固结黏土、粉土、泥炭、黄土类土、冰碛黏土等地层，但争议颇多。故本规程的适用土层，仍以软土为主。根据贯入方式的不同，十字板剪切试验可分为预钻孔十字板剪切试验和自钻式十字板剪切试验；根据力的传感方式可分为机械式和电测式。从技术发展和使用方便的角度，自钻式十字板优于预钻式十字板，电测式优于机械式。目前在工程上使用的主要是电测式十字板剪力仪。本规程内容主要针对电测十字板剪切试验制定。

**9.1.2** 由于地基土具有成层性，在进行十字板剪切试验前，通过钻探、静力触探资料了解场地土层分层情况，选定测试点的位置及深度可使试验具有针对性和代表性，收到最佳测试效果。

**9.1.3** 土的抗剪强度随深度而增加，其增加的数值目前尚未找到一个统一的计算公式。因为既要考虑区域性，又要考虑土的特性，其中包括土的含水率及土的应力史等。一般而言，随着深度的加大，土的自重压力会相应递增，土的有效应力也随之增加，压密和固结作用增大，由此产生的土的内聚力也随之增加。根据这个规律可说明$c_u$值随深度增加的原因。国内多家单位的研究表明，抗剪强度$c_u$值随深度$h$的增加有着良好的线性关系。对厚层软土，沿深度每1.0m测定一次$c_u$值，绘制$c_u$-$h$曲线，可建立区域性或一个工程的抗剪强度随深度变化的回归方程，以揭示工程场地的抗剪强度和深度的关系。同一场地、同一层位的软土灵敏度变化不大，过多的重塑试验既不经济，也无必要。

## 9.2 试验设备

**9.2.2** 十字板板头的形状、尺寸、翼板厚度、轴杆直径等会直接影响试验的结果。国内外对此做过大量研究，并在认识和板头规格上逐步取得一致。国内现已制定相关标准，表9.2.2与《土工试验仪器 剪切仪 第2部分：现场十字板剪切仪》（GB/T 4934.2—2008）一致。有单位曾对 $D \times H = 50\text{mm} \times 100\text{mm}$，$75\text{mm} \times 100\text{mm}$ 和 $75\text{mm} \times 120\text{mm}$ 三种尺寸的板头进行对比试验，研究表明板头的尺寸对 $c_u$ 有影响，尺寸大的 $c_u$ 值小，尺寸小的 $c_u$ 值大，但差值不大，在实际工程中常常可忽略这些差值，近似地使用。在实际工作中，一般浅层或土层较软时，可选用尺寸较大的板头；土质较硬时，可选用尺寸较小的板头。

**9.2.4** 在恒温和零输入状态下，在规定的时段内，仪表对传感器零输出值的大小，称为时漂；在零输入状态下，传感器零输出值随温度变化而改变，称为温漂。规定时漂小于 $0.1\%\text{FS/h}$，温漂小于 $0.01\%\text{FS/℃}$，则由零漂造成的试验误差（归零误差）可望被控制在 $1\%\text{FS}$ 以内。条文对扭力测量设备扭矩测量范围及扭矩相对误差的规定与《土工试验仪器 剪切仪 第2部分：现场十字板剪切仪》（GB/T 4934.2—2008）一致。

**9.2.5** 探杆的弯曲对十字板的成果影响较大，当深度大时更为明显。探杆不平直，十字板头除绕自身轴线转动外，还可产生绕扭力装置或探杆上某一点的"公转"，这种"公转"可产生对扭力传感器的附加弯矩，导致试验结果失真。拧紧探杆是保持探杆在试验孔全长范围内平直度的有效措施，有利于延长接头使用寿命，防止扭断探杆接头的事故发生。

## 9.3 试验方法

**9.3.1** 电测十字板剪切试验的设备安装需力求使机座和探杆保持垂直，如果探杆不是垂直进入土层，试验时十字板头非同心转动，可导致试验结果偏大。

**9.3.2** 电测十字板采用的电阻应变式传感器有一定的热敏性，特别是当桥臂阻力有较大差异时更为明显。应当让其在与地温取得热平衡后试验，才能取得较可靠的十字板抗剪强度 $s_u$ 值。十字板剪切试验实际上是工程实践中总结出来的一种模拟试验。工程事故中要达到剪切破坏，往往有一个酝酿事故的过程，这个过程有的甚至达到数月之久，也就是说剪切破坏是一个渐变的过程。但进行十字板试验不可能用如此长的时间，而是要选定一个恰当的时间作为大家公认的标准，在这方面国内外均做过研究。研究表明，抗剪强度的大小与剪切速率有关：剪切速率大，抗剪强度大；剪切速率小，抗剪强度也小。当剪切速率过大时，土中的应力增加过快，土样来不及产生相应的变形就形成抗剪强度较高的现象。因此剪切速率不建议过快，应当控制在适当的范围之内。目前工程界一致认为，十字板剪切试验主要适用于渗透系数很小的饱和黏性土，一般推荐现场十字板试验采用 $1°/10s$ 的剪切速率。

铁路部门在萧甬、广珠等线的工程实践认为：在地面1.0m以下，各试验点仪表的初始读数，不一定是温度效应引起的，在很多情况下还可能是上一个试验点的残余应力未充分解除所造成的，故从第2个试验点开始，仪表可不再调零。但要求记录初读数，供资料整理时使用。

## 9.4 资料整理

**9.4.4** 土的强度随应变速率的增加而增大，这一因素的影响效果和程度，首先取决于土质。有人对粉质黏土进行了室内十字板剪切试验不同转速的对比，结果证明转速对强度的影响很大。转速从 $100°/min$ 增至 $1\,000°/min$，$s_u$ 从3kPa增至11kPa，几乎相差近4倍，并在 $s_u$-$\lg\omega$（$\omega$ 为十字板转速，以角速度计）坐标上呈直线关系。如果在透水性较大的土中进行转速过慢的十字板试验，则可能出现相反的规律，即转速越小，强度越大。例如在软弱粉土中采用历时较长的（如1d以上）"排水"试验，所得到的强度要比标准十字板强度高出许多。土的塑性指数和流变特性又是决定这种影响效果的重要因素。通常，十字板剪切试验是一种应变控制式的快速剪切试验。加荷越快，要求克服黏土颗粒间的黏滞阻力就越大，因此所得的强度也越高。而黏性土塑性越高，这种影响越显著。比杰伦（Bjerrum，1973）提出，在将十字板抗剪强度用于实际工程时，需按下式对其进行修正。

$$c_u = \mu s_u \tag{9-1}$$

式中：$\mu$——修正系数；

　　　$s_u$——十字板抗剪强度实测值（kPa）。

针对世界各地14处软土路堤破坏实例，Bjerrum得到图9-1所示修正曲线，并为世人所公认。考虑到我国软黏土的 $I_p$ 值多在40以内，利用图9-1修正 $\mu$ 的意义不大，故本条统一取修正系数 $\mu = 0.9$。

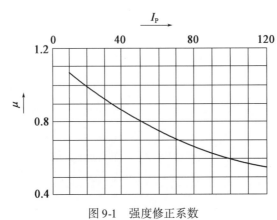

图9-1　强度修正系数

# 10 现场直剪试验

## 10.1 一般规定

**10.1.1** 现场直剪试验遵循库仑定律，即 $\tau = \sigma \cdot \tan\varphi + c$，在工程上可用于测定岩土体、结构面、混凝土与岩体接触面的抗剪强度，由于是在原位进行试验，较之室内试验更符合实际，被认为是一种较为可靠的原位测试方法，在工程上已有成熟应用。该种测试方法已列入《工程岩体试验方法标准》（GB/T 50266—2013）、《岩土工程勘察规范》（GB 50021—2001）等技术标准。但在不同的标准中，适用范围存在差异。在公路建设中，现场直剪试验主要用于岩体、岩体结构面、混凝土与岩体接触面和碎石类土的抗剪强度参数测试，总结该种方法在公路工程中的实际应用情况，本条对现场直剪试验的使用范围进行了规定。

**10.1.2** 为了模拟由纯剪力对岩体进行的力学作用，试验中最基本的要求是施加的剪力与剪切面方向完全吻合，但实际上是很难办到的。尤其在野外试验条件下更是如此。由于剪力偶的存在，使试件产生竖向旋转，这样就可能使剪切面上的法向力不仅不能均布而且可能产生三角形分布，甚至产生拉应力。为了解决这个问题而形成了另外一种方案，即使法向力和剪切力共交于试件中心，构成共点力系，从理论上来说，这样既可以消除在剪切面内产生拉应力的条件，也可以保证试件上应力均布。因此，就形成了两种抗剪试验的力学作用模型：一种是平推法（平剪），另一种是斜推法（斜剪）。所谓平推法系指推力方向平行于剪切面，否则称为斜推法。图10-1列出了多种试验布置方案，其中图10-1a)、b) 和c) 为平推法，所不同的是 a) 及 b) 均存在偏心矩，c) 不存在偏心矩；d) 为斜推法。实践证明，不论平剪或斜剪，如果对其力学作用条件处理不当，都会影响试验结果，本条推荐优先采用平推法 c)。

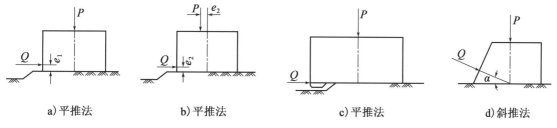

a) 平推法　　b) 平推法　　c) 平推法　　d) 斜推法

图 10-1　现场直剪方案布置图

$P$-法向荷载；$Q$-剪切荷载；$e_1$-剪切荷载偏心距；$e_2$-法向荷载偏心距；$\alpha$-剪切荷载与预定剪切面夹角

**10.1.3** 现场直剪试验还可分为测定岩土体试样在法向应力作用下沿剪切面剪切破坏的抗剪断试验（峰值抗剪强度试验）、岩土体剪断后沿剪切面继续剪切的抗剪试验（残余抗剪强度试验）及法向应力为零时岩土体剪切的抗切试验等。在实际工作中，需根据公路工程结构物的受力特点、现场工程地质条件、剪切破坏的可能模式以及预计剪切面的物理力学性质等，综合确定试验对象，选定所采用的直剪试验方法。为避免同一组试样的试验成果离散性较大，使之具有代表性，要求同一组试体的工程地质条件基本相同。试样的受力状态与岩土体在工程中的受力状态一致，可使试验成果符合实际情况，具有较高的可靠性和适用性。

**10.1.4、10.1.5** 这两条对试体的数量进行了规定，明确土体试样数量不宜少于4个，每组岩体、岩体结构面或混凝土与岩体接触面的试样不宜少于5个，源于《土工试验方法标准》（GB/T 50123—2019）、《工程岩体试验方法标准》（GB/T 50266—2013）的相关规定和工程实践经验的总结。在条件允许时可适当增加试体数量，试验数据越多，用最小二乘法统计的 $c$、$\varphi$ 值就越合理。试验点在选择时，试体越均一或相近，得到的结果相对就好，也就是在 $\sigma$-$\tau$ 坐标图上试验数据的散点图越接近一元回归直线。岩体类试样底面积 70cm×70cm 为国际通用做法，但是国内多采用 50cm×50cm，本规程结合国内实际情况，规定试体最小边长不小于 50cm×50cm。

## 10.2 试验设备

**10.2.1** 实践表明，在试验中采用自动化控制及数据采集设备，可连续采集试验数据，减少人为操作造成的影响，提高测试质量。量测设备的精度直接影响试验成果的质量，相关设备在使用之前需校准合格，并通过计量部门认证。

## 10.3 试验方法

**10.3.1～10.3.6** 在整个试验过程中，保持试验对象的原状结构和含水率在试样制备以及试验过程中不受试验加荷之外其他因素的影响和破坏是至关重要的。在制样和试验过程中，通常采取以下措施避免扰动试样原状结构或改变试件含水率：

（1）在制样前，先描绘出各试样的平面几何位置，并使单件样品预留尺寸稍大于实际试样。

（2）在爆破、开挖和切样过程中，避免岩土样或软弱结构面受到扰动而破坏。

（3）避免试样含水率发生显著变化，采取相应措施确保试样含水条件符合要求。根据工程需要，试验选择在天然含水条件下或者人工浸水条件下进行。在地下水位以下试验时，先降低水位，安装试验装置恢复水位后，再进行试验。

（4）对软弱岩土体，在顶面和周边加保护层（钢或混凝土），使护套底边在剪切面以上，施加的法向荷载和剪切荷载尽可能通过剪切面中心。

（5）试验过程中注意保持法向荷载不变。

（6）对于高含水率的塑性软弱层，法向荷载需分级施加，以免软弱层挤出。

条文对试样制备作出的相关技术规定，旨在保证试样制作的质量符合试验要求。条文对岩体完整性和岩体工程分级的描述，其含义与《工程岩体分级标准》（GB/T 50218—2014）一致。

**10.3.8** 平推法设备安装时的关键是要使法向荷载系统所有部件与加压方向保持在同一轴线上，并垂直于预定剪切面，垂直荷载的合力通过预定剪切面中心。剪切方向与预定的推力方向一致，剪切荷载作用轴线尽可能与预定剪切面平行。当采用斜推法试验装置时，推力中心线与预定剪切面夹角 $\alpha$ 宜为 $13°\sim17°$，一般为 $15°$，且剪切荷载与法向荷载合力的作用点应在剪切面的中心。

**10.3.15** 剪切荷载分级施加，以时间控制。最大剪切荷载可以按照正文中的经验预估法确定，也可以按照已有的试验结果来确定。在施加剪切荷载过程中，当剪切位移明显增大时，建议适当减小剪切荷载级差，增加分级数。

**10.3.17** 残余抗剪强度是岩土体在一定的法向荷载作用下，剪切面破坏后残留的抵抗剪切的能力，因此在进行残余抗剪试验时，需保持原法向荷载值不变。

## 11 扁铲侧胀试验

### 11.1 一般规定

**11.1.1、11.1.2** 扁铲侧胀试验（flate dilatometer test，简称 DMT）是由意大利人 Silvano Marchetti 在 20 世纪 80 年代初发明的一种原位测试方法。该种方法最初在北美和欧洲地区应用较多，现已在全球 40 多个国家和地区应用。我国自 1998 年开始引进和使用该测试方法以来，在工程上已积累了丰富的经验。该种方法现已列入《岩土工程勘察规范》（GB 50021—2001）、《铁路工程地质原位测试规程》（TB 10018—2018）等技术标准。扁铲侧胀试验可用于划分土层和定名，判别黏性土状态，测定静止土压力系数、饱和黏性土的不排水杨氏模量、地基水平基床系数等，有的单位用扁铲侧胀试验方法测定地基的承载力和土的水平渗透系数，计算压缩模量等，但资料不多，暂未列入本规程。

### 11.2 试验设备

**11.2.4** 控制装置的主要作用是控制试验时的气压和指示膜片在 3 个特定位置（3 个特定位移量）时的压力值，并传送膜片到达特定位置时的信号。3 个特定位置 A、B、C 的压力定义如下：

（1）A 压力（$p_0$）：膜片中心离开基座，水平压入周围土中 0.05mm 时，膜片内的气压值。

（2）B 压力（$p_1$）：继 A 压力后，再水平压入土中 1.10mm 的气压值。

（3）C 压力（$p_2$）：继 A、B 压力后，缓慢排气，使膜片回缩接触基座时作用在膜片内的气压值。

**11.2.5** 侧胀板头可用以下方式压入土中：

（1）主机为静力触探机具压入，可采用国内目前各种液压双缸静力触探机和手摇静探机（$\phi$28mm 以上探杆，接头内径大于或等于 12mm，气电管路可贯穿）。

（2）主机为液压钻机压入，若试验在钻孔中，从钻孔底部开始，气电管路可不用贯穿于钻杆中而直接在板头以上的钻杆任何部位的侧面引出。

（3）标准贯入设备锤击击入。

（4）水下试验可用装有设备的驳船以电缆测井法压入或打入。

采用击入法会影响试验精度，采用静力触探设备压入较理想，常优先选用。

## 11.3 试验方法

**11.3.1** 贯入主机与反力装置的安装，事先用水平尺校准机座基准面，当其为水平状态后再进行贯入，可保证侧胀板头、探杆（钻杆）对水平面的垂直度。为防止探孔偏斜造成深度误差及测试误差，在贯入过程中随时用水平尺检查机座是否水平也是必要的。

**11.3.2** $\Delta A$ 和 $\Delta B$ 值对扁铲侧胀试验十分重要，膜片的率定是扁铲侧胀试验的基本内容，膜片长时间使用其 $\Delta A$ 和 $\Delta B$ 值会产生变化，是不可忽略的。每次试验率定 $\Delta A$ 和 $\Delta B$ 值，便于修正 $A$、$B$、$C$ 读数。在大气压力下，膜片自然地提起高于它的支座，在 A 位置（膨胀 0.05mm）与 B 位置（膨胀 1.10mm）之间，控制装置的蜂鸣器是关着的。气压需要克服膜片刚度，并使它在空气中移动，使膜片从自然位置移至 A 位置时为 $\Delta A$，移至 B 位置时为 $\Delta B$。

**11.3.3** 新膜片的标定值通常在许用范围值之外，而且，在试验或标定中，未使用的新膜片标定值总不稳定。解决的办法即为老化处理过程，使用新膜片时，事先在空气中反复加、卸荷，以消除膜片本身以及装配时遗留的残余应力。经重复对膜片加压和减压，增大 $\Delta A$，减小 $\Delta B$，直到它们达到许用范围。

**11.3.7** 取出侧胀板头后，要用直角尺和直尺检查其弯曲度和平面度。直角尺靠在板头上接头两侧，量测两板面到直角尺距离，差值需小于 4mm，否则需予校直。用 150mm 直尺沿板头轴向置于板面凹处，若用 0.5mm 塞规插不进，其弯曲程度可以接受，若能插进，则需校正（可用液压机或杠杆方法校直）。

## 11.4 资料整理

**11.4.1** 扁铲侧胀试验中测得的 $A$ 压力是作用在膜片内部使膜片中心向周围土体水平推进 0.05mm 时所需的气压，为获得膜片在向土中膨胀之前作用在膜片上的接触压力 $p_0$（0.00mm 膨胀），需要修正 $A$ 压力以考虑膜片刚度、0.05mm 膨胀本身和排气后压力表零度偏差的影响。Marchetti 和 Crapps（1981 年）假设土-膜片界面上的压力与膜片位移间的关系成线性（图 11-1），这样可得到式（11.4.1-1）。同样，试验中测得的 $B$ 压力是作用在膜片内侧使膜片中心向周围土体推进 1.10mm 时所需要的气压，考虑到膜片刚度和排气后压力表零度偏差，故膜片膨胀 1.10mm 时的膨胀压力 $p_1$ 可根据式（11.4.1-2）得到。根据正常的压力膨胀程序获得常规的 $A$ 和 $B$ 压力，还可读取 $C$ 压力以获得在控制排气时膜片回到 0.05mm 膨胀时膜片的压力，该压力读数 $C$ 由式（11.4.1-3）修正

为 $p_2$。

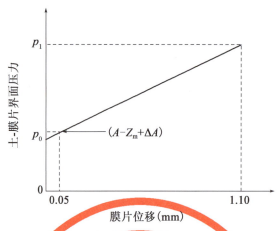

图 11-1　线性外推位移为零时的 $p_0$ 值

**11.4.2**　扁铲侧胀试验时，膜片向外扩张可视为在半无限弹性介质中对圆形面积施加一均布荷载 $\Delta p_0$，设弹性介质的弹性模量为 $E$、泊松比为 $\mu$、膜片中心的外移量为 $s$，则有：

$$s = \frac{4R \cdot \Delta p}{\pi} \cdot \frac{1-\mu^2}{E} \tag{11-1}$$

式中：$R$——膜片的直径，取 $R = 30\text{mm}$。

当试验过程中，膜片中心的外移量 $s$ 为 $1.10\text{mm}$ 时，且令 $E_D = E/(1-\mu^2)$，则可得：$E_D = 34.7\Delta p$，其中，$\Delta p = p_1 - p_0$。

**11.4.3**　扁铲侧胀试验各曲线随深度的变化反映了土层的若干性质，成为定性、定量评估这些性质的重要依据，与静力触探曲线相比较可得如下特征：

（1）试验曲线连续，具有类似静力触探曲线直观反映土性变化的特点。

（2）黏性土的 $I_D$ 值一般较小，$U_D$ 值一般较大。

（3）砂性土的 $I_D$ 值一般较大，$U_D$ 值非常低，接近 0。

（4）在均质土中贯入，$p_0$、$p_1$、$p_2$、$\Delta p$、$E_D$ 均随深度线性递增，$I_D$、$U_D$ 保持稳定，$K_D$ 则呈递减趋势。

（5）$K_D$ 曲线很大程度上反映了地区土层的应力历史，超固结土 $K_D$ 较大。

（6）在非均质土中贯入，各曲线起伏变化较大，遇砂土变化加剧。

**11.4.4**　尽管土类指数 $I_D$ 与土的粒径分布无直接关系，但许多试验结果表明，同一类土具有相同的 $I_D$ 值。铁路部门总结国内多家单位试验结果，得到：

（1）淤泥、淤泥质黏土、黏土及淤泥质粉质黏土的 $I_D$ 值一般在 $0.16 \sim 0.35$ 之间，平均值为 $0.24$，变异系数 $\delta$ 为 $0.19$，表示其低变异性及均一型变异特征。

（2）粉质黏土的 $I_D$ 值一般在 $0.24 \sim 0.75$ 之间，平均值为 $0.40$，变异系数 $\delta$ 为

0.41，变异特征为剧变型，这是粉质黏土中粗细颗粒变化较大所致。

（3）粉土的 $I_D$ 值一般在 0.60～1.80 之间，砂土 $I_D$ 值为 1.80～3.60。

据此分析可知 $I_D$ 值明显反映了土中粗细颗粒的变化情况，是一种视土壤的主要颗粒尺寸而定的参数，可据 $I_D$ 值进行土质分类。

国内诸多试验结果 $I_D$ 值基本符合 Marchetti（1980 年）提出的土质分类，唯黏土与粉质黏土界限 $I_D$ 值 0.35 稍偏大。目前所得黏土 $I_D$ 最大值为 0.35，而绝大多数 $I_D$ 小于 0.30，且粉质黏土 $I_D$ 最小值为 0.24，考虑到土工试验中存在土样扰动或部分失水而造成 $I_D$ 值偏低影响土的正确定名，将黏土与粉质黏土界限 $I_D$ 值定为 0.30 认为更能接近我国实际情况。

**11.4.5** Marchetti 和 Crapps 曾提出根据以下关系式：

$$E_D = 10^{n + m \lg I_D} \tag{11-2}$$

确定土壤的状态及重度，式中 $n$、$m$ 取值见表 11-1。这样线 A、B、C、D 将土的状态分成 5 个等级。经分析，A、B、C、D 四直线交于一点 $Q$（$\lg I_D = -7.667$，$\lg E_D = -0.748$），故可得：

$$m = (\lg E_D + 0.748) / (\lg I_D + 7.667) \tag{11-3}$$

表 11-1 $n$、$m$ 取值

| 线　别 | $n$ | $m$ |
|---|---|---|
| A | 3.737 | 0.585 |
| B | 4.013 | 0.621 |
| C | 4.289 | 0.657 |
| D | 4.564 | 0.694 |

如此，可将试验所得 $I_D$、$E_D$ 值代入上式得到 $m$ 所表征的界限值，再与四直线 $m$ 值比较可得土的状态。结合目前试验数据，铁路部门将四直线的界限 $m$ 值进行了修正，又根据土的分类标准将黏性土的状态分为四类，即流塑、软塑、硬塑及坚硬，综合得到条文所列表 11.4.5。

**11.4.6** 由于 $K_D$ 的定义式有类似于 $K_0$ 之处，因此它们是必然相关的。困难之处在于目前尚无一个公认可靠的试验方法或标准，已准确确定 $K_0$，致使 $K_D$ 与 $K_0$ 的相关关系会因试验方法不同而异。国外拉卡斯等研究认为：

$$K_0 = 0.34 K_D^m \tag{11-4}$$

式中：$m$——经验指数，与 $I_p$ 有关，并随 $I_p$ 增大而减小，一般在 0.44～0.54 之间。

当 $K_D > 4$ 时，$K_0$ 的准确估计有待进一步积累经验。铁路部门在连云港、宁波、无锡、昆山、武昌地区，对一般饱和黏性土（含软黏土）共开展了 52 组应力铲和扁铲侧胀对比试验，得到用应力铲测定的静止侧压力系数 $(K_0)_s$ 与按 Lunne（1990 年）提出的计算式 $K_0 = 0.34 K_D^{0.54}$ 之比：$(K_0)_s / K_0 = 0.71 \sim 1.47$，平均为 1.07，变异系数 $\delta = 0.37$。

**11.4.7** 铁路部门在昆山、无锡、武昌三地进行了钻孔取样，做三轴不排水压缩试验与 DMT、CPT 进行对比，在 39 组 $E_u$ 与 $E_D$ 数据中，有 32 组 $\Delta p \leqslant 100\mathrm{kPa}$ 饱和黏性土，得到比值 $E_u/E_D = 2.1 \sim 4.7$，平均为 2.92，变异系数 $\delta = 0.36$。若以式（5.5.21）估算的不排水模量 $(E_u)_\mathrm{CPT}$ 计，则有 $(E_u)_\mathrm{CPT}/E_D = 2.58 \sim 4.64$，平均为 3.62，$\delta = 0.26$。

**11.4.8** 本条基准水平基床系数 $K_{h1}$ 与侧胀仪抗力系数 $k_h$ 之间的关系式源于《铁路工程地质原位测试规程》（TB 10018—2018）。铁路部门依托高速铁路与城市轨道交通等工程勘察项目，对扁铲侧胀试验、旁压试验、螺旋板载荷试验确定的基床系数进行了大量的对比试验研究，试验场地涵盖全国多个地区，涉及流塑~硬塑的黏性土、松散~中密的砂类土，具有广泛的地区代表性。计算 $K_{h1}$ 的修正系数即源自上述研究成果。

# 12 波速测试

## 12.2 试验设备

**12.2.2** 压缩波震源通常采用锤击震源、爆炸震源、电火花震源等。

对于剪切波震源，首先希望它在测线方向上产生足够能量的剪切波；其次希望能通过相反方向的激发产生极性相反的两组剪切波，以便拾取剪切波的初至时间。

单孔法目前普遍用板式剪切波震源，其优点是简便易行，能得到两组SH波（即剪切波水平分量），缺点是能量有限，目前国内能测的最大深度约为100m。

跨孔法目前较理想的震源是剪切波锤，这是一种能在孔内某一预定位置产生剪切波的设备。其优点是：能产生极性相反的两组剪切波，可比较准确地确定剪切波到达接收孔的初至时间，能在孔中反复测试。缺点为：要在震源孔下套管，并在套管与孔壁间隙灌注膨润土与水泥的混合浆液，花费较大，它所激发的能量较小；孔较深时，由于连接锤的多条管线易缠绕，往往影响锤击效果。

**12.2.3** 单孔法及跨孔法均采用三分量井下检波器，即在一密封、坚固的圆筒内安置3个互相垂直的检波器，其中1个竖向，2个水平向。同类型检波器性能一致是采集地震波的前提条件，若同类型检波器性能差异较大可能会产生畸变，进而导致测试结果不准甚至是错误。故对检波器的固有频率差、灵敏度差以及阻尼系数差作出了应小于10%的规定。目前，所用的检波器为动圈型磁电式速度检波器。其特点是：只有当所需测的振动频率大于检波器固有频率时，检波器所测得的振动的幅值畸变及相位畸变才能较小。结合我国目前使用的检波器的规格，规定检波器的固有频率宜小于所测地震波主频率的1/2。用于单孔法，当所测试深度较大时，地震波主频率可能较低，此时建议采用固有频率较低的检波器。

在工作时，检波器外壳与孔壁紧密接触是必要的。一般检波器外壳附上气囊，用尼龙管（或加固聚乙烯管）连到地面，通过打气使气囊膨胀，从而将检波器压贴在孔壁上。

## 12.3 试验方法

**12.3.2** 跨孔法测试最初是采用两个试验孔，一个震源孔，一个接收孔。这种方法的缺点是不能消除因触发器的延迟所引起的计时误差，当套管周围填料与土层性质不一致时，会导致传播时间存在误差。因此，目前跨孔法一般用3～4个试验孔，试验孔排成一条直线。当采用3个或以上的试验孔时，通常选择端点的一个试验孔作为震源孔，其余的孔作为接收孔。在地层不均匀及进行复测时，还可以选用另一端的孔作为震源孔进行测试。

孔间距离的确定受场地地质条件的制约。当测试的地层上下有高速层时，就可能产生折射波（图12-1）。在离震源距离大于临界距离时，折射波会比直达波先到达接收点，这时所接收到的就是折射波的初至，按这个时间计算出的波速将比实际地层波速值高。在实际工作中通常采用下列公式计算孔间临界距离：

$$X_c = 2H\cos i \cos \varphi / [1 - \sin(i + \varphi)] \tag{12-1}$$

$$X_c = 2H\sqrt{(V_2 + V_1)(V_2 - V_1)} \quad (\varphi = 0) \tag{12-2}$$

式中：$X_c$——临界距离（m）；

　　　$H$——沿钻孔方向震源至高速层的距离（m）；

　　　$i$——临界角，$i = \arcsin(V_1/V_2)$（°）；

　　　$V_1$——低速层波速（m/s）；

　　　$V_2$——高速层波速（m/s）；

　　　$\varphi$——地层界面倾角，以顺时针方向为正，逆时针方向为负。

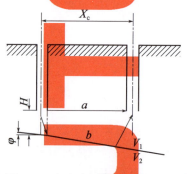

图12-1　直达波与折射波传播途径

$a$-直达波传播途径；$b$-折射波传播途径

孔间距离小于临界距离时，所观测到的时间将不是直达波到达接收点的初至时间。基于上述考虑，本条结合岩土地质条件对测试孔间距进行了规定。

跨孔法测试深度超过15m时，孔斜偏差1°，在15m时就会有0.262m的偏移，孔间距（以4m计）的误差就会达到6.5%。为了得到在每一测试深度的孔间距的准确数据，需进行测斜工作。

условия

# 13 水压致裂法地应力测试

## 13.1 一般规定

**13.1.1** 水压致裂地应力测量是从石油开采过程中的水力压裂增产技术发展而来的岩体应力测量方法。其优点为：测量深度大，岩壁受力范围较广（孔壁承压段测试长度可达 1~2m），从而避免了"点"应力状态的局限性和地质条件不均匀的影响；资料解释不需要岩石弹性常数参与计算，可避免由弹性常数取值不准确而引起的误差；地应力测量可以利用已有的勘探钻孔进行，操作简单、快捷。公路隧道深孔地应力实测数据资料目前主要通过水压致裂法地应力测量获得。

该种方法的基本原理是以弹性力学为基础，假设岩体为各向同性的线弹性体，且对所测的岩石压裂液是非渗透的，测孔轴与岩体中的主应力之一平行。由此可将水压致裂的力学模型简化为一个平面应力问题，如图 13-1 所示。

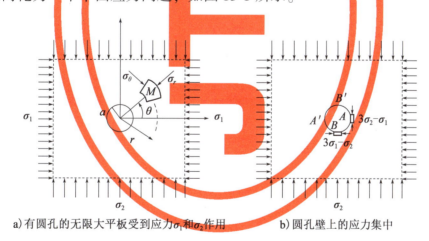

a) 有圆孔的无限大平板受到应力$\sigma_1$和$\sigma_2$作用　　b) 圆孔壁上的应力集中

图 13-1　水压致裂应力测量的力学模型

由弹性力学理论可知，当一个位于无限体中的钻孔受到无穷远处二维应力场（$\sigma_1$，$\sigma_2$）的作用时，离开钻孔端部一定距离的部位处于平面应变状态。在这些部位，钻孔周边的应力为：

$$\sigma_\theta = \sigma_1 + \sigma_2 - 2(\sigma_1 - \sigma_2)\cos2\theta \tag{13-1}$$

$$\sigma_r = 0 \tag{13-2}$$

式中：$\sigma_\theta$、$\sigma_r$——分别为钻孔周边的切向应力和径向应力；

$\theta$——周边一点与$\sigma_1$轴的夹角。

由式（13-1）可知，当$\theta = 0°$时，$\sigma_\theta$取得极小值，此时：

$$\sigma_\theta = 3\sigma_2 - \sigma_1 \tag{13-3}$$

在进行地应力测量时，当水压致裂系统将钻孔某段封隔起来，并向该段钻孔注入高压水，水压超过 $3\sigma_2 - \sigma_1$ 和岩石抗拉强度 $T$ 之后，在 $\theta = 0°$ 处，即 $\sigma_1$ 所在方位将发生孔壁开裂。设钻孔壁发生初始开裂时的水压为 $P_b$，则有：

$$P_b = 3\sigma_2 - \sigma_1 + T \tag{13-4}$$

如果继续向封隔段注入高压水，使裂隙进一步扩展，当裂隙深度达到 3 倍钻孔直径时，此处已接近原岩应力状态。停止加压，保持压力恒定，将该恒定压力记为 $P_s$。$P_s$ 和原岩应力 $\sigma_2$ 相平衡，即：

$$P_s = \sigma_2 \tag{13-5}$$

由式（13-4）和式（13-5），只要测出岩石抗拉强度 $T$，即可由 $P_b$ 和 $P_s$ 求出 $\sigma_1$ 和 $\sigma_2$。这样 $\sigma_1$ 和 $\sigma_2$ 的大小和方向就全部确定了。

在钻孔中存在裂隙水的情况下，如封隔段处的裂隙水压力为 $P_0$，则式（13-4）变为：

$$P_b = 3\sigma_2 - \sigma_1 + T - P_0 \tag{13-6}$$

根据式（13-5）和式（13-6）求出 $\sigma_1$ 和 $\sigma_2$ 需要知道封隔段岩石的抗拉强度，这往往是很困难的。为了克服这一困难，在水压致裂试验中增加一个环节，即在初始裂隙产生后，将水压卸除，使裂隙闭合，然后再重新向封隔段加压，使裂隙重新打开。记裂隙重开时的压力为 $P_r$，则有：

$$P_r = 3\sigma_2 - \sigma_1 - P_0 \tag{13-7}$$

当钻孔垂直时，一般习惯于用 $\sigma_H$ 和 $\sigma_h$ 分别表示最大、最小水平主应力，则 $P_s$ 和 $P_b$ 可表示为：

$$P_s = \sigma_h \tag{13-8}$$

$$P_b = 3\sigma_h - \sigma_H + T - P_0 \tag{13-9}$$

如果重新注液加压，使裂缝再次张开，可得到裂缝重新张开的压力 $P_r$。此时岩石已经破裂，$T = 0$，则有：

$$P_r = 3\sigma_h - \sigma_H - P_0 \tag{13-10}$$

由式（13-8）~式（13-10）可得：

$$\sigma_H = 3P_s - P_r - P_0 \tag{13-11}$$

如此，采用水压致裂法测量原岩应力时，可由测量和记录的压力值 $P_s$、$P_r$ 和 $P_0$，依据式（13-8）和式（13-11）得出 $\sigma_H$ 和 $\sigma_h$，无须知道岩石的抗拉强度 $T$，水压致裂法测量原岩应力也不再涉及岩石的物理力学性质。

**13.1.3** 水压致裂法地应力测量的前提之一，就是对被测介质（岩体）作均匀、各向同性的线弹性假设，如果压裂段的岩壁上存在原生裂隙或其他地质构造（包括软弱带），就不符合水压致裂法地应力测量这一基本假定。当压裂段承受足够高的液体压力时，原生裂隙将再次开裂，而不产生新的破裂缝。这时水压致裂法测试，就相当于原生裂隙的重张试验。对于此种情况，虽然也可根据重张压力 $P_r$ 和瞬时关闭压力 $P_s$ 计算应力量值，但是重张压力不再是原地应力场中的最小水平主应力，也就不能按常规计算最大水平主应力，压裂缝方向也并非最大水平主应力方向。因此，在选择测段时，通常根据工程设计所要求的位置查校岩芯编录，选取岩芯完整、孔壁光滑、孔径一致的深度位置进行试验，以使试验达到预期的工程目的。为确保资料充分，在钻孔条件允许的情况下尽可能多地选择选试验段有时也是必要的。

## 13.2 试验设备

**13.2.1** 钻孔内准备测量应力的待加压段用封隔器密封，规定选用的封隔器直径与钻孔直径相一致，可达所需的密封效果。钻孔直径有 56mm、76mm、91mm、110mm 和 130mm 等。在实际工作中，通常需根据钻孔直径选定封隔器。封隔器一般是充压膨胀式的，充压一般采用液体。

**13.2.2、13.2.3** 为保证测试数据的准确性和可靠性，对所使用的仪器设备进行检验标定是必要的。在正式压裂前，通常要对压力泵、压力和流量传感器、钻杆及连接件进行渗漏试验，试验压力应大于 15MPa。为确保试验数据的可靠性，要求压力泵、压力和流量传感器的工作状态良好，每个接头没有点滴泄漏。对试验钻杆进行编号，是为保证测试深度准确无误。

## 13.3 试验方法

**13.3.3** 水压致裂法地应力现场测量一般包括以下步骤：

（1）安装井下测量设备：用钻杆将一对可膨胀的橡胶封隔器放置到所要测量的深度位置。

（2）座封：通过地面上的一个独立加压系统，给两个1m长的封隔器同时增压，使其膨胀并与孔壁紧密接触，由此将压裂段予以隔离，形成一个封隔空间（即压裂试验段）。地面装有封隔器压力的监视装置。在试验过程中若由于某种原因封隔器压力下降，可随时通过地面的加压系统补压。

（3）压裂：利用高压泵通过高压管线向被封隔的空间（压裂试验段）增压。在增压过程中，由于高压管路中装有压力传感器，记录仪表上的压力值将随高压液体的泵入而迅速增高，由于钻孔周边的应力集中，压裂段内的岩石在足够大的液压作用下，将会在最小切向应力的位置上产生破裂，也就是在垂直于最小水平主应力的方向开裂。这时所记录的临界压力值，就是岩石的破裂压力 $P_b$。岩石一旦产生裂缝，在高压液体来不及补充的瞬间，压力将急剧下降。若继续保持排量加压，裂缝将保持张开并向岩体深处延扩。

（4）关泵：岩石开裂后关闭高压泵，停止向测试段注压。在关泵的瞬间压力将急剧下降；之后，随着液体向地层的渗入，压力将缓慢下降。在岩体应力的作用下，裂缝趋于闭合。在孔壁破裂后，停止注压，保持压裂回路密闭的情况下裂缝停止延伸趋于闭合时，封隔段内保持裂缝张开时的平衡压力即为关闭压力 $P_s$。

（5）卸压：当压裂段内的压力趋于平稳或不再有明显下降时，即可解除本次封隔段内的压力，连通大气，促使已张开的裂缝闭合。

（6）重新向密封段注压，使裂隙重新打开，并记下裂隙重开时的压力 $P_r$ 和随后的关闭压力 $P_s$。

上述卸压-重新加压过程重复 3~5 个回次，以便取得合理的应力参量，准确判断岩石的破裂和裂缝的延伸状态，提高测试数据的准确性。

在整个操作过程中，同时记录压力-时间曲线图和流量-时间曲线图（图 13-2）。使用适当的方法可从压力-时间曲线图确定 $P_b$、$P_r$ 和 $P_s$ 值；从流量-时间曲线图判断裂隙扩展的深度。

本条依据水压致裂法地应力测试的现场试验步骤对操作过程进行了规定。

图 13-2　水压致裂试验压力-时间、流量-时间曲线图

## 13.4　资料整理

**13.4.1**　压裂特征参数是根据压裂过程曲线特征点的位置确定的，是水压致裂法地应力测量计算应力量值的依据。因此压裂特征参数取用的准确性，直接关系到地应力实测值的准确性。一般破裂压力 $P_b$ 比较容易确定，通常取第一次压裂循环增压曲线的峰值或拐点处的压力，而瞬时关闭压力 $P_s$ 和重张压力 $P_r$ 的确定，有时会发生困难。条文列出的方法是实际工作中常用的方法，但在确定同一压力值时一般只使用同一种方法。

# 14 套芯解除法地应力测试

## 14.1 一般规定

**14.1.1** 套芯应力解除法也称套孔应力解除法，自1949年奥尔森（O. J. Olson）第一次将该种方法用于岩石应力测量以来，历经半个多世纪的发展，已成为适用性和可靠性较高的地应力测量方法之一。该种方法具有测量精度高、稳定性好、抗干扰能力强以及对测量环境要求低等优点，在各类工程岩体原应力测量方面获得了广泛的应用。

**14.1.3** 硐室开挖将导致原岩应力的重分布，其影响范围约为2~3倍的硐径。为使测点是未受岩体开挖扰动的原岩应力区，本条规定钻孔第一测段深度应超过岩硐断面直径的3倍。在实际工作中，硐室的跨度越大，所需的测孔深度也就越大。为了节省人力、物力并保证试验的成功，地应力测量通常选择在跨度较小的开挖空间中进行，并避免将测点安排在岔道口或其他开挖扰动大的地点。

## 14.3 试验方法

**14.3.1~14.3.7** 套芯应力解除法在测量地应力时，先用钻孔方式将探头直接安装于岩体待测部位，而后套芯解除测得其原岩应力。该种方法目前已形成了一套标准化的测量程序，其具体步骤为：

（1）首先在隧道开挖硐室或其他开挖体的表面向岩体内部打一大孔，直至需要测量岩体应力的部位。大孔直径通常为下一步即将打的用于安装探头的小孔直径的3倍以上，小孔直径一般为36~38mm，因此大孔直径一般为130~150mm。为便于下一步安装测试探头，大孔与小孔要保持一定的同心度，因此在钻进过程中需有导向装置。大孔钻完后需将孔底磨平，并打出锥形孔，以利于下一步钻同心小孔、清洗钻孔和探头顺利进入小孔。

（2）从大孔孔底打同心小孔，供安装探头用。小孔直径由所选用的探头直径决定，一般为36~38mm。小孔深度一般为孔径的10倍左右，从而保证小孔中央部位处于平面应变状态。小孔打完后放水冲洗小孔，保证小孔中没有钻屑和其他杂物。为此，钻孔需上倾1°~3°。

（3）将测量探头，如孔径变形计、孔壁应变计等安装（固定或胶结）到小孔中央部位。

（4）用第一步打大孔用的钻头继续延深大孔，使小孔周围岩芯实现应力解除。

（5）通过量测系统测定并记录由应力解除引起的小孔变形或应变，计算得出小孔周围的原岩应力状态。套芯应力解除法地应力计算通常采用本规程附录 G 建议的方法。

本条结合工程实践经验，对试验要点作了相应的规定。

# 现行公路工程行业标准一览表

(2025年4月)

| 序号 | 板块 | 模块 | 现行编号 | 名称 | 定价(元) |
|---|---|---|---|---|---|
| 1 | 总体 | | JTG 1001—2017 | 公路工程标准体系(14300) | 20.00 |
| 2 | | | JTG 1002—2022 | 公路工程行业标准制修订管理导则(18218) | 40.00 |
| 3 | | | JTG 1003—2023 | 公路工程行业标准编写导则(18257) | 40.00 |
| 4 | 通用 | 基础 | JTG B01—2014 | 公路工程技术标准(活页夹版,11814) | 98.00 |
| | | | | 公路工程技术标准(平装版,11829) | 68.00 |
| 5 | | | JTG 2111—2019 | 小交通量农村公路工程技术标准(15372) | 50.00 |
| 6 | | | JTG 2112—2021 | 城镇化地区公路工程技术标准(17752) | 50.00 |
| 7 | | | JTG 2120—2020 | 公路工程结构可靠性设计统一标准(16532) | 50.00 |
| 8 | | | 建标〔2011〕124号 | 公路工程项目建设用地指标(09402) | 36.00 |
| 9 | | | JTG F80/1—2017 | 公路工程质量检验评定标准 第一册 土建工程(14472) | 90.00 |
| 10 | | | JTG 2182—2020 | 公路工程质量检验评定标准 第二册 机电工程(16987) | 60.00 |
| 11 | | 安全 | JTG B05—2015 | 公路项目安全性评价规范(12806) | 45.00 |
| 12 | | | JTG B05-01—2013 | 公路护栏安全性能评价标准(10992) | 30.00 |
| 13 | | | JTG/T 2213—2023 | 公路大件运输安全通行评价技术规范(18523) | 60.00 |
| 14 | | | JTG B02—2013 | 公路工程抗震规范(11120) | 45.00 |
| 15 | | | JTG/T 2231-01—2020 | 公路桥梁抗震设计规范(16483) | 80.00 |
| 16 | | | JTG/T 2231-02—2021 | 公路桥梁抗震性能评价细则(16433) | 40.00 |
| 17 | | | JTG 2232—2019 | 公路隧道抗震设计规范(16131) | 60.00 |
| 18 | | | JTG F90—2015 | 公路工程施工安全技术规范(12138) | 68.00 |
| 19 | | 绿色 | JTG B03—2006 | 公路建设项目环境影响评价规范(13373) | 40.00 |
| 20 | | | JTG B04—2010 | 公路环境保护设计规范(08473) | 28.00 |
| 21 | | | JTG/T 2321—2021 | 公路工程利用建筑垃圾技术规范(17536) | 40.00 |
| 22 | | | JTG/T 2340—2020 | 公路工程节能规范(16115) | 30.00 |
| 23 | | 智慧 | JTG/T 2420—2021 | 公路工程信息模型应用统一标准(17181) | 50.00 |
| 24 | | | JTG/T 2421—2021 | 公路工程设计信息模型应用标准(17179) | 80.00 |
| 25 | | | JTG/T 2422—2021 | 公路工程施工信息模型应用标准(17180) | 70.00 |
| 26 | | | JTG/T 2430—2023 | 公路工程设施支持自动驾驶技术指南(19031) | 40.00 |
| 27 | | | JTG/T 3191—2025 | 公路建设市场监管信息技术规范(5157) | 70.00 |
| 28 | 建设 | 勘测 | JTG C10—2007 | 公路勘测规范(06570) | 40.00 |
| 29 | | | JTG/T C10—2007 | 公路勘测细则(06572) | 42.00 |
| 30 | | | JTG C20—2011 | 公路工程地质勘察规范(09507) | 65.00 |
| 31 | | | JTG/T C21-01—2005 | 公路工程地质遥感勘察规范(0839) | 17.00 |
| 32 | | | JTG/T C21-02—2014 | 公路工程卫星图像测绘技术规程(11540) | 25.00 |
| 33 | | | JTG/T 3221-04—2022 | 公路跨海通道工程地质勘察规程(18076) | 70.00 |
| 34 | | | JTG/T 3222—2020 | 公路工程物探规程(16831) | 60.00 |
| 35 | | | JTG 3223—2021 | 公路工程地质原位测试规程(17325) | 100.00 |
| 36 | | | JTG C30—2015 | 公路工程水文勘测设计规范(12063) | 70.00 |
| 37 | | 设计 | JTG/T 3310—2019 | 公路工程混凝土结构耐久性设计规范(15635) | 50.00 |
| 38 | | | JTG/T 3311—2021 | 小交通量农村公路工程设计规范(17487) | 60.00 |
| 39 | | | JTG D20—2017 | 公路路线设计规范(14301) | 80.00 |
| 40 | | | JTG/T D21—2014 | 公路立体交叉设计细则(11761) | 60.00 |
| 41 | | | JTG D30—2015 | 公路路基设计规范(12147) | 98.00 |
| 42 | | | JTG/T D31—2008 | 沙漠地区公路设计与施工指南(1206) | 32.00 |
| 43 | | | JTG/T D31-02—2013 | 公路软土地基路堤设计与施工技术细则(10449) | 40.00 |
| 44 | | | JTG/T 3331-03—2024 | 采空区公路设计与施工技术规范(4722) | 50.00 |
| 45 | | | JTG/T 3331-04—2023 | 多年冻土地区公路设计与施工技术规范(18518) | 80.00 |
| 46 | | | JTG/T D31-05—2017 | 黄土地区公路路基设计与施工技术规范(13994) | 50.00 |
| 47 | | | JTG/T D31-06—2017 | 季节性冻土地区公路设计与施工技术规范(13981) | 45.00 |
| 48 | | | JTG/T 3331-07—2024 | 公路膨胀土路基设计与施工技术规范(4709) | 60.00 |
| 49 | | | JTG/T 3331-08—2022 | 盐渍土地区公路路基设计与施工技术细则(18515) | 60.00 |
| 50 | | | JTG/T D32—2012 | 公路土工合成材料应用技术规范(09908) | 50.00 |
| 51 | | | JTG/T 3681—2024 | 公路工程机制砂应用技术规范(5085) | 50.00 |
| 52 | | | JTG/T D33—2012 | 公路排水设计规范(10337) | 40.00 |
| 53 | | | JTG/T 3334—2018 | 公路滑坡防治设计规范(15178) | 55.00 |
| 54 | | | JTG D40—2011 | 公路水泥混凝土路面设计规范(09463) | 40.00 |
| 55 | | | JTG D50—2017 | 公路沥青路面设计规范(13760) | 50.00 |
| 56 | | | JTG/T 3350-03—2020 | 排水沥青路面设计与施工技术规范(16651) | 50.00 |
| 57 | | | JTG/T 3351—2024 | 农村公路简易铺装路面设计施工技术细则(4767) | 50.00 |
| 58 | | | JTG D60—2015 | 公路桥涵设计通用规范(12506) | 40.00 |
| 59 | | | JTG/T 3360-01—2018 | 公路桥梁抗风设计规范(15231) | 75.00 |
| 60 | | | JTG/T 3360-02—2020 | 公路桥梁抗撞设计规范(16435) | 40.00 |
| 61 | | | JTG/T 3360-03—2018 | 公路桥梁景观设计规范(14540) | 40.00 |
| 62 | | | JTG D61—2005 | 公路圬工桥涵设计规范(13355) | 30.00 |
| 63 | | | JTG 3362—2018 | 公路钢筋混凝土及预应力混凝土桥涵设计规范(14951) | 90.00 |
| 64 | | | JTG 3363—2019 | 公路桥涵地基与基础设计规范(16223) | 90.00 |
| 65 | | | JTG D64—2015 | 公路钢结构桥梁设计规范(12507) | 80.00 |
| 66 | | | JTG/T D64-01—2015 | 公路钢混组合桥梁设计与施工规范(12682) | 45.00 |
| 67 | | | JTG/T D64-02—2019 | 公路钢桥面铺装设计与施工技术规范(15637) | 50.00 |
| 68 | | | JTG/T 3365-01—2020 | 公路斜拉桥设计规范(16365) | 50.00 |
| 69 | | | JTG/T 3365-02—2020 | 公路涵洞设计规范(16583) | 50.00 |
| 70 | | | JTG/T D65-05—2015 | 公路悬索桥设计规范(12674) | 55.00 |
| 71 | | | JTG/T D65-06—2015 | 公路钢管混凝土拱桥设计规范(12514) | 40.00 |
| 72 | | | JTG/T 3365-05—2022 | 公路装配式混凝土桥梁设计规范(17885) | 60.00 |
| 73 | | | JTG 3370.1—2018 | 公路隧道设计规范 第一册 土建工程(14639) | 110.00 |
| 74 | | | JTG D70/2—2014 | 公路隧道设计规范 第二册 交通工程与附属设施(11543) | 50.00 |
| 75 | | | JTG/T D70—2010 | 公路隧道设计细则(08478) | 66.00 |
| 76 | | | JTG/T D70/2-01—2014 | 公路隧道照明设计细则(11541) | 35.00 |
| 77 | | | JTG/T D70/2-02—2014 | 公路隧道通风设计细则(11546) | 70.00 |
| 78 | | | JTG/T 3371—2022 | 公路水下隧道设计规范(17889) | 120.00 |

| 序号 | 板块 | 模块 | 现行编号 | 名称 | 定价(元) |
|---|---|---|---|---|---|
| 79 | 建设 | 设计 | JTG/T 3371-01—2022 | 公路沉管隧道设计规范(18063) | 70.00 |
| 80 | | | JTG/T 3372—2024 | 公路黄土隧道设计与施工技术规范(4821) | 70.00 |
| 81 | | | JTG/T 3373—2024 | 公路岩溶隧道设计与施工技术规范(4831) | 75.00 |
| 82 | | | JTG/T 3374—2020 | 公路瓦斯隧道设计与施工技术规范(16141) | 60.00 |
| 83 | | | JTG D80—2006 | 高速公路交通工程及沿线设施设计通用规范(0998) | 25.00 |
| 84 | | | JTG D81—2017 | 公路交通安全设施设计规范(14395) | 60.00 |
| 85 | | | JTG/T D81—2017 | 公路交通安全设施设计细则(14396) | 90.00 |
| 86 | | | JTG/T 3381-02—2020 | 公路速标志设计细则(16696) | 40.00 |
| 87 | | | JTG/T 3381-03—2024 | 小交通量农村公路交通安全设施设计细则(4780) | 70.00 |
| 88 | | | JTG D82—2009 | 公路交通标志和标线设置规范(07947) | 116.00 |
| 89 | | | JTG/T 3383-01—2020 | 公路通信及电力管道设计规范(16686) | 40.00 |
| 90 | | | JTG/T L11—2014 | 高速公路改扩建设计细则(11998) | 45.00 |
| 91 | | | JTG/T L80—2014 | 高速公路改扩建交通工程与沿线设施设计细则(11999) | 30.00 |
| 92 | | | JTG/T 3392—2022 | 高速公路改扩建交通组织设计规范(17883) | 50.00 |
| 93 | | 通用图 | JTG/T 3911—2021 | 装配化工字组合梁钢桥通用图(17771) | 3000.00 |
| 94 | | | JTG/T 3912—2022 | 装配化箱形组合梁钢桥通用图(18348) | 3000.00 |
| 95 | | 试验 | JTG E20—2011 | 公路工程沥青及沥青混合料试验规程(09468) | 106.00 |
| 96 | | | JTG 3420—2020 | 公路工程水泥及水泥混凝土试验规程(16989) | 100.00 |
| 97 | | | JTG 3430—2020 | 公路土工试验规程(16828) | 120.00 |
| 98 | | | JTG 3431—2024 | 公路工程岩石试验规程(4702) | 40.00 |
| 99 | | | JTG 3432—2024 | 公路工程集料试验规程(4704) | 100.00 |
| 100 | | | JTG E50—2006 | 公路工程土工合成材料试验规程(13398) | 40.00 |
| 101 | | | JTG 3441—2024 | 公路工程无机结合料稳定材料试验规程(4703) | 80.00 |
| 102 | | | JTG 3450—2019 | 公路路基路面现场测试规程(15830) | 90.00 |
| 103 | | 检测 | JTG/T 3512—2020 | 公路工程基桩检测技术规程(16482) | 60.00 |
| 104 | | | JTG/T 3520—2021 | 公路机电工程测试规程(17414) | 60.00 |
| 105 | | | JTG/T 4320—2022 | 公路车辆动态称重检测系统技术规范(18265) | 30.00 |
| 106 | | 施工 | JTG/T 3610—2019 | 公路路基施工技术规范(15769) | 80.00 |
| 107 | | | JTG/T F20—2015 | 公路路面基层施工技术细则(12367) | 45.00 |
| 108 | | | JTG/T F30—2014 | 公路水泥混凝土路面施工技术细则(11244) | 60.00 |
| 109 | | | JTG F40—2004 | 公路沥青路面施工技术规范(05328) | 50.00 |
| 110 | | | JTG/T 3650—2020 | 公路桥涵施工技术规范(16434) | 125.00 |
| 111 | | | JTG/T 3650-01—2022 | 公路桥梁施工监控技术规程(18268) | 40.00 |
| 112 | | | JTG/T 3650-02—2019 | 特大跨径公路桥梁施工测量规范(15634) | 80.00 |
| 113 | | | JTG/T 3651—2022 | 公路钢结构桥梁制造和安装施工规范(17884) | 80.00 |
| 114 | | | JTG/T 3652—2022 | 跨海钢箱梁桥大节段施工规程(18075) | 30.00 |
| 115 | | | JTG/T 3654—2022 | 公路装配式混凝土桥梁施工技术规范(18231) | 60.00 |
| 116 | | | JTG/T 3660—2020 | 公路隧道施工技术规范(16488) | 100.00 |
| 117 | | | JTG/T 3661—2025 | 公路隧道交通工程与附属设施施工技术规范(5201) | 80.00 |
| 118 | | | JTG/T 3671—2021 | 公路交通安全设施施工技术规范(17000) | 50.00 |
| 119 | | | JTG/T 3673—2025 | 公路机电工程施工技术规范(5142) | 65.00 |
| 120 | | 监理 | JTG G10—2016 | 公路工程施工监理规范(13275) | 40.00 |
| 121 | | 造价 | JTG 3810—2017 | 公路工程建设项目造价文件管理导则(14473) | 50.00 |
| 122 | | | JTG/T 3811—2020 | 公路工程施工定额测定与编制规程(16083) | 60.00 |
| 123 | | | JTG/T 3812—2020 | 公路工程建设项目造价数据标准(16836) | 100.00 |
| 124 | | | JTG 3820—2018 | 公路工程建设项目投资估算编制办法(14362) | 60.00 |
| 125 | | | JTG 3821—2018 | 公路工程估算指标(14363) | 120.00 |
| 126 | | | JTG 3830—2018 | 公路工程建设项目概算预算编制办法(14364) | 60.00 |
| 127 | | | JTG 3831—2018 | 公路工程概算定额(14365) | 270.00 |
| 128 | | | JTG 3832—2018 | 公路工程预算定额(14366) | 300.00 |
| 129 | | | JTG/T 3832-01—2022 | 公路桥梁钢结构工程预算定额(18182) | 40.00 |
| 130 | | | JTG 3833—2018 | 公路工程机械台班费用定额(14367) | 50.00 |
| 131 | 管理 | 执法 | JTG 4110—2024 | 公路路政管理技术标准(4836) | 60.00 |
| 132 | | | JTG 4240—2024 | 公路路政勘查技术规范(5076) | 60.00 |
| 133 | | | JTG/T 4620—2024 | 超限运输车辆行驶公路管理系统技术规范(5077) | 75.00 |
| 134 | 养护 | 综合 | JTG 5110—2023 | 公路养护技术标准(4639) | 40.00 |
| 135 | | | JTG 5120—2021 | 公路桥涵养护规范(17160) | 60.00 |
| 136 | | | JTG/T 5122—2021 | 公路缆索结构体系桥梁养护技术规范(17764) | 60.00 |
| 137 | | | JTG/T 5124—2022 | 公路跨海桥梁养护技术规范(18092) | 50.00 |
| 138 | | | JTG H12—2015 | 公路隧道养护技术规范(12062) | 60.00 |
| 139 | | | JTJ 073.1—2001 | 公路水泥混凝土路面养护技术规范(13658) | 20.00 |
| 140 | | | JTG 5142—2019 | 公路沥青路面养护技术规范(15612) | 60.00 |
| 141 | | | JTG/T 5142-01—2021 | 公路沥青路面预防养护技术规范(17578) | 50.00 |
| 142 | | | JTG 5150—2020 | 公路路基养护技术规范(16596) | 40.00 |
| 143 | | | JTG/T 5190—2019 | 农村公路养护技术规范(15430) | 30.00 |
| 144 | | | JTG 5210—2018 | 公路技术状况评定标准(15202) | 40.00 |
| 145 | | | JTG 5211—2024 | 农村公路技术状况评定标准(4768) | 50.00 |
| 146 | | 检测评价 | JTG/T E61—2014 | 公路路面技术状况自动化检测规程(11830) | 25.00 |
| 147 | | | JTG/T H21—2011 | 公路桥梁技术状况评定标准(09324) | 46.00 |
| 148 | | | JTG/T J21—2011 | 公路桥梁承载能力检测评定规程(09480) | 20.00 |
| 149 | | | JTG/T J21-01—2015 | 公路桥梁荷载试验规程(12751) | 40.00 |
| 150 | | | JTG/T 5214—2022 | 在用公路桥梁现场检测技术规程(18168) | 50.00 |
| 151 | | | JTG 5220—2020 | 公路养护工程质量检验评定标准 第一册 土建工程(16795) | 80.00 |
| 152 | | | JTG 5421—2018 | 公路沥青路面养护设计规范(15201) | 40.00 |
| 153 | | 养护设计 | JTG/T J22—2008 | 公路桥梁加固设计规范(07380) | 52.00 |
| 154 | | | JTG/T 5440—2018 | 公路隧道加固技术规范(15402) | 70.00 |
| 155 | | | JTG/T F31—2014 | 公路水泥混凝土路面再生利用技术细则(11360) | 30.00 |
| 156 | | | JTG/T 5521—2019 | 公路沥青路面再生技术规范(15839) | 60.00 |
| 157 | | 养护施工 | JTG/T J23—2008 | 公路桥梁加固施工技术规范(07378) | 40.00 |
| 158 | | | JTG/T 5532—2023 | 公路桥梁支座和伸缩装置养护与更换技术规范(19038) | 60.00 |
| 159 | | | JTG H30—2015 | 公路养护安全作业规程(12234) | 90.00 |
| 160 | | | JTG 5610—2020 | 公路养护预算编制导则(16733) | 50.00 |
| 161 | | 造价 | JTG/T M72-01—2017 | 公路隧道养护工程预算定额(14189) | 60.00 |
| 162 | | | JTG/T 5612—2020 | 公路桥梁养护工程预算定额(16855) | 50.00 |
| 163 | | | JTG/T 5640—2020 | 农村公路养护预算编制办法(16302) | 70.00 |
| 164 | 运营 | 收费服务 | JTG 6310—2022 | 收费公路联网收费技术规范(18175) | 110.00 |
| 165 | | | JTG 6303.1—2017 | 收费公路移动支付技术规范 第一册 停车移动支付(14380) | 20.00 |
| 166 | | | JTG B10-01—2014 | 公路电子不停车收费联网运营和服务规范(11566) | 30.00 |
| 167 | | 应急处置 | JTG/T 6410—2025 | 公路交通应急抢通技术规程(5289) | 40.00 |
| 168 | | | JTG/T 6420—2024 | 公路交通应急装备物资储备中心技术规范(19437) | 20.00 |
| 169 | | 车路协同 | JTG/T 6520—2024 | 公路电子不停车收费车路协同拓展应用技术规范(5093) | 90.00 |